영화
속
숨은 의미
읽기

영화 속 숨은 의미 읽기

The Hidden Meanings of Films

| 최현주 지음 |

한울
아카데미

차례

머리말 8

1장 영상에 표현된 의미를 읽는 방법 ——————————— 11
1. 미장센과 몽타주 11
2. 영상을 구성하는 단위: 프레임, 숏, 컷, 씬, 시퀀스 23
3. 숏의 종류와 의미 28

2장 화면 구도 ——————————————————— 38
1. 화면의 기본 구도 38
2. 〈시민 케인〉: 인물 배치, 인물들의 심리적 거리감을 표현하다 51
3. 〈화양연화〉: 화면 구도, 인물의 억제된 감정을 표현하다 59

3장 카메라 앵글 ——————————————————— 71
1. 카메라 앵글의 종류와 의미 72
2. 〈의지의 승리〉: 카메라 앵글, 시각적으로 히틀러를 영웅화하다 77
3. 〈시민 케인〉: 카메라 앵글, 인물들의 권력관계를 시각화하다 81
4. 〈슬럼독 밀리어네어〉: 사각 앵글, 불안감과 긴장감을 드러내다 86

4장 빛/조명 미장센 ———————————————————————— 93

1. 빛의 종류와 의미 94

2. 〈시민 케인〉 & 〈악의 손길〉: 조명, 인물의 내면을 시각화하다 97

3. 〈대부〉: 조명, 삶의 이중성을 드러내다 108

5장 색채 미장센 ————————————————————————— 120

1. 색의 상징성 120

2. 〈이터널 선샤인〉: 색채, 연인 관계의 상태를 드러내다 127

3. 〈플로리다 프로젝트〉: 색채, 현실을 역설적으로 표현하다 132

4. 〈그랜드 부다페스트 호텔〉: 색채, 시간의 변화와 감성을 표현하다 137

6장 색채 미장센 — 흑백 vs. 컬러의 대비 ———————————— 145

1. 〈쉰들러 리스트〉: 색채, 감정적으로 중요한 순간을 강조하다 146

2. 〈프란츠〉: 컬러로 고통의 순간을 선명하게 드러내다 151

3. 〈메멘토〉: 컬러와 흑백을 이용해 이야기를 분절하다 159

7장 포커스를 이용한 영상 표현과 의미 ———————————— 168

1. 딥 포커스 169

2. 〈화양연화〉와 〈이터널 선샤인〉에 사용된 쉘로우 포커스 172

3. 〈파수꾼〉에 사용된 랙 포커스(초점 이동) 174

4. 화면 전체에 사용된 아웃 포커스 176

8장 장소/공간 및 소도구 미장센 —————————— 178

1. 〈기생충〉: 공간과 소도구, 사회적 계층을 시각적으로 대비하다 179

2. 〈아가씨〉: 공간과 소도구, 인물의 욕망을 드러내다 188

3. 〈파수꾼〉: 공간과 소도구, 소통의 상태를 나타내다 198

9장 카메라 움직임 —————————————— 202

1. 카메라 움직임의 종류와 의미 203

2. 〈파수꾼〉: 핸드헬드 촬영, 불안한 내면을 전달하다 215

3. 〈뷰티 인사이드〉: 핸드헬드 촬영, 불안한 내면을 표현하다 218

10장 롱 테이크 ————————————————— 221

1. 정적인 롱 테이크 — 〈서편제〉, 〈뷰티 인사이드〉, 〈헝거〉: 화면 구도와
   소리에 집중하게 하다 222

2. 역동적인 롱 테이크 — 〈악의 손길〉, 〈그래비티〉, 〈살인의 추억〉,
   〈라라랜드〉: 긴장감과 현장감을 전하다 225

3. 원 컨티뉴어스 숏 영화 — 〈로프〉, 〈버드맨〉, 〈1917〉 232

4. 원 테이크 영화 — 〈보일링 포인트〉 239

11장 영상 재생 속도 ——————————————— 241

1. 〈화양연화〉: 슬로우 모션, 인물의 감정과 아름다운 영상미를 강조하다 242

2. 〈레퀴엠〉: 중독으로 인한 정신적 혼란을 시간의 왜곡으로 표현하다 245

3. 〈무드 인디고〉: 스톱 모션, 현실과 환상이 섞인 독특한 세계를 표현하다 251

12장 화면 비율 ——————————————————— 253

  1. 화면 비율의 변천 254

  2. 〈애스터로이드 시티〉: 화면 비율, 내화와 외화를 구분짓다 259

  3. 〈프렌치 디스패치〉: 화면 비율, 시각적 유희를 즐기다 262

  4. 〈악마와의 토크쇼〉: 화면 비율, 장면을 구분 짓다 269

13장 분할 화면 ——————————————————— 272

  1. 〈레퀴엠〉: 분할 화면, 감정의 긴장과 중독의 혼란을 표현하다 273

  2. 〈프렌치 디스패치〉: 분할 화면, 대조와 강조를 위해 사용하다 278

14장 몽타주 기법 ——————————————————— 282

  1. 〈레퀴엠〉: 빠른 클로즈업 몽타주, 중독을 이미지로 각인시키다 283

  2. 〈콘크리트 유토피아〉: 몽타주, 아파트의 의미에 대한 사회적 맥락을
     제시하다 290

참고문헌 292 | 찾아보기 297

머리말

   '영화를 본다', '영화를 감상한다'라고 하면 기본적으로 영화의 이야기, 즉 내용을 파악한다는 의미이다. 영화가 단순히 기술적으로 현실을 기록하는 것을 넘어 '이야기'를 전달할 수 있었기 때문에 지금처럼 하나의 산업으로 번창할 수 있었다는 사실을 상기해 보면 이야기의 전달은 영화에서 가장 핵심적인 요소라고 할 수 있다. 고전적 할리우드 영화의 편집 목표는 관객이 이야기에 몰입할 수 있도록, 가능한 한 편집했다는 사실을 알아차리지 못하도록 하는 것(invisible editing)이었다. 따라서 영화에서 '이야기'의 전달, 관객의 관점에서 말하면 '이야기'의 파악은 영화를 감상하는 데 있어서 가장 기본적인 요소이다.

   하지만 영화의 이야기를 구성하는 의미는 대화나 내레이션과 같은 이야기 '내용'을 통해서만 전달되는 것은 아니다. 영화의 의미는 이야기 '형식'을 통해서도 전달된다. 이미 우리는 영화를 보면서 이러한 형식이 의미를 만들어 낸다는 점을 많든 적든 경험했다. 예컨대, 화면 속에 등장하는 거울이 영화에서 중요한 의미를 지닌다든가, 화면이 어두컴컴한 것을 보니 무언가 암울한 이야기가 펼쳐질 것 같다든가, 등장인물이 뭔지 모르게 위압적으로 보인다 등등. 이처럼 우리는 영화를 보면서 내용뿐만 아니라 영상 이미지에서도 작은 의미들을 발견하곤 한다. 그렇다. 많은 영화가 대사나 내레이션뿐만 아니라 '영상 이미지'로도 의미나 감정을 전달하는 것이 사실이다.

그렇기 때문에 영화의 의미를 좀 더 잘 이해하기 위해서는 내용이 어떤 형식을 통해 전해지고 있는가를 살펴보는 것이 중요하다. 이 책은 직관적으로 영상 이미지에 부여된 의미들을 파악하는 것 이상으로, 영상 이미지에 내포된 의미를 읽어 내는 방법을 좀 더 체계적으로 기술하고자 한다.

영화에서 영상 이미지를 통해 의미를 만들어 내는 방법에는 크게 두 가지가 있다. 첫째, 미장센(mise-en-scène)이다. 미장센은 한 숏 내에 모든 시각적 요소를 의미 있게 배치하여 감정이나 의미를 전달하는 것이다. 미장센은 잦은 편집을 통해 의미를 전달하는 대신 화면 구성을 통해 의미를 전달함으로써, 영화 속에서 전개되는 시간의 연속성을 자연스럽게 유지할 수 있다. 미장센 중심의 영화는 편집을 통해 중요한 부분을 강조하지 않기 때문에, 관객이 스스로 화면을 탐색하고 의미를 찾아내도록 유도한다. 둘째, 몽타주(montage)이다. 이는 여러 숏을 연결하고 대비시켜 새로운 의미나 감정을 만들어 내는 것이다. 몽타주는 시간과 공간을 압축하거나 확장하여, 충격과 대비를 통해 관객에게 새로운 관념을 전달한다. 이처럼 미장센과 몽타주는 서로 다른 접근 방식을 통해 영화의 의미를 전달하는 중요한 기법이다. 현대 영화에서는 한 편의 영화에 두 기법이 종종 함께 사용되기도 하여 영화적 표현이 더욱 풍부해지기도 한다.

　따라서 이 책에서는 영상에 부여된 의미를 읽어 내는 두 가지 방법인 미장센과 몽타주 이론을 바탕으로 영상에 숨은 의미를 읽어 내는 방법을 탐색해 보고자 한다. 미장센 분석은 화면 구도, 카메라 앵글, 조명, 색채, 포커스, 장소/공간, 소도구, 카메라 움직임 등과 같이 전통적으로 고찰하던 화면 구성 요소들뿐만 아니라 좀 더 확장된 의미의 미장센으로서 영상 재생 속도, 화면 비율, 분할 화면까지 다룬다. 이러한 작업을 통해 화면 구성의 다양한 요소와 편집 방식이 어떻게 의미를 만들어 내는지 파악할 수 있는 능력을 기를 수 있을 것이다. 영화를 볼 때 단순히 스토리나 배우의 연기만 감상하는 것이 아니라, 영화를 좀 더 풍성하게 즐기는 데 이 책이 조금이나마 보탬이 되길 기대한다.

2025년 2월

최현주

1장

영상에 표현된 의미를 읽는 방법

1. 미장센과 몽타주

1) 미장센이란?

미장센(mise-en-scène)은 영화에서 의미를 효과적으로 전달하기 위한 화면 구성을 의미한다. 미장센의 'mise'는 어떤 장소에 '놓다/두다'를 의미하며, 'scène'은 연극의 무대나 극장의 화면을 뜻한다. 즉, 미장센은 무대 위에 배우, 사물, 조명 등을 배치한다는 의미로, 19세기 후반 연극 무대 배치에서 나온 프랑스어 용어이다. 연극에서는 이야기를 효과적으로 전달하기 위해 무대라는 제한된 공간 위에 연극 제작에 필요한 모든 시각적인 요소—배우들의 위치, 무대 디자인, 조명, 소품 등—를 배치해야 한다. 이 때 무대 위의 시각적 요소들을 조율하여 관객에게 극의 분위기와 의미를 전달하는 방법이 바로 미장센이다(Giannetti, 1996/1999).

이후 영화가 등장하면서 미장센 개념이 영화 제작에도 적용되기 시작했다. 영화 역사의 초기에는 카메라 기술과 촬영 기법이 제한적이었기 때문에, 장면 대부분이 실내에 고정된 카메라로 촬영되었다. 이런 상황에서 감독들은 조명이나 소품 등을 이용하여 장면의 분위기나 의미를 강조하는 연극의 미장센 원칙들을 사용하기 시작했다. 이후 카메라 렌즈 및 카메라 이동 기술 등 영화 기술이 발전하면서, 감독들은 카메라 움직임이나 렌즈 등을 사용하여 시각적으로 더욱 풍부한 의미를 표현할 수 있게 되었다. 이때부터 미장센은 장소 내에서의 배치를 넘어 영화만의 독특한 표현 언어인 화면의 크기, 카메라 앵글, 그리고 카메라 움직임까지 포함하는 폭넓은 개념이 되었다.

따라서 영화에서 미장센 개념은, '화면 내에서 인물 및 카메라의 배치와 운용, 배경의 의식적인 구성 등을 통해 감정과 의미를 포괄적으로 나타내는 것'(최현주, 2018a: 111)이라고 정리할 수 있다. 미장센은 영화에서 이야기를 전달하는 중요한 수단이며, 감독이 시각적으로 자신의 스타일을 구현할 수 있는 핵심적인 도구인 것이다.

2) 미장센 이론의 등장 배경

미장센 이론은 제2차 세계대전 이후 프랑스 영화 이론가인 앙드레 바쟁(Andre Bazin)을 중심으로 제기되었다. 그는 짧은 숏 편집으로 의미를 생성하는 몽타주 이론을 비판하며 리얼리즘 영화를 추구했는데, 이 과정에서 미장센이 중요한 개념으로 부각되었다. 바쟁의 영화 이론은 프랑수아 트뤼포(Francois Truffaut)와 장 뤽 고다르(Jean-Luc Godard) 등 프랑스의 젊은 영화 비평가들에게 큰 영향을 끼쳤다. 제2차 세계대전 이후 프랑스의 젊은 청년들은 필름 라이브러리인 시네마테크 프랑세즈 (Cinémathèque Française)[1]에서 함께 영화를

[그림 1-1] 영화 비평지
≪카이에 뒤 시네마≫
1951년 4월 1호 표지

보고 이에 대해 논의하기를 즐겼다. 이들은 단순히 논쟁만 하고 끝내는 것이 아니라 자신의 견해를 바쟁이 창간한 영화 비평지 ≪카이에 뒤 시네마 (Cahiers du Cinéma)≫에 게재하여 논의를 발전시켜 나갔다. ≪카이에 뒤 시네마≫에서 이들은 영화란 무엇인지, 영화가 나아갈 방향이 무엇인지에 대한 논의를 펼쳤는데, 이때 이들이 중요하게 생각한 개념이 바로 미장센이다.

---

1 최초의 영화인 프랑스 뤼미에르 형제의 영화에서부터 할리우드 영화까지 총망라하여 소장하고 있는 영화 도서관.

3) 러시아 몽타주 이론

러시아 몽타주는 숏과 숏의 병치(숏들을 나란히 배열하는 것), 또는 숏과 숏의 충돌을 통해 인위적으로 의미를 만드는 것이다.

몽타주 이론은 1920년대 러시아에서 등장했다. 1917년 러시아는 볼셰비키 혁명으로 세계 최초의 사회주의 국가를 건설했다. 혁명을 이끈 레닌은 사회주의 혁명 사상을 국민에게 전파하는 데 가장 적합한 수단이 바로 영화라고 생각했다. 따라서 영화 제작을 적극적으로 장려했는데, 그는 단순히 이야기를 전달하는 영화가 아니라, 혁명 사상을 전파할 수 있는 영화를 만들도록 지시를 내렸다. 이에 러시아 영화인들은 특정한 의미(당시 러시아에서는 혁명 사상)를 관객에게 전달할 수 있는 편집 방법을 탐구하게 되는데, 그것이 바로 러시아 몽타주 이론이다.

프세볼로트 푸도프킨(Vsevolod Pudovkin)은 영화 〈어머니(The Mother)〉(1926)에서 감옥에 갇혀 있는 주인공이 동지들로부터 내일 구출될 것이라는 밀서를 받고 느끼는 기쁨을 나타내기 위해, 기쁨과 관련된 여러 가지 숏들을 나열하여 '기쁨'이라는 의미를 축적하는 방식의 편집을 했다. [그림 1-2]에 나타난 바와 같이, 빠른 물살의 개울, 꽉 쥔 주먹, 물 위에 반짝이는 햇살, 아이의 웃는 얼굴, 이글거리는 두 눈, 문을 두드리는 두 주먹, 깡충깡충 뛰는 모습, 주인공의 웃는 얼굴을 연결해 주인공의 '기쁨'을 표현한 것이다. 푸도프킨은 기뻐하는 얼굴을 보여 주는 것만으로는 밀서를 받은 주인공의 기쁨을 표현하는 데 충분하지 않다고 느껴 기쁨과 관련

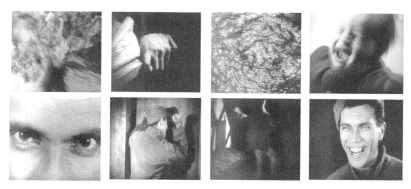

[그림 1-2] 러시아 몽타주(〈어머니〉, 푸도프킨, 1926)

된 다양한 숏을 병치함으로써 기쁨의 감정을 표현한 것이다(최현주, 2018a: 200~201).

반면, 세르게이 에이젠슈타인(Sergei Eisenstein)은 대조를 이루는 숏 A 와 숏 B를 연결해 두 개의 요소가 충돌할 때 그보다 더 고차원적인 새로운 C라는 의미가 발생하며, 이러한 의미는 이전에 등장한 두 장면의 합보다 훨씬 더 큰 감정적 효과를 만들어 낸다고 보았다. 예를 들면, 그의 몽타주 기법이 잘 표현된 영화로 알려진 〈전함 포템킨(The Battleship Potemkin)〉(1925)에서 사방으로 흩어지는 군중의 모습을 보여 주는 숏과 차르 군대의 일사불란한 행진을 보여 주는 숏을 연결하여 제시함으로써, 그 대비 효과에 의해 군대에 의해 무력 진압 당하는 군중의 혼란스러움이 가중되어 표현된다([그림 1-3] 참조). 즉, 이 장면에서는 군중의 산만한 움직임을 보여 주는 숏과 군대의 경직된 움직임을 보여 주는 숏이 충돌되어, 무

[그림 1-3] 러시아 몽타주 (〈전함 포템킨〉, 에이젠슈타인, 1925)

방비 상태로 군대에 의해 무력으로 진압 당하는 군중의 혼란스러움이 배가되어 전달되는 것이다(최현주, 2018a: 202).

이처럼 몽타주는 하나의 숏이 담고 있는 의미보다, 숏과 숏을 연결했을 때 생성되는 의미를 더 중요하게 여긴다. 따라서 러시아 몽타주 기법은 짧은 숏들을 유기적으로 결합하여 특정한 메시지를 전달하는 편집 방법이라고 할 수 있다.

4) 러시아 몽타주 이론에 대한 반발

앙드레 바쟁은 몽타주가 짧은 숏들을 이어 붙여 인위적으로 현실을 구성함으로써 영화의 사실주의적 정서를 훼손한다고 비판했다. 또한 러시아 몽타주 이론은 과도하게 인위적인 편집을 통해 만든 사람의 주장이나 메시지를 관객에게 일방적으로 주입한다고 비판했다. 바쟁은 영화가 현실의 모호성을 있는 그대로 드러낼 수 있어야만 하며, 현실의 모습을 전체로 제시할 수 있어야 한다고 보았다. 이러한 영화적 사실주의를 위해 바쟁이 주장한 것이 바로 미장센이다. 미장센은 하나의 숏에 담긴 시각적 요소들을 통해 의미를 전달하는 것이 중요하다고 보기 때문에 짧은 숏의 연결을 통해 의미를 전달하고자 하는 몽타주 이론과 대척점에 서 있다고 할 수 있다.

5) 고전적 할리우드 영화에 대한 비판

프랑스 영화 비평가들은 할리우드의 고전적 편집 기법도 비판했다. 고전적 할리우드 영화는 관객을 이야기에 몰입시키기 위해 가능한 한 모든 편집 기법을 동원하기 때문에 관객은 자신도 모르게 영화를 수동적으로 수용하게 된다는 것이다. 흔히들 미국의 고전적 편집 기법을 '친절한 편집'이라고 하는데, 이는 관객이 아무 생각 없이 보고 몰입하면 될 정도로 친절하게 편집하기 때문이다.

예를 들면, [그림 1-4]에서처럼, 영화가 시작할 때 이야기의 공간을 넓게 잡아 보여 주고(extreme long shot: ELS), 그 가운데서 이야기를 이끌어 갈 주인공을 화면 중심에 잡아 보여 주고(long shot: LS), 그의 행동이나 감정을 봐야 할 때는 주인공의 상반신이나 얼굴만 잡아서 보여 주는(medium shot: MS) 식으로 관객이 봐야 할 부분을 콕콕 집어서 편집한다. 그러다 보니 관객은 이 장면에서 누구를 봐야 하나, 어느 곳을 봐야 하나를 고민

ELS ⇨ LS ⇨ MS ⇨ LS

[그림 1-4] 미국식 고전적 편집 기법(〈프란츠〉, 프랑수아 오종, 2016)

할 필요 없이 감독이 제시해 주는 대로 보고만 있으면 된다. 프랑스 영화 비평가들은 바로 이런 점을 비판한 것이다.

6) 미장센을 추구한 대표적인 감독: 오손 웰스

장면 하나하나를 의미 있게 구성하여 미장센을 추구한 감독으로 〈시민 케인〉(1941)을 연출한 오손 웰스(Orson Wells)를 들 수 있다. 그는 거의 모든 화면을 치밀하게 구성하여 제작했기 때문에, 〈시민 케인〉은 몇 번 보더라도 이전에 보지 못한 것들을 발견하게 되는 영화로 유명하다. 〈시민 케인〉은 1941년 개봉 당시에는 흥행에 성공하지 못했다. 영화 주인공의 실제 모델로 알려진 언론 재벌 윌리엄 랜돌프 허스트(William Randolph Hearst)가 개봉조차 하지 못하도록 온갖 방해 공작을 펼쳤기 때문이다. 하지만 더 중요한 이유는 이 영화의 독특한 서사 구조에 있다. 당시에는 연대기적인 흐름이 주된 구성이었는데, 이 영화는 한 인물의 삶을 네 명의 지인을 통해 다각적으로 조명하는 구성이다. 당시로서는 다소 받아들이기 어려운 구성 방식이었다. 영화는 흥행에 실패했지만, 비평계의 반응은 호의적이었다. 특히 1940년대 중반 〈시민 케인〉이 프랑스에서 상영된 이후 앙드레 바쟁과 ≪카이에 뒤 시네마≫의 젊은 평론가들은 이 영화가 영화의 새 시대를 연 선구적인 작품이라고 높이 평가했다.

7) 미장센 이론가들이 생각하는 진정한 영화

미장센 이론가들은 진정한 영화란 관객이 영화를 보면서 화면에서 벌어지는 행위나 정보를 능동적으로 볼 수 있도록 해 주는 것이라고 생각했다. 그러기 위해서는 한 화면에 많은 영상 정보를 담는 것이 중요하다고 보았다. 한 화면에 많은 요소를 담게 되면 관객들이 스스로 보고 싶어 하는 것을 선택해 볼 수 있기 때문이다(최현주, 2018a: 113).

[그림 1-5]는 〈시민 케인〉의 한 장면인데. 이 장면의 전경에는 식탁 앞에 일어선 케인의 신문사 동료인 번스틴의 뒷모습이 보이고, 중경에는 케인이, 그리고 전경에서 후경에 이르기까지 식탁 앞에 앉아 있는

[그림 1-5] 롱 숏 & 딥 포커스(〈시민 케인〉, 오손 웰스, 1941)

수많은 사람들의 모습이 모두 초점이 선명한 채로 보인다. 웰스 감독은 이렇게 촬영한 의도에 대해 "관객은 그들이 한 숏에서 보고 싶어 하는 것을 선택해서 볼 수 있기 때문이다"라고 말한바 있다(Giannetti, 1996/1999: 483). 즉, 감독은 화면 속에 다양한 요소를 선명하게 담아 놓고, 그중 어떤 것을 '볼 것인가'에 대한 선택과 해석은 관객에게 맡기겠다는 것이다.

이처럼 미장센 이론가들은 영화를 만드는 사람이 한 화면에 많은 영상 정보를 포함시켜서 관객이 스스로 볼 것을 선택하고 해석하도록 해야 한

다고 주장한다. 이러한 과정에서 관객이 영화를 능동적으로 해석함으로써 간접적으로 영화를 창조하는 역할에 참여할 수 있다고 보았으며, 이러한 영화가 진정한 영화라고 생각했다.

8) 미장센 영화에서 기본적으로 사용하는 기법

미장센을 추구하는 감독들은 롱 숏과, 롱 테이크 기법, 그리고 딥 포커스 기법을 기본적으로 많이 사용한다. 이들 용어는 각 주제를 다룰 때 보다 자세히 다룰 것이다. 여기서는 간략히 용어만 이해하고 넘어가도록 하겠다.

롱 숏(long shot: LS)은 한 화면에 여러 가지 정보를 담는 것이다. 예를 들면, 해운대 바닷가를 거니는 연인의 모습을 화면에 담을 때, 파도가 철썩대는 바다와 해변을 걷는 사람들, 사람들 옆을 지나가는 자동차 등을 한 화면에 모두 담는 것이 롱 숏이다. 롱 숏으로 화면을 구성하면 화면에 여러 가지 요소를 배치할 수 있고 이를 통해 영화의 의미를 드러낼 수 있다.

딥 포커스(deep focus)는 화면의 전면, 중간 부분, 그리고 뒷부분에 피사체를 배치하고 화면의 모든 부분을 선명하게 보여 주는 것이다. 이는 편집 없이도 화면 내 여러 요소를 동시에 보여 줄 수 있다. 롱 숏으로 화면에 여러 가지 요소를 의미 있게 배치했으면, 이들 모두를 선명하게 초점을 맞추어 명확하게 보여 주어야 한다는 것이 딥 포커스의 취지이다.

마지막으로 미장센을 추구하는 감독은 롱 테이크(long take)를 선호한다. 롱 테이크는 짧게 끊어서 찍지 않고 숏의 길이를 길게 찍는 것이다. 즉, 짧게 찍어 편집하지 않고 긴 호흡으로 보여 준다. 보통 현대 영화에서 한 숏의 길이가 5초가 채 안 된다고 하는데, 롱 테이크는 한 숏의 길이가 1분 이상이다. 롱 테이크로 촬영하면 편집을 최대한 배제하면서 시·공간의 현장감과 더불어 사실성을 살릴 수 있다.

롱 숏으로 여러 가지 정보를 의미 있게 배치하여, 딥 포커스로 모든 부분을 선명하게 드러냈으면, 롱 테이크로 길게 보여 줘야 관객이 화면에 있는 영상 정보들이 내포하는 의미를 제대로 파악할 수 있다. 따라서 미장센을 고려하는 감독들은 롱 숏, 딥 포커스, 롱 테이크를 사용하여 관객이 영화를 스스로 관찰하고 판단하고 해석하도록 유도한다.

9) 미장센 분석의 구성 요소

영화의 모든 장면이나 숏이 의미 있는 구도로 구성된 것은 아니다. 또한 미장센을 추구한 영화라고 해서 모든 장면이 의미 있게 구성된 것도 아니다. 다만 우리는 의미 있게 구성된 영화에서 제대로 의미를 파악할 수 있도록, 미장센의 제반 구성 요소의 의미를 제대로 이해할 필요가 있다. 미장센을 분석하기 위해 살펴봐야 할 화면 구성 요소에 대해 간략하게 소개하면 다음과 같다.

먼저, 가장 기본이 화면 구도이다. 화면에 피사체들을 어떤 구도로 배치하느냐에 따라 피사체의 의미가 달라질 수 있다. 두 번째는 카메라 앵글이다. 카메라가 피사체보다 높게 위치하느냐, 아니면 낮게 위치하느냐에 따라 대상이 내포하는 의미가 완전히 달라지기도 한다. 세 번째는 빛과 조명이다. 빛의 강도와 방향 등에 따라 대상에 부여되는 의미가 다를 수 있다. 네 번째는 색채이다. 화면에서 구사하는 색채를 통해 등장인물의 성격이나 심리, 또는 상황의 분위기 등을 표현할 수 있다. 다섯 번째는 포커스(초점)이다. 화면 내 모든 대상에 초점을 맞추는 것과, 일부분에만 초점을 맞추는 것, 그리고 때로는 아예 포커스를 흐릿하게 잡음으로써 화면에 의미를 부여할 수도 있다. 여섯 번째는 공간 및 소도구이다. 현실 세계의 사실성을 부여하기 위해 사용하는 공간이나 사물일지라도 특정한 의미가 내포되어 사용되기도 한다. 일곱 번째는 카메라 움직임이다. 카메라를 수직으로 움직이느냐, 수평으로 움직이느냐, 아니면 원으로 움직이느냐에 따라 대상에 부여되는 의미나 느낌도 달라진다. 여덟 번째는 롱테이크이다. 숏의 길이를 길게 함으로써 사실감과 현장감을 준다. 아홉 번째는 영상 재생 속도이다. 슬로우 모션, 패스트 모션 등 재생 속도의 변화를 통해서도 특정한 의미를 부여할 수 있다. 열 번째로 화면 크기이다. 한 편의 영화에서 화면 비율을 달리함으로써 의미를 담아내기도 하고, 분할 화면을 통해 다양한 의미를 전달하기도 한다. 마지막으로는 짧은 숏들을 연결한 몽타주 기법으로 의미를 부여할 수도 있다.

2. 영상을 구성하는 단위: 프레임, 숏, 컷, 씬, 시퀀스[2]

영상 분석에 들어가기에 앞서, 영상에 대한 기본적인 용어들을 정리해 보자. 영상 분석을 하면서 자주 사용할 용어들이므로 정확한 개념을 알아두어야 혼란스럽지 않다.

1) 프레임

영상을 구성하는 단위 가운데 가장 기본적인 최소 단위가 바로 프레임 (frame)이다. 프레임은 필름의 한 장, 또는 TV 전자 영상의 한 화면을 말한다. [그림 1-6]에서 회색 박스로 표시된 한 장 한 장이 프레임이다. 필름은 1초에 24장의 정지된 화면이, TV 영상의 경우에는 1초에 30개의 정지

[그림 1-6] 프레임(〈국가의 탄생〉, 데이비드 그리피스, 1915)

---

2 프레임, 숏, 컷, 씬, 시퀀스에 대한 개념 정의는 필자의 저서 『영상문법: 영상연출과 편집을 위한 기본 원리』(2018), 49~50쪽에서 인용했으며, 구체적인 예시를 들어 설명을 보완했다.

된 화면이 빠른 속도로 연결되어 움직이는 영상으로 보이는 것이다.

정지된 사진들이 빠른 속도로 영사되면 사람은 이를 움직이는 영상으로 인식하는데, 영상이 실제로 사람의 눈앞에 머문 시간보다 오래 남아 있는 착시 현상인 '잔상 효과(persistence of vision)' 때문이다.

2) 숏

숏(shot)은 카메라 녹화 버튼을 눌러 촬영이 시작된 직후부터 정지 버튼을 눌러 촬영이 끝날 때까지, 즉 '한 번의 지속적인 카메라 작동으로 만들어진 영상'을 말한다. 숏은 촬영 당시 만들어지는 영상의 최소 단위인 것이다. 예를 들어, 연설자가 무대에서 연설하는 모습을 촬영한다고 하자. 연설이 시작될 때 녹화 버튼을 눌러 영상을 찍기 시작하여 연설이 끝나고 나서야 정지 버튼을 눌렀다면 이 연설을 하나의 숏으로 찍은 것이다. 그러나 연설자가 연설을 시작할 때 녹화 버튼을 눌러 촬영을 시작했으나 연설자가 기침을 해서 정지 버튼을 누르고 촬영을 중단했다가, 다시 연설이 시작되자 녹화 버튼을 눌러서 촬영을 재개하고, 연설이 끝남과 동시에 정지 버튼을 눌러 촬영을 마쳤다면, 이때는 2개의 숏으로 연설을 촬영한 것이다.

데이비드 그리피스(David Griffith)는 〈국가의 탄생(Birth of a Nation)〉(1915)이라는 3시간짜리 장편영화를 만들었는데, 이때 사람들이 긴 시간 동안 이야기에 몰입할 수 있도록, 숏을 짧게 잘라서 이어 붙였다. 전체 상황을 보여 주는 숏 다음에, 그 상황에서 관객들이 봐야 할 사람을 콕 집어서 그 사람만 보여 주는 숏을 연결시켰던 것이다. 이렇게 숏들을 연결할 때 숏의 이어 붙임이 관객의 눈에 띄면 이야기에 몰입하는 데 방해가 될 수 있으므로, 숏의 이어 붙임을 관객들이 눈치채지 못하게 여러 가지 규칙에 따라 편집했다.

3) 컷

컷(cut)은 편집 작업 시 사용되는 영상의 최소 단위이다. 편집 작업에서 하나의 숏이 그대로 사용될 수도 있지만 여러 개로 나뉘어 사용될 수도 있는데, 이때 나누어진 숏 조각을 컷이라고 한다.

[그림 1-7]에서 보는 필름이 하나의 숏으로 찍힌 영상이라고 가정해 보자. 이 숏을 자르지 않고 있는 그대로 사용하면, 하나의 숏이 하나의 컷과 같게 된다. 하지만, 이 숏에서 6번과 7번 프레임이 필요 없는 부분이라 잘

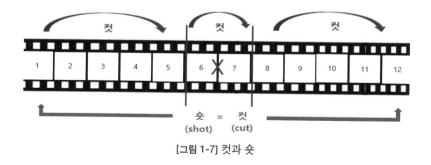

[그림 1-7] 컷과 숏

라 내야 한다면, 이 경우에는 하나의 숏이 세 개의 컷으로 나뉘는 것이다. 이렇게 세 개의 컷으로 나눈 다음 필요 없는 부분인 2번째 컷, 즉 6번과 7번을 삭제하고 첫 번째 컷과 두 번째 컷을 이으면 된다.

4) 씬

씬(scene)은 같은 장소 및 시간에 촬영되어 연결된 영상으로, 시간과 장소가 변할 때마다 씬도 변한다. 동일한 시간대에 한 장소에서 촬영한 일련의 숏들을 결합하면 씬이 되고, 이러한 씬들이 모여 하나의 이야기 덩어리가 된 것이 시퀀스이다.

[그림 1-8] 씬(〈시민 케인〉, 오손 웰스, 1941)

〈시민 케인〉의 한 부분을 보자. 영화의 주인공인 케인에 대해 그의 절친한 친구이자 비평가인 릴랜드가 이야기하는 장면이 나온다. [그림 1-8]에서 보는 바와 같이, 릴랜드가 기자에게 이야기하는 부분이 하나의 씬이다. 그리고 케인이 결혼한 직후, 케인과 부인 에멀리에 대한 장면이 이어지는데 이것이 두 번째 씬이다. 즉, 하나의 시·공간이 다른 시·공간으로 변하면 씬이 바뀌는 것이다.

5) 시퀀스

시퀀스(sequence)는 하나의 이야기가 시작되고 끝나는 이야기 덩어리로, 몇 개의 관련된 씬들이 모여서 만들어진다. 시퀀스 여러 개가 모여서 하나의 영화가 완성된다. 시퀀스는 객관적으로 명확하게 나누어지는 개념은 아니다. 개인에 따라 달리 해석될 수 있는 다소 불명확한 개념인데, 이는 이야기 덩어리를 작게 나누느냐 크게 나누느냐에 따라 달라지기 때문이다.

오손 웰스의 〈시민 케인〉은 언론 재벌 케인의 죽음으로 이야기를 시작해서, 언론사에서 제작한 뉴스릴, 후견인 대처, 동료 번스타인, 친구이자 동료인 릴랜드, 두 번째 아내인 수잔, 집사 레이먼드를 통해 케인에 대한 이야기를 펼친다. 따라서 '케인의 죽음', '뉴스릴(March on the News)', '대처의 회고', '번스타인의 회고', '릴랜드의 회고', '수잔의 회고', '레이먼드의 짧은 회고'를 각각 하나의 시퀀스라고 할 수 있다. 이때의 시퀀스는 큰 이야기 덩어리이다. 하지만 이상 각 시퀀스를 좀 더 작은 이야기 덩어리로 나눌 수도 있다. 예를 들어, 친구이자 동료이자 비평가인 릴랜드가 기억하는 케인의 삶을 자세히 들여다보면, 다음과 같은 네 개의 작은 이야기 덩어리, 즉 작은 시퀀스로 구성되어 있다.

- 첫 번째 부인 에멀리와의 결혼 생활
- 두 번째 부인 수잔과의 만남

- 주지사 선거전에서 짐 게티스에게 패함
- 케인의 두 번째 결혼 및 생활

이처럼 작게 나누면 네 개의 시퀀스로 구성되지만, 이러한 내용이 모두 릴랜드가 기억하는 케인의 삶이라는 점에서는 이 전체를 하나의 시퀀스로 볼 수도 있다.

3. 숏의 종류와 의미

숏은 촬영할 때 녹화 버튼을 누른 직후부터 정지 버튼을 눌러 촬영이 끝날 때까지 찍힌 영상, 즉 한 번의 지속적인 카메라 작동으로 만들어진 영상이다. 숏은 분류 기준에 따라 다양하게 나누어질 수 있는데, 화면 사이즈는 숏을 구분하는 여러 가지 분류 기준 중 하나이다. 숏은 화면에 사람의 크기가 어느 정도로 나타나느냐에 따라 구분된다. [그림 1-9]에서 보는 바와 같이, 일반적으로 사람의 전신과 배경을 함께 담는 롱 숏(long shot: LS), 사람의 전신에 초점을 맞춘 풀 숏(full shot: FS), 사람의 무릎(knee shot: KS)이나 허리(waist shot: WS) 위로 담는 미디엄 숏(medium shot: MS), 신체 일부분만 담는 클로즈업 숏(close-up shot: CU) 등으로 나눌 수 있다.

엄밀하게 말하면 이러한 분류는 대상과 카메라의 거리에 따라 나누어

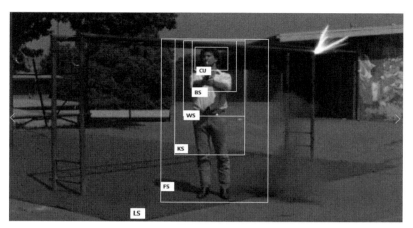

[그림 1-9] 화면 사이즈에 따른 숏의 구분(〈리썰 웨폰〉, 리처드 도너, 1987)

진다. 카메라가 대상에서 멀리 있으면 롱 숏이나 풀 숏이 되고, 카메라가 대상 가까이 다가가서 촬영하면 미디엄 숏이나 클로즈업 숏이 된다. 하지만 줌 렌즈의 개발로 카메라가 대상으로부터 멀리 떨어져 있어도 클로즈업 숏이나 미디엄 숏이 가능해짐으로써 '카메라와 대상의 거리'를 숏의 분류 기준으로 삼기가 모호해졌다. 따라서 '카메라와 대상의 거리'에 따른 숏의 분류를 '화면에 나타나는 사람의 크기'에 따른, 즉 '화면 사이즈'에 따른 숏의 분류로 명명하는 편이 더 정확하다고 할 수 있다.

화면 사이즈에 따른 숏은 일곱 가지―익스트림 롱 숏, 롱 숏, 풀 숏, 미디엄 숏, 바스트 숏, 클로즈업 숏, 익스트림 클로즈업 숏―로 나눌 수 있다.

1) 익스트림 롱 숏

익스트림 롱 숏(extreme long shot: ELS)은 먼 거리에서 매우 넓은 지역이나 상황을 보여 주는 숏으로, 관객에게 이야기의 장소나 시간에 대한 정보를 제공한다.

[그림 1-10] 익스트림 롱 숏(〈국가의 탄생〉, 데이비드 그리피스, 1915)

데이비드 그리피스의 〈국가의 탄생〉에서, 영화의 마지막 부분에 카메론 집안 사람들이 폭동을 일으킨 흑인들을 피해 도망가다가 허허벌판에 있는 조그만 오두막집에 머무는 장면이 나온다. [그림 1-10]은 이들을 뒤쫓던 흑인들이 오두막집을 포위하는 장면이다. 이 숏은 허허벌판과 조그만 오두막집, 그리고 오두막집으로 다가가는 사람들의 모습을 멀리서 담아낸 익스트림 롱 숏이다. 이 숏은 오두막집에 포위된 카메론 집안 사람들의 이야기를 시작할 때 이야기의 시·공간적인 배경을 보여 주는 역할을 한다.

익스트림 롱 숏은 한 이야기 덩어리, 즉 시퀀스가 시작되기 전에 그 이야기의 배경이 되는 장소의 전경을 보여 주는 숏으로 주로 사용되는데, 이처럼 이야기의 배경이 되는 장소의 전경을 보여 주는 숏을 설정 숏(establishing shot)이라고 한다.

익스트림 롱 숏은 설정 숏의 기능 외에 스펙터클 영화나 서부영화의 전투 씬을 장엄하게 표현할 때도 사용된다. 때로는 항공 촬영으로 익스트림 롱 숏을 구현하여 재미있고 독특한 영상을 제공하기도 한다.

2) 롱 숏

롱 숏(long shot: LS)은 일반적으로 연극에서 관객과 무대 사이의 거리에 해당하는 숏으로, 인물뿐 아니라 배경의 상당한 부분까지도 잡을 수 있다. 익스트림 롱 숏보다 좀 더 구체적으로 인물과 상황의 관계를 보여 줄 수 있다. 즉, 롱 숏은 인물과 인물의 관계, 또는 장소와 인물의 관계를 보여 줄 수 있으므로, 익스트림 롱 숏과 마찬가지로 설정 숏의 역할을 한다. 앞으로 전개되는 상황을 롱 숏을 기준으로 판단하게 되는 것이다.

[그림 1-11]의 위쪽은 〈국가의 탄생〉에서 흑인들에게 포위당한 오두막집의 내부 상황을 보여 주는 롱 숏이고, 아래쪽은 카메론 집안을 소개하는 롱 숏이다.

롱 숏은 사람의 몸 전체뿐만 아

[그림 1-11] 롱 숏(〈국가의 탄생〉, 데이비드 그리피스, 1915)

니라 배경의 상당한 부분까지도 잡을 수 있으므로 주로 사실주의 영화감독들이 많이 사용한다. 또한 화면 구성을 통해 의미를 전달하려는 미장센 감독들도 롱 숏을 주로 사용한다.

3) 풀 숏

풀 숏(full shot: FS)은 롱 숏보다 조금 더 대상에 다가가 배경보다는 인물에게 더 많은 관심을 집중시킨다. 즉, 풀 숏은 화면에 인물의 머리끝부터 발끝까지 모두를 담은 숏인데, 이때부터 관객은 화면 내의 인물에 대해서만 관심을 갖게 되는 숏이기도 하다. [그림 1-12]는 〈국가의 탄생〉에서 링컨 대통령을 암살하는 범인(존 윌크스 부스, John Bilkes Booth)을 담은 풀 숏이다.

[그림 1-12] 풀 숏(〈국가의 탄생〉, 데이비드 그리피스, 1915)

4) 미디엄 숏

미디엄 숏(medium shot: MS)은 사람의 무릎이나 허리 위를 잡은 숏으로, 니 숏과 웨이스트 숏이 포함된다.

먼저, 니 숏(knee shot: KS)은 사람의 무릎 윗부분을 촬영한 숏이다. 인물의 동작, 인물들의 관계뿐만 아니라 배경도 어느 정도 보여 주는 숏이다. 또한 롱 숏에서 클로즈업 숏으로 바로 연결하면 숏이 부드럽게 연결되지 않고 튀는 느낌을 주기 때문에, 롱 숏에서 클로즈업 숏으로 넘어가

[그림 1-13] 니 숏(〈국가의 탄생〉, 데이비드 그리피스, 1915)

는 중간 과정에 사용되기도 한다. 즉, 미디엄 숏은 숏과 숏을 연결하는 과정에서 사용하는 기능적인 숏의 역할도 한다.

웨이스트 숏(waist shot: WS)은 사람의 허리 위를 촬영한 숏이다. 인물의 동작, 표정과 함께 주변의 정황도 드러낼 수 있다. 이 또한 숏과 숏을 연결하는 과정에서 사용되기도 한다.

[그림 1-14]는 〈국가의 탄생〉에서 여주인공인 엘시와 흑인 혼혈인인 린치의 허리 윗부분을 담은 웨이스트 숏이다. 린치에게 청혼을 받고 당황한 듯 얼어붙어 있는 엘시의 모습을 웨이스트 숏으로 담아냈다.

[그림 1-14] 웨이스트 숏(〈국가의 탄생〉, 데이비드 그리피스, 1915)

5) 바스트 숏

바스트 숏(bust shot: BS)은 인물의 가슴 위쪽을 보여 주는 숏으로, 얼굴과 상체가 주요 초점이다. 인물의 표정과 감정을 강조하면서 동시에 인물 주변 상황을 함께 보여 줄 수 있다. [그림 1-15]에서처럼 흑인 폭도들의 공격이 임박하여 좌절한 여인의 모습(왼쪽)이나, 흑인의 청혼을 거절하여 감금 당한 엘시의 모습(오른쪽)을 주변 맥락과 함께 담고 있다.

[그림 1-15] 바스트 숏(⟨국가의 탄생⟩, 데이비드 그리피스, 1915)

6) 클로즈업

클로즈업(close-up: CU)은 대상의 특정 부분을 확대해서 보여 주는 숏이다. 인물의 경우, 얼굴 또는 손 등의 특정 신체 부위만 화면 가득 담아 인물의 감정을 더욱 깊이 있게 전달하거나 중요한 세부 사항을 강조할 때 사용한다. 인물의 얼굴을 확대해서 보여 주기 때문에 표정의 자그마한 움직임으로도 감정을 강하게 표현할 수 있어서 감정의 미세한 변화를 포착하는 데 효과적이다.

따라서 클로즈업은 관객의 감정에 크게 호소하는 숏이라고 할 수 있는데, 이처럼 관객의 감정이입을 목적으로 사용한다는 점에서 '객관적' 숏이 아닌 '주관적' 또는 '감정적' 숏이라고 할 수 있다. 클로즈업은 화면에 제시되는 정보가 몇 되지 않기 때문에 관객이 주어진 정보에 강한 집중력을 갖게 한다. 즉, 확대된 부분에 관심을 집중시켜서 클로즈업 숏에 나타난 시각적 정보를 지나칠 수 없게 만드는 것이다. 또한 클로즈업 숏은 관객에게 배경 공간을 이해할 수 있는 시각적 정보를 제시하지 않기 때문에 관객에게 긴장감을 일으킨다. 특히, 영화의 오프닝이나 한 시퀀스의 첫 장면을 클로즈업 숏으로 구성하면, 영화 속 인물이 누구인지, 어디에 있는지, 무슨 일이 발생할지에 대해 상황을 파악하지 못하여 궁금증과 함께 긴장감을 유발시킨다. 이러한 점에서 클로즈업 숏은 매우 간단하게 프레임을 구성하지만 감정이나 의미 전달에서 매우 효과적이다.

[그림 1-16]은 〈국가의 탄생〉에 나오는 한 여인과 어린아이의 클로즈업 숏이다. 카메론 집안 사람들이 숨어 있는 오두막집으로 포위망을 좁혀 오던 흑인들이 바로 집 앞까지 다가와 창문과 방문으로 들어오려는 것을 카

[그림 1-16] 클로즈업(〈국가의 탄생〉, 데이비드 그리피스, 1915)

메론 집안 사람들이 필사적으로 막아 내고 있다. 이때 오두막집 안에서 두려움에 떨고 있는 여인과 어린아이의 얼굴을 클로즈업 숏으로 담아냄으로써 이들이 느끼는 두려움에 관객들이 감정이입할 수 있을 뿐만 아니라, 흑인들의 위협적인 공격이 임박했음을 전달한다.

7) 익스트림 클로즈업

클로즈업 숏보다 대상에 더욱 가까이 다가가 특정 부분을 확대해 보여 주는 숏을 익스트림 클로즈업(extreme close-up: ECU)이라고 한다. 사람의 경우, 얼굴 전체를 보여 주는 것이 아니라 입이나 눈 등 특정 부분만을 확대해 보여 준다. 이 숏은 입술의 미묘한 움직임이나 눈동자의 미묘한 떨림 등 세세한 움직임을 통해 인물의 심리 상태나 감정을 표현할 수 있다. 다른 곳에 눈길을 줄 새 없이 클로즈업 된 대상만 보게 되므로 관객에게 좀 더 강하게 인물의 심리 상태나 사물의 중요성을 강조하고 이는 극적인 긴장감을 자아낸다.

[그림 1-17] 익스트림 클로즈업(〈시민 케인〉, 오손 웰스, 1941)

[그림 1-17]은 〈시민 케인〉의 오프닝 장면에 등장하는 익스트림 클로즈업 숏이다. 케인이 숨을 거두기 직전 '로즈버드'라고 말하는 입만 극도로 확대하여 담아낸 것인데, 이를 통해 케인의 마지막 말인

'로즈버드'가 이 영화에서 매우 중요한 역할을 하리라는 점을 암시한다.

　이상에서 각 숏의 기능과 의미를 살펴보았는데, 이를 잘 활용해야 영상을 효과적으로 구성할 수 있다. 한편, 영상에서 상황을 묘사할 때 육하원칙에 따라 구성하면 상황을 정확하게 전달할 수 있는데, 이때 화면 사이즈에 따라 숏들을 이용하면 좋다. 즉, '언제', '어디서'는 익스트림 롱 숏이나 롱 숏, '누가'는 풀 숏, '무엇을', '어떻게'는 미디엄 숏, '왜'는 클로즈업이나 익스트림 클로즈업으로 표현할 수 있다.

　2장부터는 의미 있게 영상을 구성한 대표 영화를 선별하여 각 화면 구성 요소의 구체적인 사례들을 가지고 영상 이미지에서 의미를 분석하는 방법을 알아보겠다. 이러한 방법들을 습득하면 영화의 의미를 좀 더 다양한 층위에서 해석하며 풍성하게 즐길 수 있을 것이다.

화면 구도

1. 화면의 기본 구도

1) 선으로 형성된 구도

(1) 수평 구도

수평 구도는 바다의 수평선이나 들판의 지평선처럼 가로로 형성된 긴 선이 화면 중앙에서 약간 위나 아래를 지나가는 것이다. 이러한 구도는 편안하고 조용한 느낌, 안정적이고 조화로운 느낌을 주는 데 효과적이다.

[그림 2-1]은 김상석 사진 작가의 작품[1]으로, 라벤더꽃

[그림 2-1] 라벤더 향기(김상석, 2019)

들로 가득 찬 들판이 지평선을, 그 너머 멀리 있는 나무들과 산들이 또 다른 지평선을 형성하고 있는 수평 구도이다. 지평선이 주는 고요하고 평온한 느낌을 잘 느낄 수 있다.

(2) 수직선 구도

수직선 구도는 화면을 세로 방향으로 나누어 높이감과 시각적 긴장감을 강조한다. 고층 건물이나 기념탑, 나무처럼 길이가 긴 피사체를 화면에 담을 때 세로로 화면을 가르는 선이 생기는데, 이런 구도를 수직선 구도라고 한다. 수직선은 시선을 위아래로 움직이게 하며, 주로 힘, 권위, 상승 등의 의미를 나타내기 때문에 강직하고 장중한 느낌을 준다.

[그림 2-2]는 김상석 사진작가가 2017년 새해에 감포에서 촬영한 '새해의 시작'이라는 작품이다. 바다 가운데 놓인 등대가 수직선을 형성하면서 우뚝 서 있는 수직선 구도인데, 수직선 형태의 물체가 주는 강직함과 장중함을 느낌을 느낄 수 있다.

[그림 2-2] 새해의 시작(김상석, 2017)

---

1 화면 구도에 관한 부분에서 예시로 사용하는 사진들은 모두 김상석 사진작가의 작품으로, 작가에게 사용 허가를 받았다(자료: "꿈으로부터 길을 묻다" http:/blog.naver.com/jusin 333).

(3) 대각선 구도

대각선 구도는 가로선이나 세로선이 아니라, 비스듬하게 기울어진 선이 화면을 가로지르는 구도이다. 이러한 구도는 정적인 느낌보다는 움직임과 변화가 있는 동적인 느낌을 준다. 즉, 특정 방향으로 시선을 이끌어 방향감과 운동감을 주는 구도이다.

[그림 2-3] 월영교의 봄(김상석, 2016)

[그림 2-3]에서는 호수를 가로질러 만들어진 나무다리와 물에 비친 반영이 사선을 형성하고 있다. 사선에 의해 왼쪽 아래에서 오른쪽 위로 뻗어 나가는 힘이 느껴질 뿐만 아니라, 사선에 의해 형성된 집중감을 느낄 수 있다. 또한 사선 구도로 인해 밋밋한 2차원의 화면에 깊이감, 원근감이 생긴 것을 볼 수 있다.

[그림 2-4] 나주 메타세쿼이아 길(김상석, 2016)

[그림 2-4]는 '나주 메타세콰이어 길'이라는 작품인데, 두 개의 사선이 만나는 교차점에 1개의 소실점이 형성되어 있다. 이러한 구도는 교차점에 시선을 집중시켜 집중감과 원근감을 느끼게 한다.

(4) 곡선 구도

곡선 구도는 화면 안에 곡선을 가진 구도로, 직선에서는 찾아볼 수 없는 부드럽고 자연스러운 흐름을 강조한다. 곡선 구도에서는 곡선을 따라 움직이는 부드러운 운동감이 느껴진다.

[그림 2-5]는 왼쪽 아래에서 오른쪽 위로 휘어지는 곡선 형태의 강줄기가 화면을 가로지르고 있다. 사선이 주는 강한 집중력과 깊이감, 그리고 곡선 형태의 부드럽고 완만한 느낌이 화면에서 동시에 느껴진다.

[그림 2-5] 왕의 강(김상석, 2018)

[그림 2-6]은 활짝 피어난 매화가 마을을 둘러싸며 반원형 곡선 형태를 이룬 사진으로, 곡선을 따라 움직이는 부드러운 동감과 평온함, 안락함을 느낄 수 있다.

[그림 2-6] 쌍계사 벚꽃(김상석, 2018)

[그림 2-7]은 대구 하중도의 가을을 찍은 사진이다. 앞의 사진과 마찬가지로 반원형 구도이지만, 두 개의 강줄기 사선이 함

[그림 2-7] 하중도의 가을(김상석, 2018)

께 형성된 구도이다. 이 사진에는 반원형 곡선 구도의 부드러움과 곧게
뻗은 사선 구도의 강직함이 공존한다.

2) 도형으로 형성된 구도

(1) 삼각형 구도

삼각형 구도는 윗부분이 좁고 아래가 넓어서 일반적으로 안정감과 균
형을 준다. 산을 촬영한 사진들을 보면, 산들의 형세가 삼각형 구도를 이
루고 있는데, 이러한 구도는 높이감과 함께 안정감을 준다.

하지만 삼각형 구도가 항상 안정감을 주는 것은 아니다. 삼각형 구도로

[그림 2-8] 삼각 구도(〈줄과 짐〉, 프랑수아 트뤼포, 1962)

표현된 사람들의 무리는 대부분 역동적이고 불안정한 관계를 암시한다. [그림 2-8]은 누벨 바그(Nouvelle Vague)[2] 영화를 대표하는 감독인 프랑수아 트뤼포의 〈줄과 짐〉(1962)의 한 장면이다. 이 영화는 줄과 짐이라는 두 남자와 카트린이라는 한 여자의 삼각 로맨스를 다루는데, 이들 사이에 수시로 변화하는 불안정한 애정 관계를 삼각형 구도로 자주 표현했다. 이처럼 삼각형 구도는 영화에서 인물 간의 관계와 감정, 그리고 힘의 균형을 시각적으로 표현하는 데 효과적이다.

(2) 원형 구도

원형 구도는 화면 내 사물들이 원의 형태를 구성하는 구도로 연속성과 통일감을 나타낸다. 원의 형태로 만들어지면 시선을 화면의 중심으로 끌어모으는 효과가 있으며, 원의 형태로 연결되어 있어서 부드럽고 온화한 느낌을 준다.

[그림 2-9]의 왼쪽은 웨스 앤더슨(Wes Anderson) 감독의 〈그랜드 부다페스트 호텔〉(2014)에서 구스타브가 감옥에서 탈출하는 과정 중 한 장면이다. 통로 지붕에서 뚜껑을 열자 아래로 간수들이 보이는데, 이는 통로 지붕 위에서 촬영했다. 간수들을 원형 구도로 담아냄으로써 다섯 명을 통

---

2 누벨 바그는 새로운 물결(New Wave)이라는 뜻으로, 문학 및 예술 분야에서 혁신적인 새 흐름이 나타났을 때 사용하는 용어이다. 누벨 바그 영화는 전통적인 영화의 양식을 파괴한 프랑스의 영화 운동으로, 1950년대 말에 시작되었다.

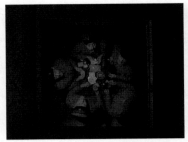

[그림 2-9] 원형 구도(〈그랜드 부다페스트 호텔〉, 웨스 앤더슨, 2014)

일감 있게 표현했다. [그림 2-9]의 오른쪽은 두 번째 유언장을 발견하는 장면이다. 구체적으로 설명하자면, 구스타브가 유산으로 받은 명화('사과를 든 소년')를 아가사가 호텔에서 들고 나오다 제로와 함께 트럭에 떨어져 위를 바라보는 장면이다. 이 장면 또한 트럭의 천장 부분에서 이들을 원형 구도로 담아냄으로써 조화와 통일감, 유대감을 표현했다.

3) 대상을 놓는 위치에 따른 구도

(1) 중앙 구도

중앙 구도는 화면의 가운데에 주요 대상을 배치하여 시선을 자연스럽게 중앙으로 집중시키는 구도이다. 화면의 중앙은 본질적으로 관심의 중심이 되는 부분으로 관객이 대상에 집중할 수 있는 자연스러운 위치이기 때문에, 가장 객관적이고 중립적인 위치이자 안정감과 집중력을 더해 준다. 따라서 사실주의를 추구하는 영화에서는 중앙 구도를 주로 사용한다.

하지만 중앙에 대상을 배치하면 당연히 관심이 집중될 것이라는 기대 때문에 한편으로는 중앙에 놓인 대상은 시각적인 의미를 전달하는 데

[그림 2-10] 중앙 구도(〈그랜드 부다페스트 호텔〉, 웨스 앤더슨, 2014)

있어서 오히려 효과적이지 못할 때도 있다.

웨스 앤더슨 감독의 〈그랜드 부다페스트 호텔〉은 1930년대 그랜드 부다페스트 호텔의 전설적인 호텔 지배인인 구스타브에 관한 이야기를 그의 후계자인 제로 무스타파를 통해 펼친다. [그림 2-10]에서처럼 영화의 중심 이야기를 들려주는 제로 무스타파를 화면의 중앙에 배치하여 관객의 시선을 자연스럽게 중앙으로 유도함으로써 그의 중요성을 시각적으로 나타낸다.

(2) 대칭 구도

대칭 구도는 화면의 구성 요소들을 화면 양쪽에 대칭적으로 배치하여 시각적 안정감과 조화를 제공하는 구도이다. 대칭 구도는 때때로 질서, 평온 등을 나타내기도 한다. 하지만 대칭적일수록 깊이감이 없어 2차원의 평면적인 화면으로 보이기 쉽기 때문에, 완벽한 대칭 화면은 정적이며 단조로운 상태를 만들 수 있다.

〈그랜드 부다페스트 호텔〉에서 웨스 앤더슨 감독은 많은 장면에서 대

[그림 2-11] 대칭 구도(〈그랜드 부다페스트 호텔〉, 웨스 앤더슨, 2014)

칭 구도를 활용한다. 특히 호텔 로비 장면에서 중앙에 있는 프런트 데스크와 그 주변의 인테리어가 완벽한 대칭을 이루며, 영화의 독특한 시각적 스타일을 강조한다. [그림 2-11]은 〈그랜드 부다페스트 호텔〉에서 1930년대 전성기 시절 호텔의 내부를 보여 주는 장면이다. 화면 중앙에 길게 늘어뜨려진 샹들리에를 중심으로 좌우가 대칭을 이루는 구도이다. 이런 호텔 로비의 대칭 구도는 안정감과 균형감을 제공하여 호텔의 격조 높은 우아함을 보여 준다.

(3) 비대칭 구도

비대칭 구도는 주된 대상을 화면의 중앙이 아니라, 좌우 어느 한쪽으로 치우치게 배치한다. 비대칭 구도는 화면의 균형은 파괴하지만, 화면에 흥미와 긴장감을 불어넣어 심리적 주목성을 높인다. [그림 2-12]는 대상을 화면의 오른쪽 3분의 1 지점에 놓은 비대칭 구도로, 화면에 안정감을 주면서도 주목성을 높인 구도이다.

[그림 2-12] 황매산 철쭉(김상석, 2017)

비대칭으로 화면을 나눌 경우, 좌우의 비율 또는 상하의 비율은 3등분 하는 것이 원칙인데, 이를 3

등분의 법칙(one third rule)이라고 한다. 3등분의 법칙은 화면을 가로로 3등분, 세로로 3등분 했을 때 이 선들이 교차하는 지점에 대상을 배치하면 화면에 안정감을 주면서도 주목도를 높일 수 있는 비대칭 구도의 기본 원칙이다. 3등분의 법칙은 고대 그리스 시대부터 시각적으로 가장 조화롭고 아름다운 비율로 알려진 황금 비율(1 대 1.618)을 간단하게 사용하기 위해 만들어졌다. 황금 비율이 가장 아름답고 이상적인 비율이지만, 촬영할 때 1 대 1.618의 비율을 계산해서 촬영하기란 쉽지 않다. 따라서 황금 비율을 좀 더 간단히 적용하기 위해 만든 것이 3등분의 법칙이다.

4) 화면 내 무게감

게슈탈트 시지각 심리에 따르면, 모든 조건이 동일할 경우 화면 안의 각 부분은 자신만의 고유한 무게감을 가진다. 먼저 화면의 오른쪽이 왼쪽보다 더 큰 무게감을 가진다. 스위스 미술사학자인 하인리히 뵐플린(Heinrich Wölfflin)은 모든 조건이 동일할 경우, 오른쪽의 무게감이 더 크다고 지적했다. 이러한 비중의 차이는 사람들이 왼쪽에서 오른쪽으로 글을 읽는 관습에 의해 만들어졌다는 것이다. 책을 읽을 때 시선이 왼쪽에서 오른쪽으로 이동하기 때문에, 즉 시선의 종착점이 오른쪽이어서 오른쪽의 무게감이 더 크다는 것이다. 이러한 관습에 의해 사람들은 그림도 왼쪽에서 오른쪽으로 보는 경향이 있으며, 이에 따라 화면의 오른쪽에 무게감이 더 있다고 한다.

이처럼 화면 오른쪽의 무거움을 이용하여 오른쪽에 강조하고 싶은 대상이나 중요한 사람을 배치하면 강조 효과가 배가된다. 예를 들면, 리포터의 인터뷰 장면을 촬영할 때 중요한 인터뷰 대상자는 오른쪽에, 리포터는 왼쪽에 배치해야 시각적으로 효과적이다.

또한 화면의 위쪽은 아래쪽보다 무게감이 더 크다. 이러한 원리는 알파벳 S자를 쓸 때 나타난다. 시각적 무게감이 작은 아랫부분은 다소 크게 하고, 시각적 무게감이 큰 윗부분은 다소 작게 함으로써 균형을 유지하는 것이다. 따라서 S자의 윗부분이 조금 작게 쓰였을 때 글자는 안정감이 있어 보인다. 하지만 S자의 윗부분이 조금 크게 쓰였을 때는 시각적으로 불편함이 야기된다.

이처럼 화면 내 상하 무게감의 차이에 의해 화면의 윗부분에 배치된 인물은 화면의 아래에 있는 시각적 요소를 통제하는 것처럼 보이며, 바로 이런 이유로 화면의 윗부분에 배치된 피사체는 주로 힘과 열망, 권위, 지배, 성스러움 등을 상징하게 된다. 반면 화면의 아랫부분에 배치된 피사체는 굴종, 나약함, 무력함 등을 상징하거나, 화면 밖으로 벗어날 듯한 위태로운 느낌을 준다(Giannetti, 1996/1999: 62~66).

종합해 보면 대상이 화면의 어느 부분에 위치하느냐에 따라서 무게감, 즉 중요도가 달라짐을 알 수 있다. 이러한 화면 구도가 주는 느낌과 의미를 이해하면 영화를 감상할 때 더욱 풍성한 의미를 파악할 수 있게 될 것이다.

5) 프레임 인 프레임

프레임 인 프레임(frame in a frame) 구도는 하나의 프레임 내에 창문, 문, 나뭇가지 등으로 또 다른 자연스러운 프레임을 만들어 피사체를 둘러싸는 구도를 말한다. 프레임 속에 또 다른 프레임을 만들어 그 안에 피사체를 넣으면 피사체에 대한 시각적 초점이 강화된다.

〈그랜드 부다페스트 호텔〉 속 많은 장면이 프레임 인 프레임 구도를 통해 '액자 속 사진'처럼 등장한다. [그림 2-13]은 구스타브가 호텔 객실의 베란다에 서 있는 모습이다. 그를 중심으로 커튼과 열린 문이 완벽하게 대칭을 이루고 있다. 이들은 액자와 같이 하나의 프레임을 형성하며 화면 속에 또 다른 프레임을 형성하고 있다. 또 다른 예로, [그림 2-14]는 구스타브가 마담 D.의 관 앞에서 마지막 인사를 건네는 모습이다. 이 장면에서도 구스타브의 모습이 건물

[그림 2-13] 〈그랜드 부다페스트 호텔〉, 웨스 앤더슨, 2014

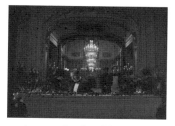

[그림 2-14] 〈그랜드 부다페스트 호텔〉, 웨스 앤더슨, 2014

내부 기둥에 둘러싸여 있는데, 건물의 기둥이 화면 내 또 다른 프레임 역할을 한다.

[그림 2-15] 〈그랜드 부다페스트 호텔〉,
웨스 앤더슨, 2014

[그림 2-15]는 구스타브가 마담 D.를 살해했다는 누명을 쓰고 감옥에 갇힌 뒤 호텔보이 제로와 이야기를 나누는 장면이다. 면회 온 제로의 모습을 면회실 창문의 틀과 함께 화면 안에 담아냄으로써, 화면 내 또 다른 프레임을 만들었다.

프레임 인 프레임 구도는 호텔 밖에서 드미트리를 보고, 위험에 처했을 아가사를 돕기 위해 구스타브와 제로가 엘리베이터에서 내리는 장면에서도 사용되었다. 엘리베이터 문과 벽면의 문양이 화면의 가장자리를 둘러싸고 있어 구스타브와 제로가 화면 프레임 속의 또 다른 프레임 안에서 제시되고 있다.

또한 코박스 변호사가 자신을 해치려고 쫓아오는 드미트리의 부하 조플링을 전차 안에서 바라보는 장면에서도 프레임 인 프레임 구도를 사용했다. 드미트리가 그의 어머니인 마담 D.의 죽음과 유언장에 대해 더 이상 파헤치지 말고 덮어 두자고 하지만 코박스가 이에 동의하지 않자 조플링이 코박스의 고양이를 창문 밖으로 던져 죽이고, 코박스를 뒤쫓아간다. 전차에 탄 코박스가 창 밖을 바라보는 모습을 창문 틀과 함께 담아내어, 프레임 속 프레임의 형식으로 제시하고 있다.

마지막으로 [그림 2-16]은 구스타브와 제로, 그리고 아가사가 기차를 타고 가다가, 구스타브가 죽음을 맞이하는 장면이다. 이 장면 또한 기차 밖에서 이들의 모습을 포착할 때, 기차 창문으로 프레임 속의 프레임을 형성하여 담아내고 있다.

[그림 2-16] 〈그랜드 부다페스트 호텔〉, 웨스 앤더슨, 2014

지금까지 살펴본 바와 같이, 이 영화 속 많은 장면이 액자 속 사진과 같은 프레임으로 제시되고 있다. 이런 프레임을 구성한 이유는 프레임 속에 또 다른 프레임이 형성되기 때문에 등장인물의 행동이나 모습에 좀 더 집중할 수 있게 된다. 즉, 액자식 구성은 인물이나 사물을 액자와 같은 어떤 틀 속에 넣고 화면의 밀도를 높이는 것으로, 액자 속 대상은 명화의 주인공처럼 높은 주목을 받는다. 또한 이러한 프레임으로 구성된 화면은 액자 속 사진 같아서 현실 세계의 재현이라기보다는 '현실 세계와 동떨어진' 세계를 표현하는 듯한 느낌을 준다. 바로 이러한 이유로 이 영화에서는 액자 속 사진과 같은 화면 구성을 자주 사용한 것이다.

2. 〈시민 케인〉: 인물 배치, 인물들의 심리적 거리감을 표현하다

이 절에서는 〈시민 케인〉에서 화면 내 인물 배치에 의미를 부여하여 만든 장면들을 살펴보려 한다. 이를 위해 영화를 간략히 간추려 보자.

〈시민 케인〉은 오손 웰스 감독이 1941년에 미장센에 심혈을 기울여 만든 작품이다. 이 영화는 찰스 포스터 케인이라는 막강한 언론 재벌의 일생을 다루는데, 실존 인물인 미국의 언론 재벌 윌리엄 랜돌프 허스트를 모델로 했다고 알려져 있다.[3] 허스트는 영화의 주인공 케인이 자신을 모델로 만들어진 것임을 알고 영화가 상영되지 못하도록 온갖 방해를 했다. 심지어 원본 필름을 매입해 영화 자체를 없애려는 시도까지 했다. 그는 또한 자신이 소유한 언론 매체를 총동원해 영화를 공격했으며, 자기 신문에 영화 광고조차 못 내게 했다. 이러한 방해 공작이 어느 정도 역할을 한 듯 〈시민 케인〉은 개봉 당시 흥행에 참패했다.

하지만 비평계의 반응은 호의적이었다. 특히 1940년대 중반 〈시민 케인〉이 프랑스에서 상영된 이후 앙드레 바쟁과 ≪카이에 뒤 시네마≫의 젊은 평론가들은 이 영화가 영화의 새 시대를 연 선구적인 작품이라고 평가했다. 이후 〈시민 케인〉은 역대 영화 역사상 가장 훌륭한 영화로 선정되고, 꼭 봐야 할 영화 순위를 매길 때 10위 안에 들어가는 영화가 되었다.

---

3 허스트는 '허스트 커뮤니케이션(Hearst Communications)'이라는 미디어 기업을 소유하고 있었는데, 그의 신문들은 대부분 선동적이고 선정적인 기사에 치중했다. 그는 언론 재벌로 영향력을 발휘하게 되자 정치에 뛰어들어 연방 하원 의원에 당선되기도 했으나, 이후 민주당 대통령 후보 경선에서 실패했고, 뉴욕 주지사·뉴욕 시장 등에도 낙선하여 정치인으로서는 실패했다. 허스트는 불륜 관계인 여배우 매리언 데이비스를 위해 영화사까지 세우고 영화를 제작했으며, 자신의 언론 매체를 총동원하여 영화를 홍보하기도 했다. 그는 캘리포니아에 '허스트 성'이라고 불리는 초호화 대저택을 짓고, 전 세계로부터 그림, 조각 같은 값비싼 예술품을 사 모으는 취미가 있었다(노시창, 2018). 허스트와 관련된 이러한 모든 점이 영화 속 케인과 여러모로 닮았다.

브로드웨이 무대에서 연극배우로 출발한 오손 웰스 감독은 이후 머큐리 극단을 설립하고 연극 순회 공연을 다니며 라디오 드라마를 썼는데, 이것이 그 유명한 CBS 라디오 드라마 〈화성으로부터의 침입〉(1938)이다. 이 드라마는 CBS가 할로윈데이 특집으로 허버트 조지 웰스의 소설 『세계들의 전쟁』(1898)을 각색한 것이다. 이 드라마는 화성에서 외계인이 침입해 오는 내용인데, 드라마 도중 뉴스 속보 형식을 사용하여 '화성인이 침입했다'는 내용이 방송된다. 드라마가 시작되기 전에 이에 대해 이미 여러 차례 공지했으나, 도입 부분을 놓치고 도중에 듣게 된 청취자 중 많은 이들이 화성인의 침입이 실제 상황인 줄 알고 큰 혼란에 빠진다. 뉴저지를 비롯한 동부 지역 사람들은 앞다투어 피난을 가려다 부상자가 발생하기도 했다. 이 사건을 계기로 RKO 영화사는 25세의 청년인 웰스에게 영화의 연출과 제작에 관해 전권을 부여하는 파격적인 제안을 내놓는다. 그래서 탄생한 작품이 바로 〈시민 케인〉이다. 웰스는 이 영화에서 자신이 직접 감독과 각본을 맡았을 뿐만 아니라 심지어 주연까지도 맡았다(정성일, 1995.5).

〈시민 케인〉의 이야기는 주인공 케인의 죽음으로부터 시작된다. 거대한 저택에서 케인은 '로즈버드'라는 말 한 마디만 남기고 홀로 쓸쓸히 죽음을 맞이한다. 언론 재벌인 케인의 죽음으로 언론사에서는 그의 일생에 관한 기사를 제작하기로 하는데, 케인이 마지막으로 남긴 말인 '로즈버드'가 무엇을 의미하는지 중점적으로 파헤치기로 한다. 취재를 맡은 기자 톰슨은 케인과 가까웠던 지인들을 찾아가 케인이라는 인물을 다각도로 조명한다. 케인의 후견인이었던 대처의 기념관에 가서 대처의 기록을 읽으며 케인의 어린 시절과 그가 신문사를 인수하게 된 과정에 대해 알게 된다. 이어서 케인의 언론사 동료이자 매니저인 번스틴을 찾아가 케인에 관한 이야기—인콰이어러 신문을 인수하던 날, 발행인의 맹세를 신문에 게재한 일, 뉴욕 최고의 발행 부수 기록을 달성하고 파티를 연 것, 그리고 대통령 조카 에멀리와 결혼 발표를 한 이야기 등—를 듣는다. 다음으로, 케인의 친구이자 동료이자 비평가인 릴랜드를 찾아간다. 릴랜드는 케인의 첫 번째 부인 에멀리와 그의 결혼 생활, 두 번째 부인 수잔과의 만남, 주지사 선거에서 패한 이야기, 그리고 케인의 두 번째 결혼 및 결혼 생활에 관해 이야기한다. 릴랜드의 이야기 속에서도 '로즈버드'의 의미를 밝혀내지 못하자, 기자 톰슨은 케인의 두 번째 부인인 수잔을 인터뷰하러 간다. 그녀는 케인의 강요 때문에 하기 싫은 공연을 계속한 이야기, 자신의 자살 기도, 노래를 그만두고 거대한 저택에서 퍼즐을 하며 무료하게 보냈던 시간, 그리고 마지막으로 자신이 케인을 떠난 이야기를 한다. 톰슨은 케인이 죽기 전까지 그의 최측근이었던 집사 레이먼드로부터 수잔이 떠난 뒤 케인의 삶에 대해 듣는다. 그러나 톰슨은 '로즈버드'의 의미를 끝내 밝혀내지 못하고 케인이 죽기 전까지 기거했던 거대한 저택 제너두를 빠져나온다. 한편 제너두의 벽난로에서 케인의 유품들을 태우는데 그중 썰매 하나가 보이고 바로 그 썰매에 '로즈버드'라고 적혀 있다. 비로소 관객들에게만 '로즈버드'가 케인이 어린 시절 탔던 썰매라는 것을 알려 주며 영화는 끝을 맺는다.

〈시민 케인〉은 케인이 죽으면서 유언처럼 남긴 '로즈버드'의 의미가 무엇인지 한 기자가 추적하는 형식을 취하고 있다. 기자의 추적은 자체적으로 의미를 지니기보다는 이야기를 끌어가는 하나의 장치이다. 이러한 장치를 통해 케인의 주변 인물인 후견인 대처, 동료이자 매니저인 번스틴, 친구이자 비평가인 릴랜드, 그리고 두 번째 부인인 수잔은 케인이라는 인물을 입체적으로 보여 준다. 즉, 무한한 권력을 휘두르다 쓸쓸히 생을 마친 한 인물을 다각적인 측면에서 바라볼 수 있게 해 주는 이야기 형식을 취하고 있다. 이 작품의 제작 연도가 1941년이라는 점을 생각하면, 굉장히 시대를 앞서간 이야기 형식을 채용했다고 볼 수 있다.

〈시민 케인〉은 각 프레임이 많은 정보를 전달할 수 있도록 치밀하게 계산된 구도를 자주 사용하는데, 인물 배치를 통해 의미를 표현한 장면들을 살펴보자.

먼저, [그림 2-17]은 케인의 어린 시절에 관한 장면으로, 어린 케인의 양육권이 은행가인 대처에게 인도된다. 케인의 어머니는 콜로라도의 한 버려진 광산에서 하숙집을 운영하는데, 하숙비 대신 받은 버려진

[그림 2-17] 〈시민 케인〉, 오슨 웰스, 1941

광산이 금광인 것으로 판명 나면서 엄청난 부자가 된다. 이 장면에서 케인의 어머니는 아들의 교육을 위해 은행가인 대처에게 케인의 양육을 맡기려고 한다. 케인의 아버지는 이를 못마땅하게 생각하지만 어쩔 수 없이

지켜본다. 여덟 살 케인은 방 안에서 어머니와 후견인 대처가 자신의 미래를 결정짓고 있는 동안 집 밖 눈밭에서 썰매를 타며 놀고 있다.

　화면의 오른쪽 하단에 어머니와 대처가 앉아서 케인의 입양과 재산 상속에 관한 문서에 서명하고 있다. 케인의 입양과 상속을 결정하는 두 인물의 중요성을 화면에서 무게감이 있는 곳에 배치함으로써 화면 구도를 통해 시각적으로 강조한 것이다. 화면의 왼쪽에는 두 사람의 결정에 불만 섞인 말을 중얼거리고 있는 케인의 아버지를 배치했다. 아들의 입양과 상속에 결정권을 행사하지 못하는 아버지를 화면 내에서 무게감이 덜한 왼쪽에 배치한 것이다. 화면의 가장 뒤쪽인 후경의 창문 프레임 안에는 밖에서 놀고 있는 케인이 보인다(최현주, 2018a: 117~118). 창문의 프레임 장치 안에 갇혀 있는 듯 보이는 케인은 자신의 미래를 결정하는 과정에서 소외된, 다른 사람들의 통제하에 놓인 상태임을 나타낸 것이다.

　인물 배치를 통해 의미를 표현한 미장센 분석의 또 다른 예로는 케인의 첫 번째 결혼 생활 장면을 들 수 있다. 이 장면은 케인과 그의 첫 번째 부인 에멀리가 파경에 이르는 과정을 압축하여 묘사했다. 부부가 식탁 앞에서 아침 식사를 하는 장면만으로 시간의 변화와 함께 사랑이 식어 버린 부부 사이를 표현했다. 이들 부부의 소원해진 관계가 여러 가지 장치를 통해 전달되는데, 그중 하나가 바로 인물 배치를 통한 미장센이다. 즉, 두 사람 사이에 애정이 있을 때는 식탁의 길이도 짧고 두 인물 간의 거리도 가까워 두 사람이 친밀하게 느껴진다. 그러나 두 사람 사이에 애정이 식었을 때는 식탁의 길이를 길게 하고 두 인물 간의 거리를 멀게 배치해 이들 부부의 심적 거리감을 표현했다. 이 부부의 관계를 두 사람 사이의 공간 배치를 통해 드러낸 것이다.

인물 배치를 통해 의미를 표현한 미장센 분석의 또 다른 예로는 케인의 두 번째 부인 수잔이 퍼즐 맞추는 장면을 들 수 있다. 노래에 소질이 없는 수잔은 케인의 강요로 무대에 서며 언론의 질타를 받았는데, 결국 수잔이 자살을 시도하고 나서야 노래를 그만두게 된다. 자살 시도 후 수잔은 대저택에서 퍼즐 맞추기를 하며 시간을 보내는데, 이 장면에서 케인과 수잔의 관계가 그들의 물리적 거리를 통해 드러난다. [그림 2-18]에서 보는 바와 같이, 초반에는 케인이 퍼즐을 맞추는 수잔에게 가까이 다가가 이야기를 나누기도 한다. 아직까지는 친밀한 관계임을 보여 주는 것이다.

[그림 2-18] 〈시민 케인〉, 오슨 웰스, 1941

이후 수잔이 퍼즐을 맞추는 장면들을 여러 차례 디졸브로 보여 주는데, 이는 퍼즐 맞추기를 하면서 많은 시간을 보냈다는, 즉 시간의 경과를 나타낸다. 점차 케인과 수잔의 관계는 소원해지게 되는데, 이는 이들의 물리적 거리에서 확연히 드러난다. [그림 2-19]에 나타난 바와 같이, 거실에 내려온 케인은 멀리서 수잔을 바라본다. 이내 수잔에게서 멀리 떨어진 소파에 가서 앉는다. 한 공간에서 이들의 물리적으로 먼 거리만큼이나 심리적인 거리도 멀다는 것을 느낄 수 있다.

[그림 2-19] 〈시민 케인〉, 오슨 웰스, 1941

[그림 2-20] 〈시민 케인〉, 오슨 웰스, 1941

이어지는 숏을 보면([그림 2-20]) 수잔이 화면의 왼쪽 모서리에 배치되어 프레임 밖으로 나갈 것만 같다. 저 멀리 있는 케인도 잘 보이지 않을 정도이다. 다음 숏은 카메라가 케인의 뒤편에서 잡은 화면인데, 이 역시 케인이 화면의 오른쪽 모서리에 배치되어 있으며, 수잔은 저 멀리 매우 조그맣게 보인다. 케인과 수잔의 관계가 멀어진 것을 이런 화면 구성으로 보여준다. [그림 2-21]은 화면의 왼쪽에 케인의 후견인인 대처가, 화면의 오른쪽에 케인의 동료이자 지지자인 번스틴이, 그리고 화면의 중간에 케인이 자리 잡고 있는 삼각형 구도이다. 케인이 삼각 구도의 정점에 있고, 한편에는 후견인이지만 케인의 신문사 사업을 못마땅해하는 대처를, 또 다른 한편에는 신문사 사업을 적극 지지하는 동료인 번스틴을 배치하여 케인을 정점으로 하는 갈등 구도를 시각화했다.

[그림 2-21] 〈시민 케인〉, 오슨 웰스, 1941

3. 〈화양연화〉: 화면 구도, 인물의 억제된 감정을 표현하다

왕가위(王家卫)[4] 감독의 〈화양연화(In the Mood for Love)〉는 2000년에 개봉한 홍콩 영화로, 남녀 주인공의 절제된 감정을 아름답고 서정적인 영상미로 표현했다. 영화 제목인 '화양연화(花樣年華)'는 '꽃 같던 시절'이라는 뜻으로 '인생에서 가장 아름답고 행복한 시절'을 의미한다. 이 제목은 1940년대 중국 상하이에서 큰 인기를 누렸던 가수 저우쉬안(周璇)의 노래 '화양적연화(花樣的年華)'[5]에서 따온 것이다.

---

4 홍콩 출신인 왕가위 감독은 독특한 시각적 스타일과 감성적인 내러티브, 극본 없는 제작으로 잘 알려져 있다. 〈열혈남아〉(1988)로 감독에 데뷔했고, 잘 알려진 작품으로는 〈아비정전〉(1990), 〈중경삼림〉(1994), 〈해피투게더〉(1997), 〈화양연화〉(2000), 〈2046〉(2004), 〈일대종사〉(2013), 〈블러섬〉(2023) 등이 있다.

영화의 배경은 1960년대 홍콩6으로, 상하이에서 온 사람들이 거주하는 아파트에 같은 날 이사 온 차우(양조위)와 리첸(장만옥)의 이야기를 다룬다. 차우와 리첸은 이사 첫날부터 자주 마주치는데, 얼마 지나지 않아 두 사람은 각자의 배우자가 자신들 몰래 만나고·있다는 사실을 알게 된다. 이들은 배신감과 외로움, 그리고 서로에 대한 연민을 느낀다. 외로운 상황 속에서 가까워진 두 사람은 점차 깊은 감정을 나누지만, 사회적 규범에 얽매여 스스로 감정을 억제하고 살아 간다.

〈화양연화〉는 이루어질 수 없는 사랑에 대한 애절함을 매우 섬세하고 아름답게 그린다. 주인공들은 끊임없이 감정을 억제하며, 서로에 대한 마음을 끝내 받아들이지 못하고 각자의 길을 걷는다. 영화는 사회적 규범이라는 틀 안에서 절제할 수밖에 없는 안타까운 사랑을 묘사한 것이다. 영화의 제목인 '화양연화'는 주인공들이 서로에게 애틋했던 시간이 인생의 가장 빛나는 순간임을 의미한다.

이 영화는 시각적으로 매우 독특하다. 화면 구도, 공간 구성, 의상 등 다양한 요소를 이용하여 미장센을 구현했는데, 이 중 화면 구도와 관련된 부분을 살펴보자. 왕가위 감독은 촬영감독 크리스토퍼 도일(Christopher

---

5 1946년에 개봉한 중국 영화 〈장상사(長相思)〉의 OST 곡으로, 꽃 같던 시절, 태평하던 시절의 중국을 그리워하는 내용이다.

6 이 시기는 홍콩이 경제적으로 급성장하던 시기로, 영화는 시대 분위기와 사회적 환경을 세밀하게 묘사한다. 주인공들이 살고 있는 아파트는 비좁고 사람들이 밀집해 있어, 개인의 공간이 거의 없는 환경이다.

Doyle)과 함께 매우 세심하고 계산된 화면 구도를 통해 억제된 감정, 긴장감, 그리고 인물들 간의 관계를 시각적으로 표현했다.

1) 프레임 인 프레임

〈화양연화〉에서 가장 두드러지는 화면 구도는 '프레임 인 프레임' 기법이다. 왕가위 감독은 종종 인물들을 창문, 문, 벽, 그리고 거울 등의 프레임 안에 배치하여 그들이 감정적으로 고립되어 있음을, 그리고 윤리적 틀에 갇혀 있음을 시각적으로 표현한다. 예를 들어, 좁은 복도나 문 틈새, 벽에 걸린 거울을 통해 주인공들의 모습을 자주 담아내는데, 이러한 장면들은 그들의 관계가 사회적 규범이라는 윤리적 틀 안에 갇혀 있어 답답함을 시각화한 것이다.

영화의 주인공 차우와 리첸은 처음부터 끝까지 이런 프레임에 둘러싸여 있다. [그림 2-22]는 영화의 오프닝에서 리첸이 손부인 집에서 임대할 집을 구경하는 장면이다. 이 장면에서 감독은 의도적으로 창문 틀과 커텐을 화면 안에 배치하여 그녀를 문틀에 둘러싸이게 했다. 이어

[그림 2-22] 〈화양연화〉, 왕가위, 2000

[그림 2-23] 〈화양연화〉, 왕가위, 2000

등장하는 차우([그림 2-23])도 어둡고 좁은 계단을 오르고 있는데, 이 모습도 계단 양옆의 벽면에 의해 화면의 3분의 2가 어둡게 처리되어 있다. 어둡고 좁은 계단으로 이루어진 답답하고 억압적인 프레임이다.

이사를 마치고 차우와 아내가 집주인과 함께 밥을 먹는 장면에서도 카메라는 열린 문을 통해 문틀과 벽면 가운데 멀리서 보이는 차우와 그의 부인을 보여 줄 뿐 함께 식사하는 사람들을 모두 보여 주지는 않는다. 이 구도도 답답한 느낌을 준다.

[그림 2-24] 〈화양연화〉, 왕가위, 2000

[그림 2-25] 〈화양연화〉, 왕가위, 2000

이후 리첸은 남편과 집주인이 함께 마작 게임하는 것을 바라보고 있는데([그림 2-24]) 카메라는 이전과 마찬가지로 멀리서 열린 문을 통해 인물들을 촬영한다.

[그림 2-25]는 차우가 전기밥솥 값을 주기 위해 리첸을 찾아간 장면이다. 리첸이 없어서 남편인 첸과 이야기를 나누는 장면인데, 차우가 앞뒤로 꽉 막힌 프레임에 갇혀 있어 답답해 보인다.

문틀이나 창틀 외에도 감독은 다양한 도구들을 사용해 프레임 내에 또 다른 프레임을 형성한다. 차우 부인의 회사를 표현할 때는 항상 [그림

2-26]과 같은 구도를 사용한다. 차우의 아내는 남편과 통화할 때 주변의 가구들에 의해 형성된 프레임에 갇힌 채 뒷모습만 등장하거나 모습은 아예 보이지 않고 목소리만 나오는 경우도 있다. 이러한 화면 구도는 그녀가 무언가 은밀한 구석이 있다는 느낌을 줄 뿐만 아니라, 극 중에서 중요

[그림 2-26] 〈화양연화〉, 왕가위, 2000

한 인물이 아니라는 의미도 내포하고 있다.

이 영화에서는 차우의 아내뿐만 아니라 리첸의 남편인 첸의 모습도 정면에서 보여 주지 않는다. 영화에서 이들에게는 집중할 필요가 없다는 것을 이러한 화면 구성으로 말해 주는 것이다. 이러한 연출은 리첸과 차우의 내면 갈등과 감정에 더욱 집중하게 하며, 관객이 두 주인공의 심리 상태에 더 깊이 공감하며 몰입하게 만든다.

[그림 2-27]을 보면, 늦게 돌아올 줄 알았던 집주인과 이웃들이 갑자기 돌아오면서, 리첸과 차우가 차우의 방에 갇히는 신세가 되고 만다. 둘은 차우의 집에서

[그림 2-27] 〈화양연화〉, 왕가위, 2000

글을 읽으며 시간을 보내고 있었는데, 감독은 이 장면에서 이들의 머리 위

쪽에 가구로 또 하나의 프레임을 만들어 답답한 상황을 시각화하고 있다.

2) 프레임 내 가장자리 배치

왕가위 감독은 이 영화에서 인물들을 프레임의 가장자리에 배치하거나, 때로는 인물의 일부만 보여 주는 방식을 사용한다. 이는 인물들이 갖는 감정의 불안정성을 시각적으로 표현한 것이다.

[그림 2-28]은 아내가 늦게 퇴근할 것이라는 연락을 받은 후, 아내의 직장으로 찾아간 차우가 아내의 외도를 알게 되고 길모퉁이 벽에 기대어 있

[그림 2-28] 〈화양연화〉, 왕가위, 2000

는 모습이다. 길모퉁이 벽에 기대어 있는 그는 뒤에 있는 벽이라는 프레임에 갇혀 있을 뿐만 아니라, 전체 화면의 왼쪽 아래 모서리에 있다. 화면 밖으로 밀려날 것 같은 위치에 차우를 배치함으로써 차우가 느끼는 불안과 불안정성을 시각적으로 표현했다. [그림 2-29]는 차우와 리첸이 처음 호텔을 간 후, 차우가 비

[그림 2-29] 〈화양연화〉, 왕가위, 2000

를 맞으며 골목길을 뛰어오는 장면이다. 넓은 화면의 오른쪽 아래 모서리에 차우를 배치함으로써 그의 불안한 심리를 화면 구도를 통해 드러냈다.

[그림 2-30] 〈화양연화〉, 왕가위, 2000

[그림 2-30]은 차우와 리첸이 서로의 배우자가 내연 관계에 있다는 사실을 알아차린 후, 자신의 배우자들이 어떻게 불륜을 시작하게 되었는지 알아보기 위해 서로 불륜 배우자 역할을 해 보는 상황극 장면이다. 이 장면에서 두 인물을 하나의 프레임에 담으면서도 다른 한 사람의 모습은 프레임의 가장자리에 배치하여 극히 일부만 보여 줌으로써 불안정성을 시각적으로 표현한다.

3) 창살 프레임

차우와 리첸이 서로의 배우자가 불륜 상대를 어떻게 만나기 시작했는지 복원하는 상황극을 몇 번 하면서 점차 둘은 서로에게 끌리게 된다. [그림 2-31]은 역할극을 통해 서로에 대한 사랑을 느끼지만 무거운 죄책감에 짓눌린 두 사람이

[그림 2-31] 〈화양연화〉, 왕가위, 2000

'우리는 그들과 같지 않을 것'이라고 말하는 장면이다. 리첸과 차우가 서로에게 강하게 끌리지만 윤리적 굴레에 얽매여 있음을 창살 프레임을 전면에 배치함으로써 시각적으로 표현했다.

[그림 2-32] 〈화양연화〉, 왕가위, 2000

[그림 2-32]는 차우가 주변 시선에 부담을 느껴 싱가포르로 이주하겠다고 말한 뒤, 두 사람이 이별 연습을 하는 장면이다. 이별 연습 도중에 리첸이 울음을 터트리며 차우에게 기대어

울고 있는데, 이 장면에서도 화면의 전경에 창살 프레임을 배치하고 있다. 이 창살 프레임 역시 이들의 감정에 대한 윤리적 속박을 상징적으로 표현한다.

4) 전경에 화면을 막는 인물 배치

[그림 2-33] 〈화양연화〉, 왕가위, 2000

[그림 2-33]은 차우가 리첸에게 싱가포르로 떠나겠다고 말하는 장면이다. 이 장면은 오버더 숄더 숏(over-the-sholuder shot)[7]

---

7 한 인물의 어깨 너머로 다른 인물을 촬영하는 구도로, 대화 장면에서 자주 사용된다. 이는

으로 촬영했는데, 일반적인 오버더숄더 숏과는 다르다. 이 경우에는 전경 중앙에 인물을 배치하여 화면을 가로막다 보니 답답한 느낌을 준다. 이런 인물 배치는 이 영화에서 종종 등장하는데, 윤리적 굴레에 갇혀 서로에 대한 감정을 표현하지 못하는 이들의 답답함을 시각화한 것이다.

5) 좁은 공간에서 지나치는 구도

이 영화 속에서 자주 등장하는 장면 중 하나는 복도, 계단, 골목 같은 좁은 공간에서 인물들이 마주치거나 교차하는 장면이다. [그림 2-34]는 차우와 리첸

[그림 2-34] 〈화양연화〉, 왕가위, 2000

이 자주 마주치는 계단에서의 장면이다. 좁은 이 계단에서 두 사람이 서로 마주치거나, 한 명은 다른 사람이 계단을 오르거나 내려가는 것을 지켜보는 구성이 자주 사용된다. 주인공들이 좁은 계단에서 마주치는 장면은 두 사람 사이의 심리적 거리와 정서적 갈등을 표현한다. 계단에서 마주친

투 숏의 변형으로, 두 사람 중 한 사람의 등 뒤에 카메라가 자리 잡은 채 한 사람의 어깨를 걸치고 다른 한 사람을 정면으로 마주 보며 촬영한다. 두 인물 간의 긴장감과 상호작용을 강조하여 표현하고 싶을 때 사용하기도 하고, 한 사람의 어깨가 프레임 안의 프레임을 설정하는 것과 마찬가지의 역할을 하기 때문에 관객의 관심을 정면을 보는 사람에게 집중시키고자 할 때 사용하기도 한다.

다는 것은 누군가는 올라가고 다른 누군가는 내려간다는 의미이다. 좁은 골목 계단이 그들의 심리적 거리가 멀지 않음을, 계단에서 서로가 스치듯 오르내리는 것은 그들 사랑의 어긋남을 표현한다. 즉, 이 구도는 인물들 간의 긴장과 억제된 감정을 강조하는 또 다른 방식이다.

6) 룩킹룸이 없는 구도

[그림 2-35] 〈화양연화〉, 왕가위, 2000

이 영화에서 자주 사용되는 구도 가운데 하나가 바로 룩킹룸(looking room)[8]이 부족한 화면 구도이다. 적당한 룩킹룸을 확보해야 화면이 안정되어 보이고 전면에 대한 기대감이 생긴다. 화면 내에 다른 물체나 인물이 없음에도 불구하고 인물의 룩킹룸을 일부러 부족하게 화면을

---

8 룩킹룸 또는 노즈룸(nose room)은 사람이 정면을 보지 않고 왼쪽이나 오른쪽을 쳐다볼 때 그 바라보는 방향에 생기는 공간이다. 화면 구도의 법칙에 따르면, 적당한 룩킹룸이 확보되어야 화면에 안정감이 있고 피사체가 바라보는 방향에 대한 기대감이 생긴다. 즉, 화면 속 인물의 시선 방향으로 적당한 여백을 두어야 한다는 것이다. 따라서 두 사람의 대화 장면에서 한 사람의 시선이 왼쪽으로 향하고 있다면 왼쪽에 적절한 공간을 두어야 한다. 반면에, 루킹룸이 부족하면 인물이 답답해 보이고 안정감이 없어 보인다(최현주, 2018a).

구성함으로써 시각적인 답답함을 야기하고 있다.

　[그림 2-35]는 차우가 리첸에게 싱가포르로 떠나겠다고 말하는 장면이다. 사랑하지만 사회적, 윤리적 굴레에 의해 떠나는 차우, 그리고 사랑하지만 잡지 못하는 리첸, 이들의 답답한 마음이 룩킹룸이 부족한 화면 구성으로 시각적으로도 잘 표현되어 있다.

7) 반복되는 장면과 화면 구도

　영화에서는 좁은 복도에서 차우와 리첸이 마주치거나, 우산을 쓰고 비를 맞으며 골목길을 지나가는 장면들이 반복된다. 주인공들이 좁은 골목길이나 복도에서 교차하는 장면이 비슷한 카메라의 위치와 화면 구도로 여러 번 반복되는데, 이때마다 인물들의 감정은 조금씩 깊어져 가지만 상황은 여전히 같다. 이런 반복적인 화면 구도는 시간이 흘러도 그들의 관계가 제자리걸음을 하는 것처럼 보이게 만든다. 즉, 이들 관계의 답답함을 표현하는 또 다른 방식인 것이다.

　이상에서 살펴본 바와 같이, 〈화양연화〉에서 화면 구도는 감독의 의도를 정교하게 전달하는 데 핵심적인 역할을 한다. 프레임 인 프레임, 프레임 가장자리 배치, 룩킹룸이 없는 구도 등 다양한 기법들을 통해 주인공들의 억제된 감정을 표현하며, 이 영화가 시각적으로도 매우 섬세하고 정교한 작품임을 보여 준다. 주인공들이 좁은 복도에서 마주치는 장면은 매우 제한된 공간에서 촬영되어, 인물들이 물리적으로 뿐만 아니라 심리적으로도 갇혀 있는 느낌을 준다. 또한 문 틈새나 창문을 통해 인물들을 포착함으로써, 윤리적 틀 속에 갇혀 서로에게 다가가지 못하는 답답함을 시각적으로 표현한다. 이러한 구도는 영화의 서사와 인물들의 감정을 시각적으로 전달하는 데 중요한 역할을 한다.

3장

카메라 앵글

이 장에서는 카메라 앵글의 종류와 의미에 대해 살펴보도록 하자. 카메라 앵글은 카메라가 대상을 어떤 각도에서 촬영하느냐를 말한다. 즉, 대상보다 카메라가 높은 곳에서 촬영한 것인지 아니면 낮은 곳에서 촬영한 것인지 그 높이와 각도에 따라 카메라 앵글의 종류가 나누어지는데, 앵글별로 대상에 부여되는 의미도 다르다. 카메라 앵글에 따라 숏이 어떻게 분류되며, 각각의 카메라 앵글이 주는 느낌과 의미가 무엇인지 알아보자.

1. 카메라 앵글의 종류와 의미

1) 아이레벨 앵글

[그림 3-1] 아이레벨 앵글(〈시민 케인〉, 오손 웰스, 1941)

아이레벨 앵글(eye-level angle) 은 사람의 눈높이에서 촬영하여 자연스러운 시각을 제공한다. 사람들이 일상생활에서 사물을 쳐다보는 주된 앵글이기 때문에, 아이레벨로 촬영한 영상을 볼 때 관객은 안정감을 가지며, 카메라의 존재를 별로 인식하지 못한다. 또한 평상시 사물을 쳐다보는 앵글이기 때문에 피사체에 특별한 의미를 부여하기보다는 피사체를 중립적이고 객관적으로 담아낸다(최현주, 2018a: 60~61). [그림 3-1]은 〈시민 케인〉에서 신문사를 인수한 케인이 후견인인 대처와 논쟁하는 장면으로, 케인과 대처를 아이레벨 앵글 숏으로 잡았다. 이는 관객의 눈높이에서 인물들을 보여 주기 때문에 친밀감을 준다.

2) 로우 앵글

로우 앵글(low angle)은 카메라가 대상보다 낮은 위치에서 올려다보며

촬영하는 것으로, 로우 앵글로 촬
영하면 대상이 관객을 내려다보게
되기 때문에 대상은 실제보다 더
커 보인다. 따라서 사물의 웅장함,
인물의 강력한 힘이나 권위, 위엄
등을 표현하고자 할 때 주로 사용
한다. 동작의 움직임을 로우 앵글

[그림 3-2] 로우 앵글(〈시민 케인〉, 오손
웰스, 1941)

로 촬영하면 움직임에 속도가 더해진다. 그래서 서로 치고받는 액션 장면
에서는 로우 앵글로 실제보다 더 속도감 있는 화면을 만들어 내기도 한다
(최현주, 2018a: 60). [그림 3-2]는 〈시민 케인〉에서 케인의 후견인인 대처
가 아직 영향력이 있는 상황의 모습으로, 로우 앵글로 촬영하여 그의 권력
과 위엄을 강조한다.

   3) 하이 앵글

   하이 앵글(high angle)은 카메라가 대상보다 높은 위치에서 촬영하는
것이다. 즉, 대상을 위에서 아래로 내려다보는 구도로 촬영하기 때문에
전체 상황을 보여 주는 데 편리하며, 인물의 배치나 공간의 상황을 묘사하
는 설정 숏[1]으로 자주 쓰인다. 또한 하이 앵글로 촬영하면 대상의 높이가

---

1 하나의 이야기가 시작될 때, 그 이야기의 배경이 되는 장소의 전경을 보여 주는 숏이다.

[그림 3-3] 하이 앵글(〈시민 케인〉, 오손 웰스, 1941)

감소되어 인물이 작아 보이기 때문에, 인물의 왜소함이나 무력함, 취약함을 부각할 때 사용하기도 한다. 그리고 동작의 움직임을 하이 앵글로 촬영하면 움직임이 느리게 표현되어 다소 지루한 느낌을 준다(최현주, 2018a: 61).

[그림 3-3]은 케인이 주지사 선거에 출마하여 연설하는 모습을 라이벌인 짐 게티스가 내려다보는 장면이다. 라이벌이 매우 높은 곳에서 내려다보는 장면을 하이 앵글로 촬영하여 케인의 무력감을 시각적으로 표현했는데, 케인이 이 선거에서 이길 수 없음을 함축하고 있다.

4) 버즈 아이 뷰

버즈 아이 뷰(bird's-eye view)는 새의 눈으로 사물을 바라보았을 때의 경치, 즉 아주 높은 공중에서 아래를 내려다본 각도를 말한다. 버즈 아이 뷰는 주로 하나의 시퀀스가 시작될 때 시·공간적인 정보를 제공하기 위해 사용한다. 대상을 한눈에 내려다볼 수 있어 피사체의 운명을 내려다보는 듯한 느낌을 주기 위해 사용하기도 한다. 일상적인 시각에서 벗어나 새로운 시각으로 본 것이기 때문에 관객에게는 매우 낯설 수 있어서 단순한 시각적 쾌감을 주기 위해 사용하기도 한다.

[그림 3-4]는 〈시민 케인〉에서 케인의 대저택을 소개할 때 등장하는 장면이다. 이 영상은 숏 사이즈에서는 익스트림 롱 숏이고, 카메라 앵글에서는 버즈 아이 뷰이다. 많은 경우에 익스트림 롱 숏은 버즈 아이 뷰

[그림 3-4] 버즈 아이 뷰(〈시민 케인〉, 오손 웰스, 1941)

로 구사된다. 드넓은 풍경을 촬영하려면 대상보다 카메라가 높이 올라가야 하기 때문이다.

5) 사각 앵글

사각 앵글(oblique angle)은 카메라를 옆으로 비스듬히 기울여 촬영함으로써 불안정감이나 긴장감을 나타내는 데 사용한다. 즉, 불안한 심리, 환각 상태, 비현실적인 심리 상태를 시각적으로 표현하고자 할 때 사용한다. 인간의 눈은 본능적으로 균형을 지키려는 욕구가 있기 때문에 사각 앵글이 그리 많이 사용되지는 않는다. 사각 앵글은 보통 매우 불안한 장면이나 폭력 장면에서 시각적 불안감을 표현하기 위해, 그리고 술에 취한 사람의 시선으로 바라보는 세상 등을 표현하는 데 효과적으로 사용된다.

[그림 3-5]는 개츠비의 저택에서 열린 파티에서 술을 마시고 취해 있는 닉의 모습을 비스듬하게 잡은 장면인데, 사각 앵글로 촬영되었다. 사각

[그림 3-5] 사각 앵글(〈위대한 개츠비〉, 바즈 루어만, 2013)

앵글은 주로 상황의 불안정함과 불안함을 표현한다.

카메라 앵글의 느낌과 의미를 효과적으로 드러낸 사례로는 전고운 감독의 〈소공녀〉(2018)의 한 장면을 들 수 있다. 주인공인 미소는 가사 도우미로 돈을 벌며 생계를 겨우 유지하고 있다. 그녀는 돈은 없지만 위스키와 담배, 그리고 남자 친구만 있으면 더 바랄 것이 없다는 마음으로 살아간다. 수입은 그대로인데 집세도 담뱃값도, 심지어 위스키 가격마저 오르자, 미소는 자신이 기거할 '집'을 포기하기로 한다. 집을 포기하고 대학교 시절 유일하게 친했던 밴드부원들의 집에 돌

[그림 3-6] 하이 앵글 & 로우 앵글(〈소공녀〉, 전고운, 2018)

아가면서 얹혀사는데, 여러 가지 이유로 그들의 집에 오래 머물지는 못한다.

[그림 3-6]은 미소가 경제적으로 부유한 친구인 기타리스트 최정미의 집 앞에 도착한 장면이다. 미소가 친구의 넓고 큰 집을 바라보는 모습을 하이 앵글로 잡아 미소는 매우 왜소하고 위축되어 보인

다. 이어지는 숏은 미소의 시선에서 바라보는 친구의 넓고 큰 집을 로우 앵글로 잡아 집은 더욱더 웅장하고 사람을 압도하는 것처럼 보인다.

이처럼 부자인 친구 집의 높은 담벼락에 기가 눌린 미소는 하이 앵글로, 미소가 쳐다보는 높은 담벼락은 로우 앵글로 촬영하여 미소가 느끼는 심리적 압박감을 시각적으로 관객에게 전달한 것이다.

카메라 앵글이 주는 느낌과 의미를 간략하게 요약하면, 하이 앵글은 대상을 왜소하고 나약하게 만드는 심리적 효과가 있는 반면, 로우 앵글은 대상을 위엄 있고 거대한 힘을 가진 존재처럼 만드는 심리적 효과가 있다.

2. 〈의지의 승리〉: 카메라 앵글, 시각적으로 히틀러를 영웅화하다[2]

레니 리펜슈탈(Leni Riefenstahl)의 다큐멘터리 〈의지의 승리(Triumph of the Will)〉(1935)에서 카메라 앵글이 어떻게 활용되었는지 살펴보자. 이 영화는 1934년 9월 5~10일 독일 뉘른베르크에서 열린 제6차 나치 전당 대회를 기념하기 위해 만들어졌다. 이 전당 대회는 아돌프 히틀러(Adolf Hitler)가 권력을 잡은 뒤 처음으로 가진 대규모 집회이다.

히틀러는 1932년 독일의 대통령 선거에서 패배했지만, 다음 해에 의회

---

2 〈의지의 승리〉에 대한 내용은 필자의 저서 『다큐멘터리와 사실의 재현성』(2018), 54~56 쪽 내용을 수정·보완하여 가져왔다.

제1당인 나치당의 당수로서 총리로 임명되었다. 당시 86세의 힌덴부르크 (Paul von Hindenburg)가 대통령에 당선되었으나, 고령의 대통령 대신 젊고 강력한 총리인 히틀러가 실질적인 권력을 갖게 된다.

리펜슈탈은 1932년에 히틀러의 연설을 처음 듣고 매료되어 곧장 그에게 편지를 보냈다. 그리고 만남이 성사되어 그와 인연을 맺는다. 히틀러는 리펜슈탈에게 1934년 뉘른베르크 전당 대회의 기록영화 제작을 의뢰한다. 히틀러는 리펜슈탈에게 영화 제작에 관한 전권을 부여했으며, 가능한 모든 지원을 해 주었다. 이렇게 히틀러의 전폭적인 지원 아래 제작된 영화가 바로 〈의지의 승리〉이다.

영화는 1934년 독일 뉘른베르크에서 나흘 동안 진행된 나치 전당 대회를 시간 순서에 따라 세밀하게 기록하고 있다. 〈의지의 승리〉는 히틀러의 위대함을 표현하기 위해 모든 영화 기술을 동원[3]했는데, 특히 카메라 앵글을 효과적으로 사용했다. 영화는 구름 사이에서 비행기가 비행하는 장면으로 시작한다. 이어 하늘에서 내려다본 뉘른베르크의 풍경, 도시의 상공을 나는 비행기, 그 아래로 열을 지어 행군하는 군인들의 모습을 항공

---

3 히틀러가 연설하는 장면에서는 연단 주위에 레일을 둥글게 깔아 카메라가 히틀러 주위를 도는 아크(arc) 촬영을 했는데, 이는 그의 연설 모습을 위엄 있으면서도 신비스럽게 보여 주는 효과를 갖는다. 또한 카메라가 오른쪽에서 왼쪽으로, 왼쪽에서 오른쪽으로 천천히 원형으로 이동함으로써, 만인의 지도자라는 이미지를 심어 준다. 클로즈업도 자주 사용되었다. 히틀러에 대한 클로즈업은 히틀러의 얼굴을 대중에게 각인시키는 역할을 한다. 반면 나치에 환호하는 독일 시민의 표정을 클로즈업한 장면들은 히틀러와 나치 정권에 대한 열망을 표현한다(강태호, 2011: 251~253).

[그림 3-7] 로우 앵글(〈의지의 승리〉, 레니 리펜슈탈, 1935)

촬영으로 보여 준다. 비행기가 착륙하고 히틀러가 내리면 사람들이 열렬히 환호한다. 이 오프닝은 히틀러에게 하늘에서 내려온 신의 이미지를 부여한다(Barnouw, 1993: 104).

영화는 히틀러를 영상에 담을 때 결코 하이 앵글이나 아이레벨 앵글을 사용하지 않는다. 그를 왜소하게 또는 일반인처럼 보이게 만드는 앵글은 사용하지 않은 것이다. 히틀러를 촬영할 때는 주로 카메라를 아래에서 위로 잡는 로우 앵글을 사용했다. 히틀러를 로우 앵글로 보여 준 다음에, 수많은 나치 당원과 시민들의 열광적인 얼굴을 하이 앵글로 잡는다. 이는 독일 국민과 나치 당원들이 히틀러를 우러러본다는 의미를 함축하고 있을 뿐만 아니라, 관객들도 히틀러를 우러러보게 하는 효과가 있다. 로우 앵글을 사용하여 히틀러를 장대하게 표현하면서 신적인 존재처럼 보이게 만든 것이다. 즉, 로우 앵글을 사용하여 히틀러의 위엄과 권위를 드러내며 시각적으로 히틀러를 영웅화하고 있다. 히틀러는 연설마다 자신이 게르만족의 우수함을 전 세계에 보여 주는 역할을 기꺼이 수행하리라 다짐하는데, 리펜슈탈은 히틀러의 작은 체구가 느껴지지 않도록 그를 로우 앵

[그림 3-8] 하이 앵글(〈의지의 승리〉, 레니 리펜슈탈, 1935)

글로, 대규모 군중은 하이 앵글로 담아 히틀러를 대규모 군중에게 추앙 받는 모습으로 담아냈다.

반면 히틀러를 추종하는 대규모 군중은 하이 앵글 및 버즈 아이 뷰로 촬영하여 그에 비해 왜소한 분위기로 만들었다. [그림 3-8]에서 보는 바와 같이, 제복을 입은 채 정확하게 대열을 맞추어 서 있는 대규모 군인들을 촬영한 씬은 200여 대의 카메라를 동원했고, 40m 이상 올라갈 수 있는 카메라용 승강기를 설치하여 극단적인 높이에서 하이 앵글로 잡아냈다 (Barnouw, 1993: 102).

이렇듯 히틀러의 요청으로 만든 이 영화에는 그를 독일의 영웅으로 부각시키기 위한 치밀한 계획과 의도가 숨겨져 있었다.

5개월간의 편집 작업 끝에 나온 〈의지의 승리〉는 공개 당시 독일뿐만 아니라 유럽 각국에서 찬사를 받았다. 1930년대에 촬영한 다큐멘터리인데도 불구하고 촬영 기법과 영상이 혁신적이고 아름다워 다큐멘터리의 수준을 크게 높인 수작으로 평가 받은 것이다. 심지어 이 영화는 베니스 영화제와 파리 영화제에서 최우수상을 수상했다.

그러나 다른 한편에서는 영화예술이 나치당과 히틀러를 미화하는 데 이용되었다는 비판을 받았다. 이 영화는 어떠한 내레이션도 없이 현실을 있는 그대로 기록한 것 같은 외양을 취하고 있지만, 히틀러를 영웅화하는 시각적 기법을 적극적으로 활용함으로써 해설적인 내레이션 없이도 나치 와 히틀러의 위대함을 표현하는 정치 선전의 도구로 사용된 것이다.

3. 〈시민 케인〉: 카메라 앵글, 인물들의 권력관계를 시각화하다

〈시민 케인〉은 많은 장면에서 카메라 앵글을 사용하여 영상에 의미를 담아냈다. 예를 들어, 케인을 하이 앵글로 잡아낸 것은 어린 시절의 케인 과 갓 성인이 된 케인이 후견인인 대처의 영향력 아래 있음을 표현하기 위해서다.

[그림 3-9]는 어린 시절 케인의 모습으로, 그는 대처와 함께 있다. 후견 인인 대처를 로우 앵글로 촬영하여 그의 영향력이 막강하다는 것을 시각

[그림 3-9] 〈시민 케인〉, 오손 웰스, 1941

적으로 보여 준다. 반면 케인은 하이 앵글로 촬영하여 어린 그를 더욱 위축되어 보이게 한다.

[그림 3-10]은 케인이 소유하고 있는 신문의 보도 기사에 화가 난 대처가 케인을 찾아간 장면이다. 세계에서 여섯 번째로 큰 재산을 소유한 케인은 금광이나 유전, 선박, 부동산 등에는 관심이 없고 오직 뉴욕의 인콰이어러 신문사에만 관심이 있다. 대처는 이 신문사를 팔고 싶어 하지만, 케인은 계속 경영하고 싶어 한다. 인콰이어러는 우범 지역 개선을 거부하는 건물주를 고발하고, 월스트리트가 사기를 조장한다고 폭로하고, 경찰의 부패를 고발하는 등 사회 개혁을 촉발하는 기사를 보도하는데, 자본가인 대처는 이런 기사들이 마음에 들지 않는다. 특히 대처는 신문사가 명백한 증거도 없이 전쟁 선동 기사를 내보는 데 단단히 화가 나 있다. 케인과 대처가 대화를 나누는 장면에서 처음에는 케인을 하이 앵글로 잡지만([그림 3-10]의 왼쪽), 케인이 일어서자마자 대처의 모습은 이내 아이레벨 앵글로 잡힌다([그림 3-10]의 오른쪽). 이는 케인이 더 이상 대처의 통제하에 있지 않음을 의미한다.

[그림 3-10] 〈시민 케인〉, 오손 웰스, 1941

이후 대처의 영향력에서 벗어나 케인이 신문사를 스스로 경영하면서부터는 케인을 담아낼 때 로우 앵글을 적극적으로 사용한다. 언론 재벌 케인의 위엄과 권위를 부각하기 위해서이다.

케인이 대통령의 조카인 에멀리와 결혼을 발표할 때도 로우 앵글로 그의 위엄을 표현했고, [그림 3-11]에서처럼 신문사를 인수한 후 신문에 실을 '발행인의 맹세'를 쓰는 케인의 모습도 로우 앵글로 촬영하여 그를 위엄 있고 자신감 넘치는 인물로 표현했다.

[그림 3-12]는 짐 게티스에 의해 케인의 스캔들이 보도된 이후, 케인이 선거를 포기하고 신문사로 돌아온 장면이다. 로우 앵글로 잡힌 이 장면은

[그림 3-11] 〈시민 케인〉, 오손 웰스, 1941

[그림 3-12] 〈시민 케인〉, 오손 웰스, 1941

천정이 보이기 때문에 '천장 숏'이라고도 불린다. 단어 그대로 매우 낮게 위치한 카메라로 인해 인물은 물론이고 천장까지 프레임에 잡혀 있다. 오손 웰스 감독은 바닥을 파고 그 안에 카메라를 집어넣어 이 장면을 촬영했다고 한다. 이러한 화면 구성은 권력을 탐하는 케인의 모습을 매우 위엄 있고 압도적으로 잡아내는 동시에 천장이라는 한계에 부딪힌 느낌을 만들어 낸다.

다음으로, 케인과 그의 두 번째 부인인 수잔의 관계를 카메라 앵글을 통해 표현한 것도 흥미롭다. [그림 3-13]은 데뷔 무대를 마친 수잔이 릴랜드의 혹평을 보고 분노하는 장면이다. 돈과 권력을 가지고 아내인 수잔에게도 군림하는 케인은 로우 앵글로 표현한 반면, 자신이 아니라 남편의 뜻에 따

[그림 3-13] 〈시민 케인〉, 오손 웰스, 1941

라 계속 노래를 불러야 하는 수잔은 대부분 하이 앵글로 표현했다. 이는 케인에게 억압 받는 굴종적인 수잔의 모습을 카메라 앵글을 통해 시각적으로 표현한 것이다.

케인과 수잔의 말다툼 장면에서도 이들의 관계는 카메라 앵글로 표현되었다. [그림 3-14]에서처럼 케인은 로우 앵글로 표현하여 수잔에게 군림

하는 모습을, 수잔은 하이 앵글로 표현하여 케인에게 억압 받는 나약한 모습을 시각화했다.

의미 있는 카메라 앵글을 사용한 또 다른 장면으로는, 케인이 주지사 선거에 출마하여 연설하는 장면을 들 수 있다. 이 장면에서 카메라는 케인의 거대한 포스터에서부터 쭉 훑고 내려와, 연설하는 케인을 하이 앵글로 잡는다. 그리고 카메라가

[그림 3-14] 〈시민 케인〉, 오손 웰스, 1941

연단의 높이에서 케인에게 다가가 아이레벨 앵글로 그의 모습을 담는다. 카메라가 연단에 매우 가까이 다가갔을 때는 로우 앵글이 된다. 첫 번째 부인 에멀리와 아들을 보여 준 다음, 연설하는 케인은 또다시 로우 앵글로 촬영된다. 그러다가 다시 약간 하이 앵글에서, 좀 더 높은 하이 앵글로, 그리고 마지막에는 매우 높은 곳에서 내려다보는 하이 앵글로 촬영된다. 그 높은 곳에는 선거전의 라이벌인 짐 게티스가 케인을 내려다보고 있는 모습이 보인다(앞의 [그림 3-3] 참조).

케인의 연설 장면을 로우 앵글로 찍어 그의 위엄이나 권위를 나타내기도 했지만, 하이 앵글로 촬영하여 전체적인 상황을 보여 주면서도 그를 왜소해 보이게 만들었다. 이 씬의 첫 숏에 사용된 하이 앵글만 보았을 때는

연설장의 규모가 크고 사람이 많이 모였음을 보여 주기 위해 하이 앵글을 사용했다고 생각할 수 있다. 하지만 마지막 숏에서 라이벌인 짐 게티스가 케인의 연설 장면을 내려다보는 하이 앵글은 케인이 이 선거에서 짐 게티스에게 패할 것임을 함축해 보여 준다고 할 수 있다.

이상에서 살펴본 바와 같이, 〈시민 케인〉에서는 언론 재벌로서 막강한 권력을 가진 케인을 로우 앵글을 통해 권위, 위엄 있는 인물로 표현했다. 그리고 권력관계에 있는 인물들을 표현할 때 카메라 앵글을 통해 그들의 관계를 시각화했다. 권력관계에서 압도하는 대상은 로우 앵글로 찍어 권위 있어 보이게 표현했으며, 압도 당하는 대상은 하이 앵글로 찍어 위축되고 나약하게 표현한 것이다. 이처럼 〈시민 케인〉에서는 카메라 앵글을 통한 의미 부여가 영화 전반에 걸쳐 이루어지고 있다.

4. 〈슬럼독 밀리어네어〉: 사각 앵글, 불안감과 긴장감을 드러내다

앞서 이야기했듯이 사각 앵글은 불안한 장면이나 폭력을 행사하는 장면 등 극히 제한된 상황에서만 사용된다. 그러다 보니 한 편의 영화에서 사각 앵글이 사용된 경우는 아예 없거나, 아니면 있어도 몇몇에 불과하다. 그러나 사각 앵글이 유난히 많이 사용된 영화가 있는데, 바로 대니 보일(Danny Boyle) 감독의 〈슬럼독 밀리어네어(Slumdog Millionaire)〉(2008)이다.

영화의 줄거리를 간략하게 소개하면 다음과 같다. 2006년 인도 뭄바이에서 주인공 자말은 거액의 상금이 걸린 '누가 백만장자가 되고 싶은가?'라는 인기 TV 퀴즈쇼에 출연한다. 빈민촌에서 태어나 제대로 된 교육도 받지 못한 자말이 퀴즈쇼의 마지막 문제까지 풀게 되자 부정행위를 의심받아 사기죄로 체포된다. 하지만 자말이 살아온 모든 순간이 정답을 맞힐 수 있었던 실마리였다는 진실이 밝혀진다. 그는 모든 문제의 답을 자신의 과거 경험에서 발견할 수 있었고 마지막 문제까지 풀게 된 것이다. 결국 마지막 문제를 맞힌 자말은 퀴즈쇼에서 우승하고 백만장자가 된다. 그리고 퀴즈쇼에 출연한 진짜 목적인, 어린 시절 헤어진 여자 친구 라띠까와의 재회도 이룬다.

이 영화가 이야기를 제시하는 방식은 흥미롭다. 영화는 자말이 고문을 받으면서 시작된다. 정규교육도 받지 못한 빈민가 출신인 자말이 퀴즈쇼에서 연속으로 정답을 맞히는 것을 보고 경찰은 배후 세력을 묻지만 자말은 아무 말도 하지 않는다. 그런 그를 보며 이상함을 느낀 경찰은 그와 대화하기로 한다. 자말은 자신이 어떻게 문제들을 풀 수 있었는지 설명하기 시작한다. 이후 영화는 퀴즈쇼에서 자말에게 제시된 문제를 보여 준 뒤, 그 문제와 관련된 자말의 인생 이야기를 펼치는 방식으로 전개된다.

퀴즈쇼에서 "1973년 〈잔지르〉에 출연한 배우 이름은?"이라는 질문이 나오면, 이 배우와 관련된 자말의 회상이 시작되는 것이다. 자말은 어린 시절 자신이 제일 좋아하는 배우 아미타브가 왔다는 소식을 듣고 뛰어나가고 싶었지만 화장실 문이 열리지 않아 갈 수 없게 되었다. 그러자 그는 재래식 변기에 일부러 빠져 똥물을 뒤집어쓴 채 그에게 달려가 싸인을 받은 적이 있다. 이 일로 그는 퀴즈의 답을 맞히게 된다.

퀴즈쇼에서 "라마 신이 오른손에 든 것은 무엇일까요?"라는 문제가 나오면, 어느 날 빈민가 폭동으로 어머니를 잃고 도망가던 중 라마 신으로 분장한 아이를 만났던 일을 통해 정답인 활과 화살을 맞힌다. 이런 방식으로 이야기가 계속 전개되면서 자말의 이야기가 펼쳐진다.

이제 이 영화에서 사용된 사각 앵글을 살펴보자. 영화의 오프닝 장면을 보면, 빈민가 출신으로 정규교육도 받지 못한 주인공 자말이 인기 퀴즈쇼에 참가하여 최종 라운드에 오른다. 그러자 퀴즈쇼 제작자가 자말을 사기죄로 신고하고, 자말은 경찰에게 잡혀가 고문을 당한다([그림 3-15]). 바로 이 고문 장면에서 형사의 얼굴은 위에서 찍어 누르듯이 비스듬하게, 자말의 얼굴은 찍혀 내리듯이 왼쪽으로 비스듬하게, 사각 앵글로 촬영되었다. 이 장면은 고문실의 긴장감과 고문을 당하는 자말의 심리적 불안감을 시각적으로 잘 표현했다(최현주, 2018a: 62~63). 고문 받는 자말의 모습이 사각 앵글에 담겨 그의 긴장감과 불안감을 드러냈다.

[그림 3-16]은 자말과 그의 형인 살림, 그리고 친구들이 경찰들에게 쫓기

[그림 3-15] 사각 앵글(〈슬럼독 밀리어네어〉, 대니 보일, 2008)

[그림 3-16] 사각 앵글(〈슬럼독 밀리어네어〉, 대니 보일, 2008)

는 장면이다. 현란한 카메라 움직임과 빠른 컷 편집으로 쫓고 쫓기는 상황의 긴박함을 잘 표현했다. 특히 사각 앵글을 비롯하여 극단적인 하이 앵글과 로우 앵글, 그리고 아이레벨 앵글 등 다양한 앵글을 짧은 씬에서 모두 사용했다. 사각 앵글은 상황의 긴장감을 더욱 극대화해서 표현하며, 극단적인 하이 앵글과 로우 앵글은 상황을 다소 장난스럽게 표현하여 상황이 가지는 무게감을 덜어 낸다. 즉, 어린 시절 아이들의 천진난만한 장난에서 비롯된 긴박한 쫓김이지만 아이들에게는 또 하나의 재미있는 상황임을 표현한 것이다.

어느 날 빈민가 폭동으로 어머니를 잃고 도망가던 중 자말과 형 살림은 무사히 잠잘 곳을 찾게 되는데, 그곳에서 라티카라는 소녀를 만난다. 그후 자말은 형 살림과 함께 인신매매단 리더인 마만의 밑으로 들어간다. 형 살림은 마만의 눈에 들어 아이들을 통제하는 역할을 맡는데, 이때의 모습도 [그림 3-17]처럼 사각

[그림 3-17] 사각 앵글(〈슬럼독 밀리어네어〉, 대니 보일, 2008)

앵글을 사용하여 이들이 느끼는 불안감과 불안정한 상태를 보여 준다.

[그림 3-18]은 모두 자는 새벽에 라티카와 자말이 형 살림에게 몰래 복수하는 장면이다. 인신매매단인 마만 조직의 감시하에 지내는 장소여서 혹시라도 들키지는 않을지, 살림이 깨지는 않을지 불안해하는 심리를 사각 앵글로 보여 준다.

[그림 3-18] 사각 앵글(〈슬럼독 밀리어네어〉, 대니 보일, 2008)

[그림 3-19] 사각 앵글(〈슬럼독 밀리어네어〉, 대니 보일, 2008)

[그림 3-19]는 자말의 형 살림이 인신매매단 리더인 마만을 죽인 후, 마만의 라이벌인 자베드를 찾아간 장면이다. 사각 앵글에서 이들 간의 긴장감과 위기감이 드러난다. 자베드의 부하들은 살림이 자베드를 만나게 해 줄 생각이 없다. 살림은 자베드의 부하들을 죽일 수 있다고 협박하는데, 바로 그때 자베드가 나타나 마만을 죽인 게 사실이냐고 묻는다. 살림이 그렇다고 하자 자베드는 "잘했다"라고 하면서 "적의 적은 친구"라고 말한다. 이 장면에서 생명의 위협을 무릅쓰고 적지에 찾아가 적의 우두머리를 찾는 살림의 긴장감과 위기감이 사각 앵글로 표현되었다.

다음으로, 자말이 기차역에서 라티카를 기다리는 장면을 보자. [그림 3-20]은 자말이 약속 시간인 5시에 빅토리아 기차역에서 라티카를 기다리고 있는 장면이다. 자말은 라티카가 나타나지 않을까 봐 불안하고 초조한데, 이런 심리가 사각 앵글로 표현되었다.

[그림 3-20] 사각 앵글(〈슬럼독 밀리어네어〉, 대니 보일, 2008)

[그림 3-21]은 엔딩 장면이다. 기적적으로 다시 라티카를 만나기로 한 자말은 그녀를 볼 수 있다는 기대감과 더불어 정말로 그녀를 만날 수 있을지 불안한 마음을 가지고 있다. 몇 번의 만남과 헤어짐

[그림 3-21] 사각 앵글(〈슬럼독 밀리어네어〉, 대니 보일, 2008)

을 반복해 왔기 때문이다. 이러한 불안한 감정을 극대화하고 가시적으로 표현하고자 사각 앵글이 사용되었다.

이 영화에는 사각 앵글이 매우 많이 사용되어서 거의 모든 장면이 사각 앵글인 것처럼 느껴지는데, 영화 전반에 흐르고 있는 정서가 불안감과 긴장감이기 때문이다.

종합해 보면, 카메라 앵글은 감정을 전달하는 역할을 하므로, 다양한 앵글의 사용은 관객에게 영화의 각 장면에서 느껴야 할 감정을 친절하게 제시하는 것과 같다. 따라서 카메라 앵글의 느낌과 의미를 잘 알면 감독이 전달하려는 메시지를 더 잘 파악할 수 있을 것이다.

4장

빛/조명 미장센

조명은 단순히 장면을 밝히는 기능을 넘어 영화의 분위기, 인물의 내면과 감정을 시각적으로 표현하는 데 중요한 역할을 한다. 조명의 미장센 기능을 구체적으로 분석하기에 앞서, 빛의 종류와 의미에 대해 살펴보자.

1. 빛의 종류와 의미[1]

영상에서 빛의 역할은 피사체에 적절한 밝기를 주어 필름이나 메모리 카드 등에 영상을 기록할 수 있게 하는 것이다. 이처럼 가장 기본적인 기능 외에도 빛은 영상의 분위기나 감정에도 큰 영향을 미친다. 어떤 강도의 빛을 어떻게 비추는가에 따라 그림자의 크기나 방향이 달라지고 화면의 밝기도 달라진다. 이에 따라 화면의 분위기나 피사체의 느낌도 달라진다.

1) 하드 라이트 vs. 소프트 라이트

빛은 강도에 따라 하드 라이트(hard light)와 소프트 라이트(soft light)로 나눌 수 있다. 하드 라이트는 피사체를 비추는 광원이 강한 것으로, 방향성이 있어 그림자를 만든다. 자연광 중에서는 맑은 날의 눈부신 햇빛, 조명 기구 중에서는 스포트라이트 조명과 같은 직사광이 해당된다. 대체로 조명 램프 앞에 렌즈가 달린 것이 강한 빛을 낸다.

하드 라이트는 빛의 강도가 매우 높아 빛을 받는 피사체 부분의 질감이 잘 표현된다. 따라서 사람의 얼굴 주름이나 피부결이 뚜렷하게 드러나며, 표정을 강조하는 효과가 있다. 또한 하드 라이트는 그림자를 뚜렷하게 형

---

1 빛의 종류와 의미에 대한 내용은 필자의 저서 『영상문법: 영상연출과 편집을 위한 기본 원리』(2018), 149~150쪽을 수정 및 보완한 것이다.

성하여 피사체가 어둡고 거칠게 표현된다. 그리고 밝은 빛과 강한 그림자의 선명한 대비를 만들어 장면에 극적인 효과를 주기도 한다. 다른 한편으로는 피사체를 강렬하게 드러내기 때문에 고조된 감정이나 긴장감을 표현하는 데 적합하다. 따라서 범죄 영화나 스릴러 영화에서 인물의 거친 성격이나 어두운 내면을 표현할 때 사용하기도 하고, 불안감을 주는 장면을 만드는 데 사용하기도 한다.

반면 소프트 라이트는 흐린 날의 햇빛처럼 분산되는 부드러운 빛을 말한다. 조명 기구로는 장면 전체에 부드럽게 빛을 주는 플랫(flat) 조명이나 반사판을 사용한 반사광이 해당된다. 강한 빛을 내는 조명 기구도 디퓨저 필터를 사용하면 빛이 흩어져 나오기 때문에 부드러운 빛이 된다.

소프트 라이트는 장면 전체에 부드럽게 빛을 골고루 주기 때문에 그림자가 거의 생기지 않으며, 전체적으로 밝고 포근한 느낌이다. 이 조명은 인물의 얼굴을 더 부드럽고 자연스럽게 표현하기 때문에 인물을 친근하고 감성적으로 표현할 때 자주 사용된다.

2) 하이 키 조명 vs. 로우 키 조명

화면에서 밝은 부분과 어두운 부분의 면적 비율은 장면의 분위기를 형성하는 데 중요한 역할을 한다. 화면 면적의 명암 비율에 따라 하이 키 조명(high-key lighting), 미디엄 키 조명(medium-key lighting), 로우 키 조명(low-key lighting)으로 나누어진다.

하이 키 조명은 화면 전체를 밝게 비추는 조명으로, 그림자가 거의 없어 명암의 대비가 낮은 화면을 만든다. 화면이 전체적으로 밝기 때문에 밝고 행복한 느낌, 쾌활하고 명랑한 느낌이다. 따라서 주로 코미디나 로맨스 장르에서 많이 사용된다.

미디엄 키 조명은 화면에 밝은 부분과 어두운 부분이 고르게 분포된 기본 화면으로 안정감과 자연스러움을 전달한다.

로우 키 조명은 강한 조명에 의해 어두운 그림자가 많은 화면을 만든다. 전반적으로 어두컴컴한 화면으로 침울함, 슬픔, 긴장감, 불안감 등을 조성한다. 공포 영화나 스릴러 영화에서 주로 사용된다.

이와 같이, 영화의 장르와 장면에서 전달하고자 하는 감정에 따라 하이 키 조명과 로우 키 조명을 선택하면 시각적 전달력을 높일 수 있다.

이상에서 살펴본 각각의 조명은 연출자의 의도에 따라 인물의 감정이나 장면의 분위기, 또는 이야기의 주제를 전달하는 데 효과적으로 사용될 수 있다. 이처럼 조명을 통해 의미나 감정을 전달하는 것을 조명 미장센이라고 한다. 그럼, 빛을 통해 의미를 나타낸 구체적인 장면들을 분석해 보자.

2. 〈시민 케인〉 & 〈악의 손길〉: 조명, 인물의 내면을 시각화하다

오손 웰스 감독은 영화 장면 하나하나를 의미 있게 구성한 것으로 유명
하다. 특히 〈시민 케인〉과 〈악의 손길(Touch of Evil)〉(1958)이 대표적인
데, 이 두 작품에서 모두 빛을 이용해 인물의 감정과 이야기의 분위기를
시각적으로 전달했다.

1) 오손 웰스, 〈시민 케인〉

〈시민 케인〉에서 케인이 순수했던 시절에는 하이 키 조명을 사용했으
나, 돈과 권력으로 부패와 타락의 길로 들어서면서부터는 로우 키를 사용
하여 화면을 어둡게 표현했다. 어린 시절의 순수함을 잃고 권력의 욕망을
쫓으며 외로운 삶을 살다 간 언론 재벌 케인의 삶을 빛(조명)을 통해 드러
내고자 한 것이다.

(1) 하이 키 조명의 사용

먼저, 빛을 이용해 의미를 부여한 첫 번째 예시 장면을 보자. 케인은 25
세에 인콰이어러 신문을 인수하는데, 기업 합병으로 서민을 착취하려는
것을 좌절시키거나, 건물주가 우범 지역을 개선하기를 거부한다는 기사
를 실어 우범 지역 개선에 일조하기도 한다. 이처럼 그는 힘없고 보호 받
지 못하는 소시민을 대변하며 사회를 개혁하겠다는 의지를 불태웠다. 케

[그림 4-1] 하이 키 조명(〈시민 케인〉, 오손 웰스, 1941)

인이 신문사를 인수한 청년 시절에는 그의 선한 내면과 곧은 의지를 표현하기 위해 하이 키 조명을 사용했다([그림 4-1]의 위쪽).

인콰이어러 신문이 뉴욕 최고의 발행 부수를 기록한 장면에서도 하이 키 조명을 사용하는데, [그림 4-1]의 아래쪽은 케인의 신문사가 경쟁 신문사의 발행 부수를 능가하여 개최한 축하 파티의 한 장면이다.

(2) 로우 키 조명의 사용

하지만 그의 젊음을 묘사하는 동안 지속적으로 하이 키를 사용한 것은 아니다. [그림 4-2]는 케인이 자신이 인수한 인콰이어러 신문을 뉴욕의 불빛만큼이나 중요한 신문으로 만들겠다고 다짐하는 장면이다. 이를 위해

[그림 4-2] 로우 키 조명(〈시민 케인〉, 오손 웰스, 1941)

케인은 '발행인의 맹세'를 이미 작성해 놓았으며, 앞으로 꼭 지켜 나가겠다고 다짐하는데, 이때 케인의 얼굴에는 조명이 비춰지지 않아 그의 얼굴을 알아볼 수 없다. 신문을 통해 정직한 뉴스만을 전하고 시민과 인

간의 권리를 위해 불굴의 의지로 일하겠다고 말하는 케인의 얼굴에 제대로 조명을 비추지 않은 것은 그의 '발행인의 맹세'가 지켜지지 않으리라는 사실을 암묵적으로 표현한 것이다.

로우 키를 사용한 또 다른 예는, 케인이 수잔의 오페라 데뷔 무대에 대한 릴랜드의 평론을 보고 릴랜드를 해고하는 장면이다. 케인은 수잔과 결혼한 뒤 수잔을 위해 오페라 하우스를 짓고, 수잔은 개관 공연 무대에 서지만 실력이 뒤따라주지 못한다. 케인의 절친한 친구이자 평론가인 릴랜드는 수잔이 미인이지만 무능력한 아마추어 가수라고 혹평한다. 기사화되기 전에 릴랜드의 혹평을 미리 본 케인은 자신이 직접 평론을 마무리하고 릴랜드를 해고한다. [그림 4-3]의 위쪽은 수잔의 오페라 공연을 혹평하는 기사를 직접 마무리하는 케인

의 모습이다. 여기서도 그의 얼굴에는 강한 그림자가 드리워져 있다. 케인이 부와 권력을 남용하며 욕망을 드러낼 때 조명은 어두워지고 얼굴에는 명암의 대조가 깊어진다.

[그림 4-3]의 아래쪽은 수잔이 오랜 시간 레슨을 받은 후 오페라 공연을 하는 씬이다. 케인은 자신의 집착과 욕망을 충족시키기 위해

[그림 4-3] 로우 키 조명(〈시민 케인〉, 오손 웰스, 1941)

부와 권력을 동원하여 노래 실력이 뒤따르지 않는 수잔을 억지로 무대에 세우는데, 노래하는 수잔을 바라보는 케인의 얼굴에 어두운 그림자가 드리워져 있다.

[그림 4-4]는 케인의 불륜 관계가 드러나는 장면이다. 케인은 정치에 입문하기 위해 주지사 선거에 출마한다. 선거 도중 상대편 후보인 짐 게티스에 의해 케인의 불륜 관계가 드러나는데, 케인이 짐 게티스와 말다툼하는 장면에서 케인의 얼굴에 조명이 비춰지지 않아 얼굴을 선명하게 볼 수 없다. 케인의 부적절한 애정욕, 그리고 권력욕에 사로잡힌 케인의 얼굴을 깊은 어둠 속에서 표현한 것이다.

[그림 4-4] 로우 키 조명(〈시민 케인〉, 오손 웰스, 1941)

[그림 4-5]는 케인이 숨을 거두고 난 후, 그에 관한 뉴스를 제작하기 위해 기자들이 논의하는 장면이다. [그림 4-5]의 위쪽을 보면, 케인의 사망 뉴스를 편집하는 사람들의 모습이 로우 키 조명으로 촬영되어 있다. 그들의 형체만 알아볼 수 있을 정도의

[그림 4-5] 로우 키 조명(〈시민 케인〉, 오손 웰스, 1941)

약한 조명이다. [그림 4-5]의 아래쪽 화면은 케인의 사망 뉴스 영상을 본 직후 제작자들이 나누는 대화 장면이다. 여기서도 로우 키 조명을 사용했으며 심지어 인물의 얼굴을 알아볼 수 없다. 이러한 조명의 사용은 이들이 이 영화에서 중요한 역할이 아니라는 의미를 함축하고 있다.

　기자 톰슨이 등장하는 장면에서도, 그의 뒷모습만 보여 주거나 앞모습일 때도 조명의 부재로 어둡게 처리된다. [그림 4-6]을 보자. 톰슨이 처음 수잔을 찾아갔을 때 뒷모습만 나오다가 수잔이 나가라고 소리치자 그는 문밖으로 나가서 전화를 건다. 전화를 거는 톰슨의 모습이 전경에 배치되어 얼굴이 보일 수 있는 자세임에도 불구하고 한 줄기 조명도 비춰지지 않아 얼굴을 식별할 수 없다. 영화에서 톰슨은 이야기를 이끌어 가는 역할에 불과하니 그에게 주목할 필요는 없다는 의미가 담겨 있는 것이다.

[그림 4-6] 로우 키 조명 (〈시민 케인〉, 오손 웰스, 1941)

　또 다른 예는 톰슨이 대처 기념관에서 케인의 어린 시절에 관한 자료를 보는 장면을 들 수 있다. [그림 4-7]에서 보는 바와 같이, 이 장면에서 조명은 천장에서부터 아래를 비추는데, 방 전체를 비추는 것이 아니라 특정 부

[그림 4-7] 로우 키 조명 (〈시민 케인〉, 오손 웰스, 1941)

분만 비추어 화면이 전체적으로 어둡다. 즉, 조명은 천장을 통해 들어오는 것처럼 보이지만 실은 방 전체를 비추는 것이 아니라 그가 보려고 하는 자료가 놓인 책상만 비추고 있다. 이는 책상 위에 올려진 자료에 집중하도록 하기 위한 것으로 조명으로 자료의 중요성을 강조하고 있다(최현주, 2018a: 152).

앞서 설명한 대로, 이 영화는 케인의 일생을 그의 가까운 지인 네 명의 시선을 통해 다각도로 조명한다. 영화에서 네 명의 이야기를 자연스럽게 이어 주는 역할을 하는 이가 바로 기자 톰슨이다. 케인이 죽기 직전에 말한 '로즈버드'가 무슨 뜻인지 취재하는 임무를 부여 받은 톰슨은, 케인의 지인들을 찾아다니며 케인에 관한 이야기를 이끌어 내면서 영화 전체의 이야기를 엮는 역할이다. 이 영화에서 톰슨이나 언론사는 이야기를 엮는 것 외에 다른 중요한 역할은 하지 않기 때문에, 이들이 등장하는 장면에서 로우 키로 촬영하여 얼굴에 전혀 빛을 주지 않은 것이다.

이상에서 살펴본 것처럼, 오손 웰스 감독은 케인의 얼굴에 비치는 조명을 통해 그가 정의, 선을 추구하는지, 아니면 부패와 타락 또는 자신의 욕망을 쫓는지를 표현한다. 순수했던 어린 시절, 그리고 사회 개혁의 의지가 강했던 청년 시절의 케인을 다룰 때는 하이 키 조명을 사용한다. 하지만 케인이 언론사의 막강한 힘을 휘두르며 부와 권력을 누리게 되면서는 어두운 로우 키 조명을 사용했다. 이처럼 웰스 감독은 케인 내면의 세계를 조명으로 시각화하고 있다. 그뿐만 아니라 스포트라이트를 통해 관객이 주목해야 할 부분을 강조하기도 하고, 반대로 주목하지 말아야 할 부분은 조명을 주지 않아 어둡게 처리한다. 웰스 감독이 조명에 매우 많은 의미를 부여하며 치밀하게 사용했음을 알 수 있다.

2) 오손 웰스, 〈악의 손길〉

〈악의 손길〉은 오손 웰스가 위트 마스터슨(Whit Masterson)의 동명 소설을 원작으로 연출한 영화이다. 이 영화는 전형적인 스릴러이자 필름 느와르[2]의 대표 작품이라고 할 수 있는데, 이 작품에서도 로우 키 조명을 통해 음울한 분위기와 인물들의 내면 상태를 시각적으로 드러냈다.

---

2 필름 느와르(film noir)에서 느와르는 '검은'이라는 의미를 지닌 프랑스어로, 직역하면 '검은 영화'가 된다. 범죄 영화의 한 장르로 범죄와 폭력 세계를 어둡고 우울한 느낌의 영상으로 표현한 영화를 말한다.

〈악의 손길〉은 멕시코와 미국의 국경에서 미국 부동산 개발 업자가 자동차 폭발 사고로 죽는 데서 시작한다. 미국인 아내 수지(자넷 리)와 신혼여행 중 이 사고를 목격한 멕시코의 정의감 넘치는 마약 단속 경찰 마크 바르가스(찰턴 헤스턴)는 자신의 관할 지역이 아님에도 불구하고 이 사건에 뛰어들고, 자신의 관할 지역 사고 조사를 맡은 부패 경찰 행크 퀸란(오슨 웰스)과 부딪힌다. 바르가스는 멕시코 마약 조직의 두목인 그란데의 재판에서 그의 죄에 대한 증언을 앞두고 있는데, 그란데의 동생과 아들들이 바르가스의 아내 수지를 협박하여 바르가스가 그란데 관련 사건에서 손을 떼게 만들려고 한다.

한편 바르가스는 자동차 폭발로 살해된 부동산 개발 업자의 사건을 조사하던 중 퀸란의 증거 조작을 알아내고 퀸란이 그동안 부패 행위를 일삼아 온 것을 상부에 보고한다. 이에 퀸란은 바르가스를 파멸시키기 위해 그란데의 마약 조직과 결탁한다. 하지만 음모에서 빠져나오려는 바르가스의 노력으로 퀸란은 처참한 최후를 맞이한다.

〈악의 손길〉은 조명을 이용한 빛과 그림자, 그리고 왜곡된 카메라 앵글 등을 통해 필름 느와르의 전형적인 스타일을 보여 준다. 이 영화에서 특히 조명은 매우 중요한 요소이다. 웰스는 극명한 명암 대비를 통해 필름 느와르 특유의 음울한 분위기를 더하며, 인물들의 심리 상태를 시각적으로 드러낸다. 예를 들어 퀸란의 얼굴은 종종 그림자로 뒤덮여 있는데, 이는 그의 부패한 내면과 도덕적 타락을 상징적으로 나타낸다. 〈악의 손길〉에서 조명 미장센이 두드러지는 몇몇 장면을 구체적으로 살펴보면, 웰

스의 빛과 그림자 활용이 영화의 분위기와 캐릭터의 내면을 어떻게 드러
내는지 명확히 알 수 있다.

(1) 퀸란과 바르가스의 첫 대면

[그림 4-8]은 영화의 오프닝에서 자
동차 폭발 사건이 발생한 직후, 퀸란
과 바르가스가 처음 만나는 장면이
다. 이때 퀸란의 얼굴에 어둠이 드리
워져 있고, 얼굴 한쪽에만 조명이 닿
아 있다. 그의 얼굴은 명암이 극적으
로 대비되는데, 이는 퀸란의 도덕적
타락과 부패를 상징한다. 반면 [그림
4-9]에서처럼 바르가스는 상대적으
로 더 밝게 조명되며, 정의롭고 깨끗
한 이미지가 강조된다. 이 장면의 조명
은 단순한 시각적 대조를 넘어서 두
인물 간의 도덕적 갈등을 표현한다.

[그림 4-8] 바르가스와의 첫 대면에
서 퀸란의 모습(〈악의 손길〉, 오손
웰스, 1958)

[그림 4-9] 퀸란과의 첫 대면에서 바
르가스의 모습(〈악의 손길〉, 오손
웰스, 1958)

(2) 퀸란의 조 그랜디 살해 장면

[그림 4-10]은 퀸란이 마약 밀매상 조 그랜디를 살해하는 장면이다. 수잔에게 마약 복용 혐의를 씌우기 위해 조 그랜디를 이용해 수잔을 호텔로 납치한 후 그랜디를 죽인다. 퀸란의 얼굴은 그림자에 거의 가려져 있고, 눈과 하얀 이만 어둠 속에서 희미하게 드러난다. 이 장면에서 조명은 그의 죄의식과 내면의 어두움을 상징적으로 표현한다. 어두움이 그의 얼굴을 덮음으로써, 그의 부패한 권력과 무거운 죄를 한층 더 강렬하게 나타낸다.

[그림 4-10] 〈악의 손길〉, 오손 웰스, 1958

[그림 4-11] 〈악의 손길〉, 오손 웰스, 1958

[그림 4-11]은 퀸란이 술집에서 울리는 자동 피아노(피아놀라)의 연주에 이끌려 소리 나는 곳을 바라보는 모습이다. 어둠 속에 파묻혀 얼굴이 거의 드러나지 않는데, 이는 부패에 찌든 그의 상태를 표현한다.

이렇듯 필름 느와르의 대표적인 특징인 로우 키 조명(low key lighting)도 이 영화에서 중요한 역할을 한다. 오손 웰스는 어둡고 음침한 공간에서 빛을 제한적으로 사용해 인물들의 심리적 압박감과 상황의 긴장감을 전달한다. 예를 들어, 퀸란과 바르가스가 대치하는 장면에서는 로우 키 조명을 통해 두 사람 사이의 긴장감과 어두운 음모를 극대화한다. 어둠 속에서 희미하게 드러나는 얼굴과 배경은 그들이 처한 불안정한 상황을 시각적으로 구현한다. 영화 전반에 걸쳐 로우 키 조명을 사용하여 음산하고 불안한 분위기를 만든다.

(3) 그림자의 상징적 활용

오손 웰스는 그림자를 단순한 빛의 결과물로 사용하는 것이 아니라, 인물들의 심리 상태와 서사의 핵심을 암시하는 시각적 장치로 활용한다. [그림 4-12]는 퀸란이 산체스를 자동차 폭발 사고의 범인으로 만드는 장면이다. 산체스가 범인이라는 심증은 있지만 물증은 없는 상황에서 증거를 조작하여 그를 체포하고 있다. 퀸란이 어둠 속에서 음모를 꾸밀 때 그의 그림자가 거대하고 불길하게 나타나는데, 이는 그의 권력욕과 타락한 본성을 상징한다. 또한 방 안에서 인물들이 빛과 그림자 사이를 오가는 장면은 그들이 처한 복잡한 상황과 심리적 압박감을 강조한다. 특히 인물이 어둠에서 빛으로 이동하거나 그 반대로 이동하는 장면은 스토리의 전개

[그림 4-12] 〈악의 손길〉, 오손 웰스, 1958

와 인물의 변화를 상징적으로 보여 준다.

이와 같이 〈악의 손길〉에서도 웰스는 조명을 단순한 분위기 연출용을 넘어, 인물들의 내면과 서사의 중요한 핵심을 시각적으로 드러내고, 영화 전체에 걸쳐 어둡고 복잡한 감정을 부여하는 미장센으로 활용하고 있다.

3. 〈대부〉: 조명, 삶의 이중성을 드러내다

〈대부(The Godfather)〉(1972)는 마리오 푸조(Mario Puzo)의 소설을 원작으로 프랜시스 포드 코폴라(Francis Ford Coppola) 감독이 제작한 영화이다. 1940년대 말 뉴욕을 배경으로 정치인과 자본가들의 뒤를 봐주며 권력을 행사하는 마피아 조직의 수장 콜레오네의 가족 이야기를 다루고 있다. 비토 콜레오네(말론 브란도)는 가족과 조직을 지키기 위해 강력한 권력을 행사하며, 가족을 보호하기 위해서라면 무슨 일이든 할 수 있다. 비토의 아들 마이클 콜레오네(알 파치노)는 처음에는 가족의 범죄 사업과 거리를 두고자 하지만, 아버지가 피습을 당해 병원에 입원한 후에는 결국 가족을 보호하기 위해 마피아 세계에 발을 들인다. 아버지를 대신해 콜레오네 패밀리의 새로운 대부가 된 마이클은 점점 더 냉혹한 범죄 조직의 수장으로 변모해 간다.

〈대부〉는 조명 미장센을 통해 캐릭터의 내면과 영화의 분위기를 강렬하게 시각화한다. 이 영화에서 조명은 권력, 도덕적 갈등, 캐릭터의 내면을 시각적으로 드러내는 중요한 장치로 사용된다. 그럼, 영화에서 주목할 만한 조명 미장센 장면들을 구체적으로 분석해 보자.

1) 비토 콜레오네에 사용된 조명

(1) 어두운 사무실에서의 비토 콜레오네

영화의 오프닝은 보나세라(이탈리아계 미국인 장의사)가 자기 딸이 당한 참혹한 사건에 관해 이야기하는 것으로 시작한다. 어두운 조명의 화면 가득히 그의 모습만 보이다가 카메라가 점점 뒤로 물러나면서, 비로소 관객은 보나세라가 비토 콜레오네 앞에서 말하고 있음을 알게 된다. 비토는 사무실 책상 앞에 앉아 고양이를 쓰다듬으며 조용히 보나세라의 이야기를 듣고 있다.

이 장면에서 비토의 사무실은 전체적으로 어둠 속에 가려져 있다. [그림 4-13]에서 보는 바와 같이, 창에 드리워진 블라인드 사이로 대낮의 밝은 빛이 약하게 들어올 뿐이고, 벽과 스탠드 조명만이 부분적으로 큰 사무실을 밝히고 있다. 조명을 극도로 제한적으로 사용하여, 화면에는 밝은 빛이 거의 없고 인물들의

[그림 4-13] 비토 콜레오네의 사무실(〈대부〉, 프랜시스 포드 코폴라, 1972)

얼굴은 어둠에 묻혀 부분적으로만 드러난다.

이처럼 사무실은 전체적으로 어두운 공간으로 묘사된다. 어두운 사무실은 비토 콜레오네가 지배하고 있는 세계의 음침함과 비밀스러움을 상징하며, 그 세계에서 그의 권력이 은밀하게 작동함을 암시한다. 여기서 벌어지는 대화와 거래는 사회적으로 드러나는 합법적 규칙으로 이루어지는 것이 아니라 어둠 속에서 은밀하게 진행됨을 의미한다. 즉, 사회와 단절된 은밀한 권력이 작동되는 범죄 세계를 표상한다.

조명이 어둠 속에서 인물들의 얼굴에만 집중되어 있기 때문에, 관객은 다른 배경 요소를 거의 인식하지 못한다. 보나세라가 비토 콜레오네에게 읍소하는 동안, 조명 빛이 그의 얼굴 일부를 강조하지만, 여전히 어둠 속에 잠긴 부분이 많다. 책상 앞에 앉아서 고양이를 쓰다듬으며 보나세라의 이야기를 듣고 있는 비토 콜레오네의 얼굴 또한 어둠 속에 반쯤 가려져 있다. 이러한 조명 방식은 오직 대화의 내용과 인물들의 감정에만 집중하도록 유도하는 역할을 한다.

[그림 4-14] 사무실에서의 비토 콜레오네(〈대부〉, 프랜시스 포드 코폴라, 1972)

특히 비토 콜레오네의 얼굴은 조명에 의해 극적인 대비를 이루는데([그림 4-14]), 이는 비토의 도덕적 양면성을 표현한다. 그의 얼굴이 부분적으로만 드러나는 방식은 그가 선과 악, 가족과 범죄 조직 사이에서 이중적인 삶을 산다는 점을 함축해서 보여 준다. 또한 로우 키 조명은 그가 절대적인 권력을 행사하는 세계가 위험한 범죄 조직임을 암시한다. 이 장면에서 조명의 주 목적은 비토 콜레오네가 어떤 인물인지를 시각적으로 암시하는 것이다.

(2) 야외 결혼식 장면에서의 비토 콜레오네

영화의 오프닝에서 보나세라의 청탁 장면 다음에 비토 콜레오네의 딸 코니의 결혼식 장면이 이어진다. [그림 4-15]에서 보이듯이, 결혼식은 밝은 햇빛이 가득한 야외의 넓은 정원에서

[그림 4-15] 〈대부〉, 프랜시스 포드 코폴라, 1972

펼쳐진다. 정원은 자연광으로 가득 차 있고, 주변은 화려한 장식과 푸른 나무들이 어우러져 있다. 모두가 아름다운 드레스와 정장을 입고, 밝은 웃음을 지으며 파티를 즐기고 있다. 밝고 따뜻한 분위기가 인물들 사이의 유대감을 시각적으로 전달하며, 특히 가족의 중요성이 부각된다. 결혼식장에 가득한 밝은 자연광은 비토 콜레오네와 그의 가족들이 단합된 행복한 가정임을 강조한다.

【 어두컴컴한 사무실 vs. 밝은 자연광의 야외 결혼식 】

영화 초반부는 비토 콜레오네의 딸 코니의 결혼식을 다루는데, 사무실에는 비토 콜레오네에게 청탁하러 온 사람들이 줄지어 있다. 시칠리아에는 딸의 결혼식 중에 남의 부탁을 거절하지 못하는 풍습이 있기 때문이다. 비토 콜레오네에게 청탁하는 보나세라의 이야기로 시작한 후, 코니의 결혼식이 펼쳐지는 야외 정원을 보여 준다. 이어 콜레오네의 어두컴컴한 사무실에는 나조린이라는 제과 업자가 들어와 자신의 사위가 시민권을 받을 수 있도록 도와 달라고 부탁한다. 이어서 야외 결혼식 장면이 보이고, 다시 보이는 콜레오네의 사무실에는 브라시라는 사람이 축하와 감사를 표현하기 위해 들어와 있다. 그다음 또 이어지는 결혼식 장면에서는 조니 폰테인이 가수로서 노래를 부른 뒤, 콜레오네에게 부탁하기 위해 그의 사무실을 찾는다.

이와 같이 영화의 초반부에서 코폴라 감독은 가족과 조직의 두 세계를 시각적으로 분리한다. 두 대비되는 공간—밝고 화려한 결혼식장과 어두운 사무실—을 통해 두 가지 세계를 명확하게 구분하며, 이 두 공간에서 드러나는 비토의 모습은 서로 대비된다. 비토는 결혼식 장면에서 모든 이들에게 존경 받는 가장으로 등장한다. 그의 모습은 가족 사이에서 늘 중심에 있으며, 조명은 그를 따뜻하게 비춘다. 가족을 보호하고 지지하는 인물로서 묘사되며, 밝은 자연광 속에서 매우 인간적으로 보인다. 하지만 어두운 사무실 안에서는 범죄 조직의 일을 처리하고 있으며, 이때 그의 얼굴은 어둠 속에 가려져 있다. 정원에서 밝은 햇살 아래 가족들과 행복해 보이는 비토와, 어두운 사무실 안에서 비밀스럽게 사업을 논의하는 비토의 모습은 서로 대비된다. 이처럼 조명은 가족과 범죄 조직에서 이중적인 삶을 살아가는 비토의 모습을 흥미로운 방식으로 드러낸다.

(3) 비토 콜레오네의 죽음 장면: 햇살 가득한 곳에서의 죽음

〈대부〉에서 비토 콜레오네의 죽음 장면은 그가 가족과 조직을 지키기 위해 살아 왔던 삶의 마지막 순간을 자연광을 통해 감정적으로 부각시키고 있다.

이 장면은 비토가 은퇴한 후 손자와 함께 정원에서 놀고 있는 모습으로 시작된다. 그는 손자와 함께 평범한 할아버지처럼 시간을 보내며, 농장에서 재배한 오렌지를 가지고 장난을 친다. 비토는 오렌지를 입에 물고 장난스러운 표정을 지으며 손자를 놀래킨다. 영화에서 보기 드문, 그의 따뜻하고 인간적인 모습이 드러나는 순간이다. 손자는 비명을 지르며 도망가고, 비토는 그를 따라가려다 그만 쓰러지며 심장마비로 죽음을 맞이한다. 손자가 할아버지의 쓰러진 모습을 보고 놀라지만, 이 장면은 어두컴컴한 분위기에서 폭력적이거나 비극적으로 연출되는 것이 아니라, 햇빛이 가득한 따뜻한 분위기에서 조용하고 평온하게 그려진다.

영화 속에서 비토는 가족을 지키기 위해 수많은 적과 싸워야 했지만, 그의 마지막은 아이와 단란한 시간을 보내다 따뜻하고 밝은 햇살 아래 자연스럽게 죽음을 맞이하는 장면으로 그려진다. 범죄 조직의 수장으로서 어두운 세계에서 살아왔지만, 결국 평범한 가정의 가장으로서 평화롭게

[그림 4-16] 비토 콜레오네의 죽음 장면(〈대부〉, 프랜시스 포드 코폴라, 1972)

죽음을 맞이한다. 이런 방식으로 죽음을 담아내는 것은 그의 인간적인 측면을 강조하는 효과가 있다.

2) 마이클 콜레오네의 변모: 밝은 조명에서 어두운 조명으로

〈대부〉에서 마이클 콜레오네의 조명은 그의 캐릭터가 변화하는 과정을 시각적으로 표현하는 데 중요한 역할을 한다. 영화 초반부에서 마이클은 가족의 범죄 세계와 거리를 둔 인물로 묘사되며, 그를 비추는 조명은 밝다. 그러나 시간이 지나면서 그가 범죄 조직의 중심에 서게 되고, 대부로서의 역할을 받아들이면서 조명은 점점 어둡고 무거워진다. 이러한 변화는 마이클의 내적 타락과 권력의 집중을 시각적으로 상징한다. 그의 조명이 어떻게 변화하는지 구체적인 장면들을 통해 살펴보자.

(1) 코니 결혼식에서의 밝은 조명

영화 초반에 펼쳐지는 코니의 결혼식 장면에서 마이클은 가족과 함께 등장하지만, 범죄 세계와는 거리를 둔 인물로 묘사된다. 이때 마이클은 밝은 자연광 아래에서 깨끗하게 조명된다. 그는 군복을 입고 있으며, 가족의 범죄 조직과는 명백히 분리된 인물로 보인다. 연인인 케이(다이앤 키튼)와 크리스마스 쇼핑을 할 때도 그의 얼굴은 전혀 어두움 없이 자연스럽고 밝은 빛 속에 드러나며, 가족의 어두운 비즈니스 세계와는 다른 세계에서 산다는 느낌을 준다. 이는 그가 아버지의 범죄 세계에 얽매이지 않은 깨끗하고 순수한 인물임을 시각적으로 나타낸다.

[그림 4-17]은 밝은 햇살 아래에서 마이클과 그의 연인 케이가 춤을 추는 장면(왼쪽)과 크리스마스 쇼핑을 하는 장면(오른쪽)으로, 마이클의 얼굴은 밝은 빛을 받으며 행복해 보인다. 이는 마이클이 범죄 조직의 세계에 깊이 들어가기 전의 평범한 삶을 상징한다.

[그림 4-17] 〈대부〉, 프랜시스 포드 코폴라, 1972

(2) 식당 살해 장면: 어둠 속으로의 첫걸음

마이클의 조명이 크게 변하는 첫 번째 주요 장면은 그가 뉴욕 경찰서장 맥클러스키와 범죄 조직의 인물 솔로조를 살해하는 식당 장면이다. 이 장면은 마이클이 처음으로 가족 비즈니스에 적극 참여하게 되는 장면인데, 그의 내적 변화가 드러나는 순간이다.

[그림 4-18] 식당에서 경찰서장과 솔로조를 살해하는 마이클(〈대부〉, 프랜시스 포드 코폴라, 1972)

구체적으로 보면, 마이클은 식당 안에서 테이블에 앉아 대화하는 동안 처음에는 비교적 차분하고 중립적인 조명 속에 있다. 그러나 마이클이 화장실에서 권총을 가지고 다시 테이블로 돌아와 두 인물을 살해할 때, 조명은 점점 어두워지고 얼굴은 어둠에 묻힌다. 마이클의 얼굴은 부분적으로 어둠 속에 가려지고, 조명의 그림자가 그의 눈을 깊게 드리운다. 이 장면에서 조명은 마이클이 이제 범죄 세계로 깊이 들어갔음을 강조한다. 이 장면 이후로 마이클의 조명은 점점 더 어두워지며, 그의 도덕적 타락과 권력 상승을 시각적으로 표현한다.

(3) 비토 콜레오네의 죽음 이후: 새로운 대부로의 변화

비토가 죽은 후, 마이클은 가족의 대부로서의 역할을 완전히 수용한다. 이 시점에서 마이클의 조명은 그의 권력의 무게를 반영하듯 더욱 어두워진다. 그는 이제 가족의 범죄 조직을 이끌고, 과거와는 완전히 다른 인물로 변모했다.

마이클이 부하들을 시켜서 다른 조직원들을 제거할 때, 마이클은 성당에서 조카의 대부로서 세례를 받는 장면이 있다([그림 4-19]). 이 장면에서, 마이클을 비추는 조명은 극도로 어두워지며 마이클의 얼굴은 거의 전체적으로 어둠 속에 잠긴다. 이는 그가 이제 아버지처럼 권력의 최정점에 서 있지만, 동시에 도덕적으로 타락했음을 상징적으로 드러낸다. 그의 눈과 입 주위에 드리운 어둠은 그가 더 이상 이전의 순수한 인물이 아님을 강조한다.

[그림 4-19] 〈대부〉, 프랜시스 포드 코폴라, 1972

[그림 4-20] 〈대부〉, 프랜시스 포드 코폴라, 1972

[그림 4-20]은 마이클이 여동생 코니의 남편인 카를로를 죽이는 장면이다. 카를로에게 직접 찾아가 형 소니를 함정에 빠뜨려 죽게 만든 것을 응징한 것인데, 이때 마이클의 얼굴은 더욱 짙은 어둠에 묻혀 있다.

(4) 엔딩 장면: 문이 닫히는 장면에서의 완전한 어둠

영화의 엔딩에서 마이클은 아내 케이와 대화를 나누고, 이후 그의 부하들이 그에게 경의를 표하기 위해 그의 방에 모인다. 케이는 마이클에게 카를로를 죽였는지 묻지만, 마이클은 이를 부인하며 거짓말을 한다. 케이

[그림 4-21] 〈대부〉, 프랜시스 포드 코폴라, 1972

가 방을 떠나기 직전, 카메라는 그녀의 시선에서 열린 문을 통해 마이클을 바라본다. 이때 마이클의 얼굴은 [그림 4-21]에서처럼 어둠 속에 거의 가려져 있다. 그리고 부하들이 그에게 경의를 표하며 문이 닫히는 순간, 마이클은 완전한 어둠 속에 갇힌다.

이 마지막 장면에서의 조명은 마이클이 아버지의 자리를 완전히 계승하고, 권력의 정점에 섰음을 상징적으로 보여 준다. 마이클은 가족을 보호하기 위해 범죄의 길을 선택했지만, 그 선택이 결국 그를 완전히 어둠 속으로 밀어 넣었다는 것을 상징적으로 드러낸다. 이는 오프닝 장면에서 비토 콜레오네를 묘사한 방식과 유사하다. 마이클은 이제 완전한 권력자가 되었고, 그의 얼굴은 조명에 의해 절반이 어둠 속에 가려져 있다. 이는 그가 아버지와 마찬가지로 냉혹하고 이중적인 인물이 되었음을 시각적으로 상기시키는 장치이다. 그가 선택한 길의 어둠과 무자비함이 그의 얼굴에 그대로 드러난다.

〈대부〉에서 마이클의 조명은 그의 캐릭터 변화와 내적 타락을 시각적으로 표현하는 중요한 장치이다. 초반에는 밝고 깨끗한 조명 속에서 가족의 범죄 조직과 거리를 둔 인물로 묘사되지만, 시간이 지남에 따라 조명은 점점 어두워지고, 그의 도덕적 타락과 권력의 무게를 반영한다. 식당 살해 장면에서는 조명이 점점 어두워지며 마이클이 범죄 세계로 들어가는 순간을 강조하고, 마지막 장면에서는 그가 권력의 정점에 서지만 완전히 어둠 속에 묻힘으로써 그의 내적 고립과 비극적인 운명을 상징적으로 드러낸다.

이와 같이 〈대부〉에서 영화 내내 빛과 어둠의 대조는 캐릭터의 내면을 드러내고, 특히 비토와 마이클과 같은 인물들의 권력과 도덕적 양면성을 시각적으로 표현한다. 비토의 조명은 그의 권위와 복잡한 도덕적 세계를 시각적으로 묘사하며, 마이클의 조명은 그의 권력 상승과 도덕적 타락을 표현한다. 밝고 어두운 조명의 대조는 영화의 이중적인 세계―가족과 범죄, 사랑과 배신―를 명확하게 드러내며, 조명을 통해 영화는 한층 더 깊은 의미를 부여 받는다.

5장

색채 미장센

1. 색의 상징성[1]

빛이 체내에 흡수되면 뇌 속의 시상하부를 자극해 사람의 체온, 혈압, 소화기 등에 영향을 끼칠 뿐만 아니라 사람의 감각이나 감정에도 영향을 미친다. 색은 사람의 기분을 좋게 하기도 하고 우울하게 만들기도 한다.

색채가 인간의 신경계를 자극한다는 연구는 여럿 있다. 먼저 1951년 러시아의 생리학자인 S. V. 클라코브의 연구를 들 수 있다. 그는 색이 인간의 신체 반응(혈압, 맥박, 호흡 등)에 미치는 영향을 연구했는데, 빨간색은 혈압과 맥박을 상승시키는 반면, 파란색은 이를 낮추는 경향이 있다는

---

1 색의 상징성에 대한 내용은 『영상문법: 영상연출과 편집을 위한 기본 원리』(2018), 155~160쪽을 수정 및 보완한 것이다.

사실을 밝혀냈다. 즉, 빨간색은 흥분과 긴장을 유발하고 파란색과 녹색은 진정 효과를 준다고 한다. 그 이유는 붉은색 계열은 자율신경계의 교감신경을 자극하고 푸른색 계열은 부교감신경을 자극하기 때문이라는 것이다.

색채가 인간의 신경계를 자극한다는 또 다른 현장 연구로는 푸른색 가로등 효과를 들 수 있다. 2000년 영국 글래스고시에서는 시내 쇼핑가이자 환락가인 뷰캐넌 거리의 가로등 빛을 주황색에서 푸른색으로 바꿔 설치했다. 그런데 설치 이후 범죄율이 현저히 하락한다. 범죄 발생 건수가 연 1만 건 이상 감소한 것이다. 이러한 현상에 대해 푸른색 가로등이 사람의 마음을 안정시키는 데 도움을 줘서 범죄율이 떨어졌다는 연구 결과가 나왔고, 푸른색 가로등이 치안 대책으로 주목 받았다.

푸른색 가로등 효과의 다른 예로는, 일본 나라현과 아다치시를 들 수 있다. 2005년 일본 나라현의 한 마을에서 가로등 색깔을 푸른색으로 바꾸고 난 뒤에 범죄율이 30% 정도 감소했다고 한다. 2006년 도쿄 외곽에 있는 소도시 아다치시도 가로등 빛을 푸른색으로 바꾸고 난 뒤 범죄율이 감소했다고 알려졌다. 아다치시는 무단 침입, 강도, 절도 등의 크고 작은 범죄가 자주 발생하는 지역으로, 경찰의 단속과 방범 활동, 주민 순찰대의 동네 순찰을 강화해도 범죄율이 크게 줄지 않았다. 그런데 이 지역의 가로등 빛을 주황색에서 푸른색으로 바꾸고 난 뒤, 단 한 건의 범죄도 발생하지 않았다고 한다. 가로등의 빛을 바꿈으로써 우범 도시에서 범죄 없는 도시로 변한 것이다. 이후 푸른색 가로등은 일본 전역으로 빠르게 퍼져 나갔다.

푸른색 가로등은 국내에도 도입된바 있는데, 2008년 서울시 강남구에서 푸른색 가로등을 국내 최초로 도입했다. 국내에서 푸른색 가로등을 최초로 도입한다는 2008년 기사[2]에 따르면, 이 조치는 범죄율을 낮추기 위한 정책 방안의 일환이며, 관계자들이 푸른색 가로등 운영을 벤치마킹하기 위해 일본의 나라현과 시마네현을 방문하고 왔다. 방문단은 일본에 머물며 '푸른색 가로등이 사람의 마음을 안정시키는 데 도움을 주어 범죄율을 현저히 떨어뜨린다'는 연구 활용 사례를 조사했다고 밝혔다. 주황색과 흰색 가로등만 있는 한국에서 치안을 목적으로 푸른색 가로등이 도입되는 일은 처음이다.

푸른색이 범죄 예방 효과가 있다는 주장의 근거는 다음과 같다. 푸른색을 보면 뇌의 시상하부가 자극을 받아 심리적 안정 작용을 하는 세로토닌이 분비되고, 붉은색을 보면 흥분 작용을 하는 아드레날린이 분비되기 때문이라는 것이다.

명백한 상관관계가 입증되지는 않았더라도, 푸른색이 주는 심리적 안정 효과를 기대하며 한국에도 푸른색 가로등을 도입한 것이다. 하지만 한국에서는 파란색 가로등이 무섭다는 주민 민원이 많아 크게 확산되지는 못했다. 2018년 매일경제 온라인 기사[3] 또한 경기도에 설치한 푸른색 가로등이 주민들의 불안감을 가중시킨다는 비판에 직면했다고 보도했다.

---

2 「[단독] "범죄율 낮춘다" 강남구, 푸른색 가로등 국내 최초 도입」, 쿠키뉴스, 2008.10.9.
3 「"공포영화 세트장인 줄" … 푸른 조명 설치에 주민 불안감만 고조」, MK뉴스, 2018.5.31.

일본과 영국을 포함한 여러 나라에서 푸른색 가로등을 설치한 결과로서 범죄율이 감소한 사례를 보면, 푸른색 조명은 사람들에게 차분하고 안정된 느낌을 주어 공격적인 행동을 억제하는 데 도움이 된 것으로 볼 수 있다.

색채의 특성을 심리적 관점에서 연구하기 시작한 사람은 독일의 유명한 소설가이자 학자인 괴테이다. 당시는 색채 자체를 광학적, 과학적 시각으로 규명한 뉴턴의 색채 이론이 지배적이었다. 즉, 색은 프리즘을 통해 백색광이 분해된 결과라는 것이다. 괴테는 색이 생리적, 물리적, 화학적 특성뿐만 아니라 감성, 도덕성, 상징성을 지닌다고 주장했다. 그는 1810년 『색채론(Theory of Colours)』에서 인간의 색채 지각이 인간의 경험 및 감정과 관련되어 있다고 설명했다. 괴테는 색은 밝은색(노란색, 빨간색 등)과 어두운 색(파란색, 초록색 등)으로 나눠지며, 밝은색은 긍정적이고 활기찬 감정을 어두운 색은 차분하고 고요한 감정을 불러일으킨다고 주장했다. 또한 색을 보는 것은 단순히 눈으로만 이루어지는 경험이 아니라, 사람의 심리 상태에 따라 달라질 수 있는 주관적인 경험이라고 했다. 색상은 고정된 실체가 아니며 심리적, 생리적 성향에 따라 개인마다 다르게 인식된다는 것이다. 그는 색상이 불러일으키는 정서적, 상징적 연관성과 같은 색상의 심리적 효과를 탐구했으며, 색상이 인간의 기분과 느낌에 상당한 영향을 끼친다고 믿었다. 즉, 색을 물리적인 현상으로만 보지 않고, 인간의 색채 지각에 대한 심리적 관점을 제시했다.

색채에 심리적 효과가 있다고 주장한 또 다른 사람은 추상회화의 창시

자로 일컬어지는 바실리 칸딘스키(Wassily Kandinsky)이다. 그는 각각의 색에 고유의 상징적 의미가 있다고 보았다. 예를 들어, 노란색은 따뜻하고 활기찬 느낌, 파란색은 차분하고 고요한 느낌을 준다는 것이다. 그리고 빨간색은 열정과 에너지를, 초록색은 균형과 평온을, 검은색은 불확실성과 종말을 상징한다고 생각했다. 칸딘스키는 색과 형태가 함께 작용함으로써 작품의 전체적인 조화가 이루어져야 한다고 주장했다. 예를 들어, 날카로운 형태와 밝은색은 강렬한 느낌을 주고, 부드러운 형태와 차분한 색은 안정감을 준다. 특히 그는 색채가 언어보다도 감정의 느낌을 더 효과적으로 전달한다고 주장했다(이혜경, 2012).

이와 같이 색채는 인간의 감정에 영향을 미치는데, 색채가 인간의 감정과 연결되는 근거는 개인이 대상에 대해 갖는 경험이다. 예를 들어, 빨간색을 봤을 때 사람들은 불, 사랑, 피 등의 이미지를, 파란색을 봤을 때는 바다, 하늘 등의 이미지를 떠올리는데, 이런 이미지는 과거의 경험에 의해 생긴다. 특히 어떤 색상이 모든 사람에게 공통된 연상 작용을 일으킨다면 그 색상은 하나의 상징이나 기호로서 역할을 하게 된다. 우리가 흰색을 보면서 백의민족을, 빨간색을 보면서 투쟁이나 혁명을 연상하는 것처럼 색의 연상이 개인차를 초월하면 사회적, 지역적 보편성을 가진 색으로서 상징적인 성격을 지니게 되는 것이다.

한편 같은 색채라도 상황에 따라 긍정적, 부정적 연상을 동시에 갖는다. 빨간색은 열정, 혁명 등을 상징하기도 하지만 분노, 악 등의 부정적인 의미를 표현하기도 한다. 파란색은 냉정, 지성 등을 상징하기도 하지만 차가움, 우울 등의 부정적인 감정을 표현하기도 한다. 노란색은 명랑, 희망 등을 상징하지만 질투 등의 부정적 감정을 표현하기도 한다.

또한 색채의 의미가 역사나 문화에 따라 다르게 부여되기도 한다. 한 예로 녹색은 무성한 잎을 지닌 나무의 색이므로 보통 자연이나 성장, 평화나 안전을 상징한다. 미국의 초기 이민자들은 새로운 땅에 도착해서 묘목을 심고, 다른 지역을 개척하기 위해 떠났다가 돌아왔을 때 묘목이 살아 있으면 그 땅을 살 수 있는 곳으로 여겨 이주했다고 한다. 이런 연유로 미국에서 녹색은 '생명'이나 '생존'과 밀접한 관련을 맺고 있다.

그러나 유럽에서 초록색은 질투, 독극물, 그리고 악마적 존재를 상징한다. 예를 들어, 셰익스피어는 질투심에 사로잡힌 상태를 작품에서 '질투로 얼굴이 초록색이 되다(green with envy)'라고 표현한다. 때때로 초록색은 미숙함이나 경험 부족을 의미하는데, 초록색(green)에 '-er'을 붙인 그리너(greener)는 사회 경험이 적은 사람이나 일에 미숙한 사람을 지칭한다. 또 서양의 전설에서는 초록색이 악마적 존재나 독극물과 연관되는 경우가 있다. 1775년 스웨덴의 화학자 카를 셸레(Carl Wilhelm Scheele)는 셸레 그린이라는 아름다운 색상을 만들어 내는 데 성공했다. 이 색의 원료에는 사람을 죽일 수 있는 비소와 구리가 많이 들어 있어, 초록색 드레스를 한 번 펄럭이면 공기 중으로 사람을 죽일 수 있는 독가루가 번져 나갔다고 한다. 하지만 이 시기의 대중은 비소의 위험성에 대해 잘 알지 못했다. 초록색 드레스를 입으면 어깨와 팔에 물집이 생기고 피부가 붉게 일어났는데도 많은 사람이 유행을 따랐다. 아름다운 초록색에 홀려서 초록색 드레스, 초록색 머리 장식, 초록색 벽지, 초록색 카펫 등을 사용했다. 비소가 가득한 초록색 카펫과 초록색 벽지 방에서 아이들이 세상을 떠났다. 특히 영국에서 많은 사망자가 나왔는데, 이는 영국의 습기 가득한 날씨 때문에 곰팡이로 가득한 벽지에서 공기 중으로 비소가 퍼졌기 때문이다. 중세와 르네상스 시기의 유럽 미술에서 악마나 괴물을 초록색 피부로 묘사하는 것은 바로 이런 이유에서이다. 이후 합성염료가 등장하여 비소가 든 초록색 염료는 사라졌지만, 오늘날에도 악당이나 독극물을 표현할 때 초록색을 많이 사용한다. 뮤지컬 〈위키드〉에서 마녀의 얼굴이 초록색인 것도 바로 이런 이유 때문이다.

영화에서도 이런 색채 효과를 이용하여 의미나 감정을 표현하는데, 이를 색채 미장센이라고 한다. 색채 이론 전부가 영화에 그대로 적용되지는 않지만 색의 상징성은 영화에서 폭넓게 사용된다. 영화에서 색채의 사용은 기본적으로 현실 세계를 재현하는 수단이다. 색채를 사용함으로써 화면을 좀 더 현실감 있게 표현할 수 있기 때문이다. 하지만 색채를 현실 세계를 그대로 모사하는 1차원적 기능에서만 사용하는 것이 아니라, 그 의미를 치밀하게 계산하여 영화 속 인물이나 배경에 사용하는 경우도 많다.

일반적으로 색이 상징하는 감정과 연상을 정리하면 [그림 5-1]과 같다. 빨간색은 사랑과 정열, 흥분, 혁명, 위험을, 파란색은 냉정, 침착, 차가움, 우울, 비애를, 노란색은 명랑, 쾌활, 희망, 질투, 배신 등을 상징한다. 보라색은 우아함, 신비, 불안, 몽상을, 초록색은 자연, 평화, 성장, 악마, 독극물을, 검정색은 권위, 지성, 죽음, 악마, 절망, 침묵을, 그리고 흰색은 순

수, 결백, 순결, 냉혹 등을 상
징한다. 개별 색의 이러한 상
징성은 문맥에 따라 다를 수
있으며 개인의 경험과 문화적
배경에 따라 해석이 달라질 수
있다.

그럼, 색채 미장센을 사용한
구체적인 사례들을 살펴보자.

[그림 5-1] 색이 상징하는 감정과 연상

2. 〈이터널 선샤인〉: 색채, 연인 관계의 상태를 드러내다

미셸 공드리(Michel Gondry) 감독은 기발한 상상력과 창의적인 표현으
로 그만의 독특한 영상미를 보여 준다. 〈이터널 선샤인(Eternal Sunshine
of the Spotless Mind)〉(2004)에서도 재미있는 색채 미장센을 구사한바 있
다. 이 영화에서 남자 주인공 조엘과 여자 주인공 클레멘타인은 운명처럼
만나 사랑하다 헤어진다. 둘은 이별의 아픔을 잊으려고 서로에 대한 기억
을 지우기로 한다. 기억을 삭제하는 과정에서 조엘은 클레멘타인과의 추
억이 지워지는 것을 후회하게 되고, 추억 속의 그녀를 지키기 위해 필사적
으로 기억 속에서 도망치지만 삭제를 피할 수 없다. 하지만 기억을 지우
고 서로를 완벽하게 잊었음에도 그들은 운명처럼 다시 만나면서 영화는

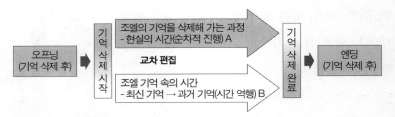

[그림 5-2] 〈이터널 선샤인〉의 구성

끝을 맺는다.

　〈이터널 선샤인〉은 현실의 시간과 기억의 비선형적 구성을 통해 감정과 사고를 자극하는 매우 독특한 방식으로 서사를 전달한다. 이러한 구성은 영화를 시각적으로나 내용상으로 독특하게 만든다.

　즉, 이 영화는 고전적인 기승전결의 진행 방식을 파괴하고 현실과 기억을 오가는 시공간의 변화를 통해 이야기를 전달한다. [그림 5-2]에서 제시한 것처럼, 라쿠나사의 직원이 조엘의 기억을 삭제해 가는 현실의 과정은 A, 클레멘타인에 대한 조엘의 기억은 B라고 하자. 현실(A)에서 이야기는 순행적인 시간 속에 관객이 자연스럽게 받아들일 수 있도록 진행된다. 반면 조엘의 기억이라는 또 다른 시공간(B)에서는 가장 최근부터 과거로 돌아가는 역순행 방식으로 스토리가 진행된다. 현실과 기억의 이야기가 교차 편집을 통해 두 공간을 긴밀하게 연관시킨다. 이 과정에서 관객은 조엘의 기억 속 다양한 시간대와 장소를 넘나들며, 그들의 관계가 어떻게 발전하고 변화했는지를 본다.

　〈이터널 선샤인〉의 가장 대표적인 색채 미장센은 여주인공 클레멘타인의 머리색 변화에서 볼 수 있다. 클레멘타인의 머리색은 영화 전반에 걸쳐 여러 번 바뀌는데, 이는 그녀의 개성과 삶에서 중요한 감정적 변화를 나타낸다. 머리색은 클레멘타인의 심리 상태를 나타내는 일종의 지표인 것이다. 네 가지 색의 상징적 활용을 구체적으로 살펴보자.

1) 초록색

조엘과 클레멘타인이 해변가에서 처음 만난 날, 클레멘타인의 머리색은 초록색이다. 여기서 초록색은 조엘과 만나기 이전에 클레멘타인의 내면 상태가 '안정', '평안'했음을 의미한다. 초록색은 휴식, 평정, 안정을 의미하고 초록색 머리의 클레멘타인은 평정을 넘어 덤덤하고 지루한 상태임을 드러낸다.

2) 빨간색

조엘과 만나 사랑하면서 클레멘타인의 머리색이 빨간색으로 바뀐다. 빨간색은 정열, 활동, 흥분을 의미한다. 빨간색 머리의 클레멘타인은 꽁꽁 얼어붙은 찰스강 위에서 조엘과 장난치며 놀다가, 조엘에게 너무 행복해서 '지금 당장 죽어도 좋다'라는 말을 듣는다. 둘이 등산 가면서 다정하게 대화를 나누는 장면에서도 클레멘타인의 머리색은 빨간색이다. 둘이 해안가에서 장난칠 때도 코끼리 축제를 즐길 때도 클레멘타인의 머리색은 빨간색이다. 빨간색 머리는 클레멘타인이 사랑에 빠져 감정적으로 가장 강렬했던 순간을 의미한다.

3) 주황색

영화 중반에 클레멘타인의 머리색은 주황색으로 변한다. 시간이 지나 서로에게 익숙해지면서 강렬함보다는 따뜻함과 편안함을 의미하는 주황색으로 변한다. 클레멘타인이 술에 취해 새벽에 들어와 다툰 일, 시장에 가서 출산에 대한 의견 차이로 다툰 일, 침대에서 의사소통 문제로 나누는 대화, 식당에서 서로 마음에 들지 않는 부분에 대해 나누는 대화 등의 장면에서 클레멘타인의 머리색은 주황색이다.

4) 파란색

영화 오프닝에서 클레멘타인의 머리색은 파란색이다. 자신은 머리색을 자주 바꾼다면서 자신의 머리색이 '블루 루인(Blue ruin)'이라고 한다. 파괴를 뜻하는 'ruin'은 클레멘타인과 조엘이 서로의 기억이 완전히 파괴되어 지치고 우울한 심정을 의미한다. 그녀는 감정 상태에 따라 머리색을 고른다고 하는데, 이 시기는 조엘에 대한 기억을 삭제한 후이다. 이 시기에 그녀의 머리색은 파괴된 파란색, 폐허의 파란색으로 둘 사이의 관계가 모조리 끝나 버린 암울한 상황을 상징한다. 즉, 조엘에 대한 기억이 파괴된 시점의 머리색이다. 발렌타인데이를 맞아 조엘은 클레멘타인과 화해하기 위해 그녀가 일하는 곳에 선물을 들고 갔지만 그녀는 그를 알아보지 못한다. 이때도 그녀의 머리색은 파란색이다. 현실에서 라쿠나 회사 직원인 패트릭이 조엘의 정체성과 물건들을 훔쳐 클레멘타인을 꼬실 때도 그녀의 머리색은 파란색이다. 클레멘타인은 기억을 지우고 사랑을 잊으면서, 그 이전과 대조되는 파란색으로 머리색을 바꿨다. 실연 후의 아픔, 우울, 비애를 표현한 것이다. 이 색은 변화를 추구하는 그녀의 욕구와 자유로운 영혼을 상징하기도 한다.

클레멘타인의 머리색은 그녀의 감정적 변화와 연인 관계의 상태를 반영하며, 조엘과의 관계의 다양한 단계를 시각화하는 데 중요한 도구로 사용된다. 강렬한 빨간색과 주황색은 영화에서 열정과 사랑, 그리고 감정적인 강도를 나타낸다. 클레멘타인과 조엘의 관계에서 행복하고 열정적인 순간을 상징하며, 이 색상은 그들의 관계에서 긍정적 감정의 정점을 표현한다. 파란색은 변화와 비일상을 상징하며, 클레멘타인이 주는 신선하고 예측 불가능한 에너지를 나타낸다. 이러한 색상의 변화는 관객에게 감정적인 단서를 제공하며, 캐릭터의 복잡한 감정적 뉘앙스를 이해하는 데 도움을 준다. 또한 관객은 이를 통해 복잡하게 구성된 영화 내용을 조금 더 직관적으로 파악할 수 있다.

3. 〈플로리다 프로젝트〉: 색채, 현실을 역설적으로 표현하다

션 베이커(Sean Baker) 감독의 〈플로리다 프로젝트(The Florida Project)〉(2017)는 플로리다의 디즈니랜드 건너편에 있는 '매직 캐슬' 모텔에서 생활하는 여섯 살 소녀 무니와 그녀의 어머니 할리의 이야기를 담아내고 있다. 영화 제목인 '플로리다 프로젝트'는 두 가지 의미를 지닌다. 첫 번째는 1965년 디즈니에서 테마파크인 '디즈니랜드'를 건설하기 위해 플로리다주 올랜도 지역의 부동산 매입 계획을 세우는데, 이를 플로리다 프로젝트라고 불렀다. 두 번째는 2008년 서브프라임 모기지론으로 집을 잃는 사람들이 급등하여 정부 차원에서 실시한 플로리다주 홈리스 보조금 지원 정책의 명칭이 바로 플로리다 프로젝트였다. 이러한 중의적 의미가 있는 제목을 통해 환상의 세계인 디즈니월드 건너편에 또 다른 세상이 있음을 나타낸다.

감독은 마법과 같은 환상의 세계인 디즈니월드로 가는 길에서 놀고 있는 아이들을 보고 영감을 받아 이 영화를 제작했다고 한다. 〈플로리다 프로젝트〉는 기승전결의 전통적인 서사 구조를 따르지 않고, 주인공들의 삶의 단면을 관찰하듯 촬영하여 일상의 조각들을 모아 놓은 구성이다. 이들의 일상을 다큐멘터리처럼 담담히 담아내며 어린 무니의 눈으로 본 세상에 대해 이야기한다.

색감에 대한 이해를 돕기 위해 〈플로리다 프로젝트〉의 내용을 간략하게 살펴보자. 무니와 무니의 엄마 할리는 모텔 '매직 캐슬'에 장기 투숙하고 있다. 모녀는 갈 곳 없는 홈리스로, 이 모텔에는 이들과 비슷한 처지의 사람들이 살고 있는데, 애슐리와 애슐리의 아들 스쿠티도 같은 처지이다. 근처에 있는 또 다른 모텔 '퓨처랜드'에 젠시 가족이 이사를 오면서 무니, 스쿠티, 그리고 젠시는 친하게 어울려 지내며 크고 작은 사고들을 친다.

무니의 엄마 할리는 22세 미혼모로 일자리를 구하기 위해 노력하지만, 온몸이 타투투성이라서 일자리를 구하기가 쉽지 않다. 결국 도매상에서 구입한 향수들을 사람들에게 되팔며 근근이 생계를 이어 나간다. 어느 날 무니와 스쿠티, 그리고 젠시는 버려진 모텔 안에서 불장난을 치다가 큰불을 내고 만다. 애슐리는 아들인 스쿠티가 불을 지른 것을 알고, 아들에게 무니와 어울려 다니지 말라고 한다. 한편 모텔 주인이 운영 방침을 바꾸면서, 장기 투숙이 어려워진 할리와 무니는 하룻밤 잘 곳을 구하다가 젠시네 집에 신세를 진다. 할리와 무니는 젠시의 생일을 축하해 주려고 강가로 함께 떠나는데, 그곳에서 화려한 불꽃놀이를 보며 소원을 빌고 즐겁게 지낸다.

할리는 향수 판매만으로는 생계를 이어 나갈 수 없는 상황에 놓여, 결국 매춘을 시작한다. 할리가 월세를 빌리기 위해 애슐리를 찾아가지만, 할리의 매춘 사실을 아는 애슐리는 할리를 비난한다. 이에 분노한 할리는 애슐리를 폭행하고, 이 일을 계기로 애슐리는 할리를 아동국에 신고한다. 결국 아동국에서 할리를 찾아와 무니와 할리를 분리시키려 한다. 할리는 아동국 직원들에게 저항하고, 무니 또한 아동국 직원에게서 도망쳐 젠시 집으로 간다. 젠시는 자신을 찾아와서 울고 있는 무니의 손을 잡고 함께 디즈니월드를 향해 한없이 달려간다. 영화는 이렇게 막을 내린다.

영화는 다큐멘터리 형식으로 제작되어 아이들의 일상을 있는 그대로 관찰하는 듯한 느낌을 준다. 평범한 일상을 기록하는 영상에 힘을 주는 것은 바로 색채이다. 일반적으로 색채는 등장인물의 성격이나 심리, 또는 상황의 분위기 등을 상징적으로 표현하는 데 사용되지만, 〈플로리다 프로젝트〉에서는 현실의 상황과 대비되는 색채의 사용으로 관객의 관심을 불러일으킨다. 꿈의 동산 디즈니월드 근처에서 비참한 현실을 살아가는 무니와 할리의 삶을 아름다운 색채로 표현한 것이다.

1) 보라색

이 영화에서 대표적인 색채는 보라색으로, 무니와 할리가 장기 투숙하고 있는 모텔 '매직 캐슬'의 색이기도 하다. 보라색은 흔히 환상, 꿈, 그리고 마법과 연결되는 색이다. 모텔의 보라색은 채도가 높은 파스텔 톤으로, 색채만으로도 신비롭고 환상적인 분위기를 자아낸다. 환상의 세계 디즈니월드 건너편에 존재하는 이곳에도 꿈과 환상이 존재할 것만 같은 착각을 불러일으킨다.

무니와 그 친구들은 보라색 모텔 주변에서 뛰어논다. 무니와 아이들이 뛰어노는 공간, 쉬는 그늘, 그리고 무니와 아이들이 '매직 캐슬'의 난간에서 글로리아 할머니를 구경하는 장면 모두 보라색 배경이다. 보라색 모텔 벽을 배경으로 하는 이 장면들은 아이들의 놀이와 자유로움을 강조하며,

어린이들의 눈에 비친 세상이 어떻게 보이는지를 시각적으로 표현한다.

하지만 현실은 정반대이다. 보라색 모텔의 건물 외벽은 보수/수리 중이며, 보라색 모텔의 방에는 벼룩이 가득하고 세탁기는 고장 나 있으며 엘리베이터에서는 오줌 냄새가 난다. 신비롭고 환상의 색인 보라색 모텔 외관과는 달리 실내는 정반대의 현실을 보여 준다. 여기서 모텔 외관의 환상적인 보라색은 엉망인 내부와 상반되어 현실의 참담함을 더욱 극대화한다.

이와 같이 보라색 모텔은 어린이들에게는 모험과 놀이의 공간이지만, 성인들에게는 생존을 위한 투쟁의 장소이다. 보라색 모텔 외관이 아이들에게는 마법의 성처럼 느껴지는 반면, 성인들에게는 그들의 어려운 생활환경의 일부로 보인다. 이러한 색상의 사용은 어린이와 성인의 대조적인 세계를 동시에 표현하며, 두 세계 사이의 차이점을 강조한다. 즉, 이 영화에서 보라색은 꿈과 현실, 어린이의 세계와 성인의 세계의 차이를 효과적으로 나타낸다.

2) 푸른색

〈플로리다 프로젝트〉에서 푸른색은 여러 중요한 장면에서 사용되어 인물의 감정적 분위기와 환경의 상징적 의미를 깊게 만든다. 구체적인 예로, 영화 중반부의 한 장면을 들 수 있다. 할리는 향수 판매만으로 생계를 이어 나갈 수 없자, 결국 매춘으로 생계를 꾸리기 시작한다. 할리는 월세를 빌리기 위해 애슐리를 찾아가지만 할리의 매춘 사실을 아는 애슐리는 할리를 비난한다. 이에 분노한 할리는 애슐리를 폭행한 후 자신의 방으로 돌아와서 토하는데, 바로 이 장면을 푸른색으로 표현함으로써 할리의 고독하고 우울한 감정을 보여 준다. 분노한 할리에게 폭행 당한 애슐리는 할리를 아동국에 신고하고, 아동국은 할리를 찾아와 무니와 면담을 하게 된다. 이때 애슐리가 사는 아래층을 향해 할리가 발을 구르는 장면을 전체적으로 푸른 색감으로 표현하는데, 이는 할리의 분노를 나타낸 것이다. 이처럼 푸른색은 영화 속 인물들의 내적 감정과 외적 환경을 효과적으로 연결하는 중요한 역할을 한다.

3) 노란색

〈플로리다 프로젝트〉에서 노란색은 밝고 활기찬 에너지를 전달하는 중요한 색상으로 사용된다. 노란색은 햇빛과 연관되어 긍정적이고 희망적인 분위기를 조성하는 데 효과적이다. 영화에서 노란색은 특히 무니와 할리가 머무는 방의 장면에 사용되어, 그 순간이 더욱 따뜻하고 포근하게 표현된다. 특히 할리와 무니가 함께 즐겁게 셀카를 찍으며 노는 모습, 그리고 무니가 친구들과 함께 방에서 노는 모습을 노란 조명을 이용해 포근하고 편안한 느낌을 주고 있다. 또한 할리와 무니가 젠시네 집에서 하룻밤을 지내며 함께 저녁 식사하는 장면을 전체적으로 노란색으로 표현해 포근한 느낌을 주었다.

이처럼 노란색은 〈플로리다 프로젝트〉에서 무니와 할리, 그리고 무니와 친구들의 세계를 밝고 따뜻하게 묘사하는 데 중요한 역할을 한다. 이 색상을 통해 아이들의 시각에서 보는 세상의 따뜻함과 재미를 효과적으로 전달하며, 영화의 전반적인 분위기에 활력을 더한다.

이상에서 살펴본 바와 같이, 〈플로리다 프로젝트〉에서는 현실의 상황을 색채로 표현한 것이 아니라, 현실의 상황과 완전히 반대되는 색채를 주된 색채로 사용함으로써 이들 모녀의 상황을 더욱 비참하고 안타깝게 느끼게 한다. 보라색은 이러한 환상적인 세계와 가혹한 현실 사이의 경계를 드러내며, 디즈니월드라는 꿈의 땅 주변에서 가난한 현실을 살아가는 사람들의 가혹한 삶을 역설적으로 드러낸다. 이것이 바로 이 영화에서 색채를 사용한 방식이다.

4. 〈그랜드 부다페스트 호텔〉: 색채, 시간의 변화와 감성을 표현하다

웨스 앤더슨[4] 감독의 〈그랜드 부다페스트 호텔(The Grand Budapest

---

4 웨스 앤더슨 감독은 〈바틀 로켓(Bottle Rocket)〉(1996)으로 영화계에 데뷔하여, 이후 〈맥스군, 사랑에 빠지다(Rushmore)〉(1998), 〈로얄 테넌바움(The Royal Tenenbaums)〉 (2001), 〈스티브 지소와의 해저 생활(The Life Aquatic with Steve Zissou)〉(2004), 〈판타스틱 MR. 폭스(Fantastic Mr. Fox)〉(2009), 〈문라이즈 킹덤(Moonrise Kingdom)〉(2012), 〈그랜드 부다페스트 호텔〉(2014), 〈프렌치 디스패치(The French Dispatch)〉(2021), 〈애

Hotel)〉(2014)도 색채를 이용하여 미장센을 구현했다. 앤더슨은 영화에서 자신만의 독특한 영상 미학을 보여 주는데, 화면 구성, 촬영 기법, 소품, 색채 및 음악 등 영상을 구성하는 모든 요소를 치밀하게 계획하여 의미 있게 사용한다.

그럼, 먼저 〈그랜드 부다페스트 호텔〉의 내용을 간략히 알아보자. 이 영화는 한 여인이 어느 작가의 동상 앞에 서면서 이야기가 시작된다. 1930년대 어느 날, 세계 최고 부호인 마담 D.가 그랜드 부다페스트 호텔에 다녀간 지 얼마 지나지 않아 의문의 살인을 당하다. 당시 전설적인 호텔 지배인이던 구스타브는 마담 D.의 연인이었는데, 신문 기사를 통해 그 사실을 알고 급히 그녀의 집으로 간다. 그는 그녀가 유언을 통해 명화 '사과를 든 소년'을 자신 앞으로 남겼다는 사실을 알게 된다. 구스타브는 그녀의 가족들이 명화를 빼앗을까 봐 그의 충실한 심복인 로비보이 제로와 함께 그림을 들고 도망간다. 구스타브는 마담 D.의 아들 드미트리에 의해 마담 D. 살해 용의자로 누명을 쓰고 감옥에 갇힌다. 그 후 구스타브는 제로와 함께 누명을 벗기 위해 고군분투한다. 갖은 노력 끝에 구스타브는 죄수들과 함께 탈옥하여 누명을 벗고, 새로 발견된 마담 D.의 두 번째 유언장에 따라 유산을 상속 받는다. 하지만 구스타브는 제로 부부와 함께 루츠로 향하는 기차에서 제로의 특별 여행 허가서를 인정하지 않는 검문관에게 항의하다 총상으로 죽는다. 이후 구스타브의 후계자인 제로가 그

스터로이드 시티(Asteroid City)(2023) 등을 선보여 왔다.

의 막대한 재산을 상속 받아 그랜드 부다페스트 호텔을 지키게 된다.

1) 1930년대 전성기 시절의 호텔—분홍색과 빨간색

이 영화에서 그랜드 부다페스트 호텔이 1930년대 전성기를 누리던 때는 분홍색과 빨간색을 사용했다. 이들 색상은 1930년대 호텔의 외관과 인테리어 디자인에서 사용되며, 영화의 감성적이고 환상적인 톤을 설정하는 데 큰 역할을 한다. 분홍색은 호텔의 화려하고 기풍 있는 분위기를 강조하고, 낭만적·몽환적 느낌을 주며, 영화의 판타지적 요소를 강화한다.

[그림 5-3]에 나타난 바와 같이, 1932년 그랜드 부다페스트 호텔의 외관을 처음 보여 줄 때, 호텔의 색은 분홍색이다. 분홍색은 호텔이 지닌 과거의 영광과 화려함을 나타내는데, 한때 이곳이 유럽에서 가장 세련되고 매력적인 장소였음을 상징한다.

(왼쪽) [그림 5-3] 1930년대 호텔 전경(〈그랜드 부다페스트 호텔〉, 웨스 앤더슨, 2014)
(오른쪽) [그림 5-4] 호텔 로비와 실내 전경(〈그랜드 부다페스트 호텔〉, 웨스 앤더슨, 2014)

[그림 5-4]는 당시 호텔 로비와 실내 공간이다. 로비와 구스타브 집무실 등 실내 공간 벽면이 분홍색이어서 화사하고 고급스러운 느낌을 전달한다. 또한 고객들이 느끼는 따뜻한 환영과 친근감을 표현하는 동시에, 호텔의 독특하고 매력적인 분위기를 만들어 낸다.

1930년대 호텔을 분홍색으로 표현한 또 다른 이유는 호텔 로비보이인 제로에게 있다. 제로의 기억 속에 있는 이 시기의 호텔은 그의 연인 아가사와 행복했던 추억이 깃들어 있는 공간이기 때문이다. 제로가 가장 행복했던 시절을 분홍빛 호텔 외관과 분홍빛 내부를 통해 표현한 것이다.

1930년대 그랜드 부다페스트 호텔의 내부에는 빨간색도 사용되었다. 엘리베이터 내부나 로비와 복도의 카펫, 프런트 데스크 배경 등에 강렬함과 열정의 색인 빨간색을 주로 사용했다.

2) 1960년대의 호텔─갈색과 주황색

반면 1960년대의 그랜드 부다페스트 호텔은 갈색과 주황색으로 표현되었다. 영화 속에 등장하는 소설『그랜드 부다페스트 호텔』의 작가가 당시 그랜드 부다페스트 호텔의 주인인 제로 무스타파를 만나 그가 어떻게 해서 호텔의 주인이 되었는지에 대한 이야기를 듣는다. 이때 호텔은 전성기를 지나 찾는 이가 드문 추억의 공간으로 변해 버렸는데, 감독은 이를 갈색과 주황색으로 표현해 내고 있다. 갈색은 안정감, 전통성, 그리고 때로는 낡은 것으로, 주황색은 친근함의 상징으로 사용된다.

(왼쪽) [그림 5-5] 1960년대 호텔 전경(〈그랜드 부다페스트 호텔〉, 웨스 앤더슨, 2014)
(오른쪽) [그림 5-6] 1960년대 호텔 로비의 프런트 데스크 및 카펫(〈그랜드 부다페스트 호텔〉, 웨스 앤더슨, 2014)

1960년대의 호텔 로비 및 실내 인테리어는 다양한 장면에서 갈색과 주황색으로 꾸며져 있다. 호텔 프런트 데스크의 배경이 되는 장식도 주황색이고, 로비 및 복도의 벽들도 주황색이다. 로비 및 복도의 카펫도 주황색이고, 호텔 엘리베이터 내부도 주황색이다. 1930년대 빨간색을 사용했던 것과 대조된다. 갈색과 주황색은 호텔의 역사와 전통을 상징하며 고급스러움과 클래식한 아름다움을 나타낸다.

1960년대 호텔을 갈색과 주황색으로 표현한 또 다른 이유는, 연인 아가사와 아들을 프로이센 독감으로 잃은 제로에게 호텔은 그들과의 행복했던 추억이 깃들어 있는 공간이기 때문이다.

1930년대와 1960년대의 호텔 장면들은 분홍/빨강 vs. 주황/갈색으로 구분되어, 시간의 흐름과 각 시대의 사회적, 문화적 맥락을 관객에게 인식시키는 역할을 한다. 이렇듯 〈그랜드 부다페스트 호텔〉에서 색채 미장센은 시간의 흐름과 다양한 이야기 층위를 시각적으로 표현하는 중요한 수단으로 사용되었다.

3) 호텔 유니폼 색상: 보라색

이 영화에서 눈에 띄는 또 다른 색채는 보라색이다. 전성기 시절인 1930년대뿐만 아니라 1960년대 호텔 전 직원들의 유니폼 색상은 모두 보라색이다. 보라색은 신비로움과 권위를 나타낸다. 특히 구스타프가 신입 로비보이 제로를 맞이하는 장면에서 호텔의 핑크색 벽과 매칭되는 보라색 유니폼은 호텔의 세련됨과 신비로움을 강조한다.

4) 구스타브의 죽음: 검정색

구스타브가 죽음에 이르는 장면은 색채를 잃어버린 흑백으로 표현되었다. 전쟁으로 나라를 잃고 루츠로 향하던 기차에서 구스타브 일행은 전쟁 중이라 군대의 검문을 당하는데, 3급 취업 허가 이민 비자를 가진 제로에게 문제가 생긴다. 앞서 여행에서 받았던 제로의 특별 여행 허가서를 보여 주지만, 군인이 제로를 밖으로 데려가려고 한다. 제로를 건드리면 불명예 제대시키고 처형되도록 하겠다고 구스타브가 경고하자 군인은 총머리로 제로를 구타했고, 이에 격분한 구스타브가 군인에게 대들다가 총을 맞아 사망한 것이다. 이 장면은 흑백 영상으로 표현되어 죽음, 상실, 슬픔을 표현함과 동시에 강렬한 이미지를 각인시켰다. 흑백 영상은 이야기의 심각성과 비극적인 요소를 효과적으로 부각시킨다.

요약하면, 전성기인 1930년대 호텔은 빨간색과 분홍색, 30여 년의 시간이 흘러 화려함을 잃은 1960년대 호텔은 갈색, 호텔 직원들의 복장은 보라색, 구스타브의 죽음 장면은 흑백으로 표현했다. 이렇듯 각각의 사물을 특정한 정서적 의미를 갖는 색으로 표현하여 대상과 색의 이미지를 연관시킴으로써 색이 지니는 의미를 대상에 전이한 것이다. 이것이 바로 〈그랜드 부다페스트 호텔〉에서 사용된 색채 미장센이다. 영화에서 색채 미장센은 각 시대, 그리고 장소의 감정과 분위기를 전달하는 데 중요한 수단으로 사용되었다.

이 장에서는 먼저, 색채에 대한 이론과 색이 상징하는 바를 살펴보았고, 색의 상징성을 미장센으로 활용한 영화 사례들도 짚어 보았다. 앞서 언급했듯이 색채가 인간의 신경계를 자극한다는 점, 지역이나 문화와 관계없이 보편적인 색의 상징성이 있는가 하면, 지역이나 문화에 따라 색의 상징성이 다소 다르게 나타나기도 한다는 점 등은 주목할 만하다. 〈이터널 선샤인〉에서는 여주인공 클레멘타인의 심리 상태를 나타내는 일종의 지표로 여주인공의 머리색 변화를 사용했다. 클레멘타인의 머리색은 영화 전반에 걸쳐 여러 번 바뀌는데, 클레멘타인의 감정적 변화와 조엘과의 관계의 다양한 상태를 시각화하는 데 사용되었다. 이를 통해 복잡하게 구성된 영화 내용을 조금 더 직관적으로 파악할 수 있다. 〈플로리다 프로젝트〉에서는 현실의 상황과 대비되는 색채의 사용이 독특하다. 〈그랜드 부

다페스트 호텔〉에서는 각각의 사물을 특정한 색으로 표현하여 시간의 변
화와 감성을 시각적으로 표현했다.

6장

색채 미장센─흑백 vs. 컬러의 대비

컬러 필름을 이용하여 본격적으로 영화를 제작하기 시작한 시기는 1941년 테크니컬러(technicolor)가 등장하면서부터이다. 이후 한동안 흑백과 컬러를 병행하는 시기가 있었으나, 1970년대 이후에는 완전히 컬러 영화의 시대로 접어든다. 컬러 영화 시대에도 흑백 영상을 사용하기도 하는데, 이는 영상에 특별한 의미를 부여하기 위해서다. 영화 전체를 흑백으로 하는 경우도 있고, 흑백과 컬러를 대비하여 함께 사용하는 경우도 있다. 이 장에서는 흑백과 컬러를 대비하여 영상을 구현한 영화들 가운데 〈쉰들러 리스트(Schindler's List)〉, 〈프란츠(Frantz)〉, 〈메멘토(Memento)〉 세 편을 선별하여, 어떤 의도로 어떤 효과를 구현하려 했는지 살펴보겠다.

1. 〈쉰들러 리스트〉: 색채, 감정적으로 중요한 순간을 강조하다

스티븐 스필버그(Steven Spielberg) 감독의 〈쉰들러 리스트〉(1993)는 영화 대부분이 흑백 화면으로 진행되다가 단지 몇몇 장면만 컬러 화면으로 제시된다.

이 영화는 제2차 세계대전 당시 나치가 점령한 폴란드에서 사업을 하던 독일 사업가 오스카 쉰들러가 홀로코스트의 참혹한 운명에 처한 유대인 노동자들을 구해낸 실화를 담아냈다. 쉰들러는 독일군 간부들에게 적극적으로 로비하여 싼값에 유대인들을 고용하여 전쟁에서 많은 돈을 번다. 하지만 나치의 유대인 대학살을 목격하며 큰 충격을 받고, 결국 자신의 모든 재산을 사용하여 1,100명이 넘는 유대인을 독일군의 학살로부터 구한다.

〈쉰들러 리스트〉는 195분의 러닝 타임 대부분이 흑백 영상으로 촬영되어 다큐멘터리와 같은 느낌을 준다. 스필버그 감독은 이야기를 사실적이면서도 극적으로 전달하기 위해 흑백 촬영을 주로 사용했다고 밝힌바 있다. 또한 흑백 영상은 실제 사건이 발생했던 시대를 연상시키기도 한다. 그럼, 이 영화에서 컬러 영상이 사용된 장면은 어떤 의미로 활용된 것인지 살펴보자.

1) 촛불 장면

영화는 컬러로 시작한다. 초에 불을 붙이는 장면이 클로즈업 되고 촛대들을 둘러싸고 있는 유대인 가족이 의식을 행하는 모습이 나타난다. 이어 식탁을 둘러싼 가족은 보이지 않고 식탁에 촛불만 덩그러니 놓여 있다. 촛불이 다 타고 난 뒤 꺼진다. 컬러로 촬영된 1분 10초 정도의 이 짧은 프롤로그 영상은 유대인 가족이 안식일을 지키는 장면이다.

유대인 가족이 전통적인 안식일 의식을 치르는 모습은 그들의 신앙과 전통이 어떠한 외부 상황에서도 유지될 수 있음을 보여 주며, 촛불의 빛은 어둠 속에서도 계속되는 믿음과 희망의 상징으로 볼 수 있다. 그리고 촛불이 꺼지는 것은 유대인 가족의 죽음을 상징한다.

영화 후반에 쉰들러가 허용한 유대인의 안식일 의식에서 촛불은 또다시 컬러로 제시된다([그림 6-1]). 랍비를 찾아간 쉰들러는 금요일인데 안식일 준비를 하지 않고 뭐하냐고 묻는다. 쉰들러 덕분에 유대인들이 안식일을 지키게 되었는데, 이때 촛대에 꽂힌 초에 불을 켜는 순간 촛불이 컬러로 제시된다. 촛불만 컬러로 10초 정도 제시되고, 안식일을 지키는 유대인들의 모습과 이를 지켜보는 사람들의 모습은 흑백으로 제시된다. 이어서 다시 한 번 컬러로 촛불이 등장하는데, 이어

[그림 6-1] 유대인의 안식일 의식에서의 촛불(〈쉰들러 리스트〉, 스티븐 스필버그, 1993)

지는 장면에서 독일군의 무조건적인 항복으로 전쟁이 끝난다는 내용이
나오는 것으로 미루어 컬러로 등장한 촛불의 의미는 유대인들이 다시 생
명을 얻게 되는 것으로 해석할 수 있다.

이처럼 두 번에 걸쳐 등장하는 촛불은 유대인들의 생명을 상징하는데,
대부분 흑백으로 구성된 영화에서 컬러로 촛불을 제시함으로써 관객의
시선을 강하게 끌며 그 순간의 중요성이 강조된다. 더불어 관객에게 촛불
의 의미가 무엇인지 생각해 볼 여지를 만들어 준다.

2) 빨간 코트를 입은 소녀의 장면

대부분 흑백인 이 영화에서 색채를 사용한 또 다른 장면은 빨간 코트를
입은 소녀의 장면이다([그림 6-2]). 나치가 유대인들을 크라쿠프 게토에서
내쫓아 학살하는 장면 가운데 게토에서 내쫓기는 유대인들 한가운데에서
빨간 코트를 입은 소녀가 걸어가고 있다. 소녀는 무리에서 벗어나 빈 건
물에 들어가 침대 아래
에 숨는다. 흑백으로 보
여지는 대학살의 현장에
서 홀로 걸어가는 어린
소녀의 빨간 코트만 색
채를 사용하여 강렬하게
표현했다. 쉰들러는 말

[그림 6-2] 빨간 코트를 입은 소녀(〈쉰들러 리스트〉,
스티븐 스필버그, 1993)

을 타고 높은 언덕에서 게토를 내려다보며 참혹한 학살 현장을 목격하는데, 이때 쉰들러는 전쟁의 비인간성에 대해 깊이 성찰한다. 쉰들러가 자신을 되돌아보고 더 많은 유대인을 구하기 위한 결심을 굳히는 중요한 순간이다. 여기서 등장하는 빨간 코트는 전쟁의 참혹함 속에서 무고한 어린 생명이 겪는 고통과 파괴의 현실을 강조한다. 이후 나치가 학살한 유대인 사체를 발굴하여 소각하는 장면에서 쉰들러는 빨간 코트를 입은 소녀를 발견한다. 이는 쉰들러와 관객 모두에게 큰 슬픔을 안겨 준다. 나치의 유대인 학살에서 어린이도 예외가 아니었음을 빨간 코트의 소녀를 통해 강조한다.

스필버그 감독은 색채를 사용하여 관객이 단순한 역사적 사실을 인지하는 것 이상으로 전쟁의 비극을 체감하게 만든다. 또한 빨간 코트는 흑백 배경에서 눈에 강렬하게 띄어 소녀의 존재와 운명에 대해 관객의 관심을 집중시키는 효과를 갖는다.

3) 엔딩 장면

〈쉰들러 리스트〉의 엔딩 장면에서는 전쟁이 끝나고 오스카 쉰들러가 독일군으로부터 구출한 유대인들이 들판을 걸어가는 모습이 보인다. 이들은 이내 실제 인물들과 오버랩되면서 화면이 컬러로 바뀐다. 쉰들러 덕분에 살아남은 유대인들과 그 후손들이 쉰들러의 묘지를 방문하여 돌을 놓는다([그림 6-3]). 생존자 및 그의 가족들이 배우들과 함께 이스라엘 예루

[그림 6-3] 쉰들러의 묘지 방문(〈쉰들러 리스트〉), 스티븐 스필버그, 1993)

살렘에 위치한 쉰들러의 묘를 참배한 것이다. 마지막 장면은 쉰들러 역을 맡았던 배우 리암 니슨(Liam Neeson)이 쉰들러의 묘를 참배하는 모습이다. 이는 이야기가 사실임을 부각시키는 다큐멘터리 기법이라고 볼 수 있다.

영화가 대부분 흑백으로 촬영되어 관객이 1940년대의 역사적 사건에 몰입할 수 있도록 하다가 마지막 장면에 컬러로 전환함으로써, 감독은 관객을 현재로 데려오고 이야기가 실제 사건에 기반하고 있음을 강조한다. 즉, 이야기가 과거에 머물지 않고 현재로 이어진다고 색채를 통해 표현한다.

이처럼 이 영화에서는 유대인 안식일에 등장하는 촛불, 게토에서 내쫓기는 유대인들 한가운데에 있는 어린 소녀의 빨간 코트, 그리고 엔딩 부분의 현재 인물에 제한적으로 컬러를 사용했다. 유대인 학살에 대한 참상을 흑백으로 이끌어 가면서, 감정적인 고양이 필요한 부분에 매우 절제하여 컬러를 사용한 것이다.

대부분 흑백으로 촬영된 이 영화에서 컬러가 사용된 순간은 관객의 시선을 강하게 끈다. 색상이 드문드문 사용됨으로써 강조되는 순간은 특정 감정을 불러일으키는 효과가 있을 뿐만 아니라, 중요한 감정 포인트를 더욱 강조한다. 이러한 시각 기법은 감정적 몰입을 극대화하고, 시청자에게 깊은 인상을 남긴다. 이처럼 〈쉰들러 리스트〉에서의 색채 사용은 매우 절제되어 있지만, 감독은 흑백과 색채의 대비를 통해 영화의 감정적 영향력을 증폭시킨다.

2. 〈프란츠〉: 컬러로 고통의 순간을 선명하게 드러내다

프랑수아 오종(François Ozon) 감독의 〈프란츠〉(2016)는 제1차 세계대전 직후의 독일을 배경으로 전쟁이 남긴 상처와 용서를 주제로 한 영화이다.

제1차 세계대전 후 독일에 살고 있는 안나는 전쟁으로 약혼자 프란츠를 잃고 프란츠의 부모와 함께 지내고 있다. 어느 날 안나는 프란츠의 묘에서 낯선 남자를 보는데, 그는 프랑스에서 온 아드리앵이다. 프란츠의 아버지인 의사 한스는 아드리앵이 적국인 프랑스에서 왔다는 이유로 그를 차갑게 대하지만, 아드리앵 또한 전쟁터에서 자신의 아들과 같은 고통을 겪었음을 이해하고 그를 받아들인다. 그 후 프란츠의 부모와 안나는 아드리앵을 프란츠의 친구라 생각하고 함께 즐거운 시간을 보낸다. 함께 시간을 보내며 안나는 아드리앵에게서 프란츠를 느끼고, 그에게 조금씩 마음을 연다.

어느 날 밤, 아드리앵은 안나에게 자신이 전쟁에서 프란츠를 죽였다고 고백한다. 안나는 큰 충격을 받고, 아드리앵은 프랑스로 돌아간다. 안나는 프랑츠를 떠올리며 자살을 시도하지만, 프랑츠의 부모가 안나를 북돋워 주어 다시 힘을 얻고 살아간다. 안나는 프랑츠의 부모에게 아드리앵이 프랑츠를 죽였다는 사실을 말하지 않고, 아드리앵과 주고받는 편지의 내용도 거짓으로 알려 준다. 아드리앵에게도 프랑츠의 부모님께 사실을 전했다고 거짓말을 한다. 어느 날, 아드리앵에게 보낸 편지가 반송되자 안나는 걱정한다. 프랑츠의 부모는 아드리앵이 독일에 왔던 것처럼 이번에는 그녀가 아드리앵을 찾으러 프랑스로 가 보라고 한다.

안나는 프랑스로 가서 수소문한 끝에 아드리앵을 찾아내고 그의 집에 머문다. 하지만 그가 어렸을 때부터 알고 지낸 패니라는 여성과 약혼한 사실을 알고, 안나는 상처 입은 마음으로 아드리앵에게서 떠난다. 안나는 프랑츠의 부모에게 거짓 편지를 보내고, 루브르 박물관에 가서 마네의 그림 '자살'을 바라보는 것으로 영화는 끝을 맺는다.

〈프란츠〉에서 오종 감독은 전체적으로 흑백 화면을 사용하여 전쟁의 씻을 수 없는 아픔을 흑백으로 표현했다고 밝혔다. 제1차 세계대전이 가져온 역사적인 아픔을 강하게 전달하고자 한 것이다. 영화가 전체적으로 흑백으로 진행되다가 간간이 컬러로 바뀔 때가 있는데, 어떤 경우인지 살펴보자.

1) 아드리앵이 프란츠와 함께 놀았다던 거짓 회상 장면

먼저, 아드리앵의 거짓
회상 장면에서 컬러 화면
으로 바뀐다. 영화 초반부
에 프란츠의 아버지가 아
드리앵이 프랑스인이라는

[그림 6-4] 〈프란츠〉, 프랑수아 오종, 2016

것을 알고 진료를 거부했는데, 아드리앵이 프란츠의 묘에 꽃을 갖다 놓은
것을 알고 나서, 프란츠의 부모와 안나는 아드리앵을 기다린다. 얼마 지
나지 않아 아드리앵은 프란츠의 집을 다시 방문한다. 아드리앵은 자신을
프란츠의 친구로 오해하고 생전의 모습을 묻는 프란츠의 가족들에게 프
랑스에서 프란츠와 함께 시간을 보냈다고 거짓말을 한다. 아드리앵은 프
란츠와의 추억을 떠올리며 프란츠와 함께 루브르 박물관에 갔었으며, 프
란츠가 박물관에 있는 마네의 그림을 특히 좋아했다고 말한다. 물론 이
이야기는 아드리앵이 꾸며낸 거짓이다. 바로 이 거짓 회상 장면을 컬러로
표현했다.

2) 안나와 아드리앵이 숲에서 함께 시간을 보내는 장면

아드리앵이 프랑스에서 프란츠와 함께 있었다는 이야기를 듣고 난 후,
안나는 아드리앵에게 친밀감을 느껴 그를 데리고 프란츠에게 청혼을 받

[그림 6-5] 〈프란츠〉, 프랑수아 오종, 2016

은 장소에 간다. 높은 정상에 올라 눈앞에 펼쳐진 호수를 내려다보며 안나는 프란츠에 관한 이야기를 계속한다. 그러자 갑자기 아드리앵은 덥다며 호수에 수영하러 가겠다고 한다. 수영하고 나온 아드리앵의 배에서 안나는 선명한 상처를 본다. 상처를 보고 "많이 힘들었겠다"라고 말하는 안나에게 아드리앵은 "제게 유일한 상처는 프란츠죠"라고 말한다. 안나와 아드리앵이 숲에서 함께 시간을 보내는 이 장면도 컬러로 표현된다. 프란츠와의 추억을 이야기하는 안나의 이야기를 들으며 아드리앵이 고통을 느끼는 장면을 컬러로 생생하게 표현했다.

3) 아드리앵이 프란츠에게 바이올린을 가르쳐 주는 거짓 회상 장면

[그림 6-6] 〈프란츠〉, 프랑수아 오종, 2016

프란츠 집에 온 아드리앵은 자신의 아버지가 파리 오케스트라의 수석 바이올리니스트였다는 이야기 끝에 자신이 프란츠에게 바이올린을 가르쳐 주었다는 이야기를 한다. 이 또한 거짓말인데, 이 거짓 회상 장면을 컬러로 보여 준다.

4) 아드리앵이 프란츠의 부모와 안나 앞에서 바이올린을 켜는 장면

프란츠의 아버지 한스
는 프란츠의 유품인 바이
올린을 아드리앵에게 주
지만 아드리앵은 거절한
다. 그러자 한스는 바이올

[그림 6-7] 〈프란츠〉, 프랑수아 오종, 2016

린 연주라도 해 달라고 부탁하고, 아드리앵은 바이올린을 연주한다. 프란
츠의 부모와 안나는 그 모습을 보며 행복해하는데, 아드리앵은 바이올린
을 켜다 쓰러진다. 프란츠를 그리워하는 가족들의 모습을 보며 바이올린
을 연주하는 아드리앵이 고통을 느끼는 이 장면 또한 컬러로 표현된다.

5) 아드리앵이 전쟁을 회상하는 장면

아드리앵은 안나에게 자신이 전쟁에서 프란츠를 죽였다고 고백한다.
포탄이 빗발치는 전장의 방공호에서 프란츠는 독일군, 아드리앵은 프랑
스군으로 단둘이 맞닥뜨
렸다. 아드리앵이 먼저 총
을 쏘았다. 방아쇠를 당길
생각도 없었던 프란츠는
그 자리에서 죽는다. 프란

[그림 6-8] 〈프란츠〉, 프랑수아 오종, 2016

츠가 가슴에 품고 있던 안나에게 보내는 편지를 읽고, 아드리앵은 프란츠의 부모에게 사죄하러 온 것이다. 아드리앵이 프란츠의 죽음을 회상하는 이 장면도 컬러로 표현되었다. 아드리앵이 회상하는 장면 중 유일하게 진실인 장면인데, 이처럼 아드리앵이 고통스러운 순간들을 컬러로 표현했다.

6) 프란츠가 바이올린 켜는 것을 안나가 꿈꾸는 장면

[그림 6-9] 〈프란츠〉, 프랑수아 오종, 2016

전장에서 아드리앵이 프란츠를 죽였다는 고백을 들은 후, 안나는 충격을 받고 혼란스러워한다. 이런 진실을 감내하기 어려웠던 안나는 호수에서 자살을 시도하지만, 이웃에게 구조되어 집에서 휴식을 취하던 중 꿈을 꾼다. 영화는 이 꿈의 장면에도 색상을 입혔다. 안나가 바이올린 연주 소리를 듣고 다급히 거실로 내려간다. 거실로 내려온 안나는 바이올린을 연주하는 프란츠와 그의 연주를 즐겁게 듣고 있는 프란츠의 부모님을 본다. 바로 이 장면도 컬러로 표현되었다. 이때부터 안나의 고통스러운 순간들이 컬러로 표현된다.

7) 아드리앵에게서 온 편지를 안나가 거짓 내용으로 프란츠의 부모
   에게 읽어 주는 장면

아드리앵이 안나에게
진실을 고백한 다음 날 아
침, 아드리앵은 프란츠의
부모에게 그 사실을 고백
하러 가는데 호텔 로비에

[그림 6-10] 〈프란츠〉, 프랑수아 오종, 2016

서 그를 기다리던 안나가 자신이 모든 이야기를 프란츠 부모에게 했다며
그를 프랑스행 열차까지 배웅한다. 하지만 사실 안나는 프란츠 부모에게
사실을 말하지 않았다. 프란츠의 부모에게 또 다른 상처를 주고 싶지 않
았기 때문이다. 프랑스로 돌아간 아드리앵은 이들에게 편지를 보내는데,
프란츠의 부모도 진실을 안다고 생각하고 쓴 용서를 구하는 편지였다. 하
지만 안나는 그 내용을 거짓으로 읽는다. 아드리앵이 프랑스의 오케스트
라에서 연주를 하고 있고 시간 나는 대로 방문하겠다는 내용으로 바꾸어
말한 것이다. 안나가 홀로 진실의 무게를 짊어지고 편지 내용을 거짓으로
프란츠의 부모에게 읽어 주는 장면 역시 컬러로 표현되었다. 안나가 느끼
는 고통이 컬러로 생생하게 표현된 것이다.

8) 아드리앵에게 상처를 받은 안나가 박물관에서 마네의 '자살'을
   응시하는 장면

[그림 6-11] 〈프란츠〉, 프랑수아 오종, 2016

안나는 프랑스로 가서 우여곡절 끝에 아드리앵을 만나지만, 그에게는 약혼자가 있다는 사실을 알게 된다. 아드리앵과 작별한 뒤, 안나는 프란츠의 부모에게 거짓 편지를 보내고 루브르 박물관에 가서 마네의 '자살'을 바라본다. 마네의 그림이 마음에 드냐는 남자의 질문에, 안나는 이 그림이 살려는 의지를 준다고 말하며 영화는 끝이 난다. 바로 이 엔딩 장면도 컬러로 표현되었다. 아드리앵에게서 또다시 상처를 받은 후, 아드리앵이 말한 적이 있던 마네의 '자살'을 바라보는 안나가 느꼈을 고통이 색채와 함께 선명하게 전해진다.

이상과 같이 영화에서 컬러 화면은 총 여덟 번 등장한다. 아무런 색도 활용하지 않은 채 흑백 화면으로 이야기를 펼쳐 나가다가 여덟 장면이 잠시 색으로 채워진다. 영화가 색을 채우는 지점을 유심히 살펴보자.

〈프란츠〉에서 색상은 '고통으로 가득한 순간'에 채워진다. 아드리앵이 차마 참혹한 진실을 꺼내 놓지 못하는 순간에(2, 4), 그리고 진실을 덮으려고 거짓으로 꾸며진 세상을 만들 때(1, 3), 아드리앵의 고통은 극에 달

하고, 그 고통스러운 시간들은 컬러로 채워진다. 또한 프란츠를 전장에서 죽인 상황을 고백하며 진실에 직면한(5) 아드리앵의 고통스러운 시간도 컬러로 채워진다.

그뿐만 아니라, 아드리앵이 전장에서 프란츠를 죽였다는 고백을 들은 후, 안나가 고통스러워하는 장면에서도 컬러가 등장한다. 모든 사실을 알게 된 안나가 자살 시도 후 프란츠 꿈을 꾸는 장면에서도(6), 프란츠 부모에게는 진실을 함구한 채 거짓 내용으로 편지를 읽어 주는 장면에서도(7), 그리고 아드리앵에게 상처를 받고 마네의 '자살'을 바라보는 장면에서도 컬러가 채워져 있다(8).

이와 같이 〈프란츠〉에서는 아드리앵과 안나의 고통을 강조하고자 하는 순간을 컬러로 선명하게 드러냈다. 즉, 컬러 장면은 특정 감정적 순간에 아드리앵과 안나가 느끼는 고통을 표현할 때 사용되어, 시각적으로 이야기의 감정을 드러내는 독특한 구성을 보여 준다.

3. 〈메멘토〉: 컬러와 흑백을 이용해 이야기를 분절하다

이번에는 크리스토퍼 놀런(Christopher Nolan)[1] 감독의 두 번째 장편영

---

1 크리스토퍼 놀런 감독은 〈미행(Following)〉(1998)으로 데뷔했으며, 〈배트맨 비긴즈 (Batman Begins)〉(2005), 〈다크 나이트(The Dark Knight)〉(2008), 〈인셉션(Inception)〉

화 〈메멘토〉(2000)에서 컬러와 흑백을 어떤 방식으로 활용했는지 살펴보자. 이 영화는 놀런 감독이 단 25일 만에 만든 독립 영화이다. 동생 조나단 놀런(Jonathan Nolan)이 쓴 단편소설 「메멘토 모리(Memento mori)」를 바탕으로 만든 영화로, 전직 보험 수사관이었던 레너드가 (부인이 강간 당한 뒤 살해된) 사건의 충격으로 단기 기억상실증을 겪으며 부인 살해범을 찾는 과정을 담고 있다. 영화는 시간의 흐름을 분절하여 체계적인 방식으로 교차시키는데, 각각의 시간을 흑백 영상의 정주행과 컬러 영상의 역주행으로 제시하여 단기 기억상실증이라는 소재를 효과적으로 표현해 냈다. 컬러와 흑백을 교차 사용하는 독특한 비선형적 서사 구조의 영화인 것이다. 그럼, 이 영화의 구성을 살펴보자.

1) 컬러#0

영화가 시작하면서 제일 먼저 등장하는 영상은 폴라로이드 인화지 속의 총 맞고 피 흘리며 쓰러진 남자의 이미지인데, 이내 이 이미지가 서서히 사라진다. 그리고 인화지가 카메라 안으로 들어가고, 흘러내린 피가 거꾸로 올라가고, 총알이 뒹굴고, 떨어져 있던 총이 레너드의 손에 가서

(2010), 〈다크 나이트 라이즈(The Dark Knight Rises)〉(2012), 〈인터스텔라(Interstellar)〉(2014), 〈덩케르크(Dunkirk)〉(2017), 〈테넷(Tenet)〉(2020), 〈오펜하이머(Oppenheimer)〉(2023)까지 여러 작품으로 알려진 감독이다. 특히 〈메멘토〉나 〈인셉션〉에서는 시간순을 따르지 않는 이야기 구성과 반전이 돋보인다.

달라붙고, 쓰러졌던 사람이 일어나고, 떨어졌던 안경이 저절로 그 사람의 얼굴에 가서 붙고, 바닥에 뒹굴던 총알이 총에 장착되어 발사되는 장면이 나온다. 영상이 시간의 흐름을 거슬러 역주행하고 있다. 이는 필름을 거꾸로 돌린 영상으로, 한 남자(레너드)가 누군가(테디)를 총으로 쏴 죽이고 폴라로이드 사진을 찍는 장면이다. 시간의 역순으로 펼쳐진 이 장면은 컬러 영상으로 제시되는데, 이는 이 영화에 등장하는 컬러 영상이 역순으로 흘러갈 것임을 암시한다.

2) 흑백#1

이후 흑백 영상이 전개된다. 자신이 있는 공간을 낯설어하는 주인공 레너드의 모습이다([그림 6-12]의 왼쪽). 레너드는 모텔 방에 있는 자신을 발견하며, 이곳에 왔던 적이 있는지 처음 온 건지 기억이 잘 나지 않는다. 자신이 이곳에 온 지 일주일이 되었는지 석 달이 지났는지도 모르겠다고 하는 것으로 미루어 보아, 정상적인 상태가 아님을 알 수 있다. 맨 처음 등

[흑백#1] 첫 장면

[흑백#1] 마지막 장면 &
[흑백#2] 첫 장면

[흑백#2] 마지막 장면 &
[흑백#3] 첫 장면

[그림 6-12] 흑백 영상: 시간의 순행적 흐름(〈메멘토〉, 크리스토퍼 놀런, 2000)

장한 영상과 달리, 흑백으로 촬영된 이 영상은 시간의 흐름에 따라 제시된다. 이 씬의 마지막 장면은 [그림 6-12]의 가운데 화면이다.

3) 컬러#1

이어서 '메멘토'라는 타이틀이 뜨고 컬러 영상이 나타나는데, 모텔에서 테디의 사진을 보던 레너드는 테디를 만나 함께 차를 타고 어디론가 간다. 외진 건물로 온 레너드는 테디의 사진 뒷면에 적힌 메모('그를 죽여라')를 보고 그를 죽이기로 결심한다. 그리고 테디에게 총을 겨누다가 결국 발사한다. 그런데 실제 이야기 흐름으로 보면, 이 영상 다음에 이어지는 영상이 바로 이 영화의 첫 영상인 [컬러#0]이다. 테디가 총을 맞고 쓰러지는 장면을 영화의 첫 장면에서 역순으로 보여 준 것이다.

4) 흑백#2

이어지는 흑백 영상의 첫 장면은 [흑백#1]의 마지막 장면으로, 이 영상은 앞서 나왔던 흑백 영상에 이어진다([그림 6-12]의 가운데 화면). 레너드는 낯선 방에서 서랍을 열어 보며 메모를 하는데, 메모를 체계적으로 활용해야 한다고 말하는 모습이 [흑백#2]의 마지막 장면이다([그림 6-12]의 오른쪽).

5) 컬러#2

이어서 또다시 컬러 영상이 나온다. 사진 뒷면에 메모('그의 거짓말을 믿지 마라. 그가 범인이다. 죽여라')를 하고 있다. 이 장면은 [컬러#1]에서 테디를 총으로 쏘기 전에 레너드가 보았던 사진의 메모이다. 그러니까 지금 쓰고 있는 메모를 보고 테디에게 총을 쏜 것이다. 레너드는 총을 챙겨 들고, 모텔 방을 나와 로비로 걸어간다. 프런트 데스크에 가서 모텔 매니저와 이야기를 나눈다. 레너드 자신이 단기 기억상실증인데, 사고 후의 새로운 기억은 곧 잊어버린다고 말한다. 레너드는 테디의 사진을 보여 주며 이 사람에게 전화가 오면 알려 달라고 말하는 순간 테디가 문을 열며 이름을 부른다. [컬러#2]의 마지막 장면인 바로 이 장면, 즉 테디가 들어오는 장면은 바로 앞서 제시된 컬러 영상 [컬러#1]의 첫 장면이다([그림 6-13]

[그림 6-13] 컬러 영상: 시간의 역행적 흐름(〈메멘토〉, 크리스토퍼 놀런, 2000)

참조). 이와 같이 컬러 영상의 이야기는 씬 2의 끝부분이 씬 1의 첫 부분으로 이어지는 구조이다. 이야기 구조를 좀 더 명확히 파악하기 위해 하나의 시퀀스를 더 살펴보자.

6) 흑백#3

이어지는 흑백 영상은 [흑백#2] 마지막 영상에서 이어진다. 레너드가 방 안을 살펴보다가 허벅지에서 'shave(면도하기)'라는 메모를 본다. 메모는 체계가 있어야 하고 글씨체를 확인해야 하며, 중요한 단서는 종이보다 몸에 새겨야 한다는 레너드의 내레이션에 이어 전화벨이 울리고 전화를 받는다. 이처럼 흑백 영상은 시간의 순서대로 이야기가 진행되는 순행 구조이다.

7) 컬러#3

화장실에서 손을 씻다가 손등에 문신으로 새겨 놓은 메모('새미를 기억하라')를 발견한다. 자신의 손목에 새겨 놓은 메모('사실들')도 있다. 화장실을 나와 레스토랑으로 돌아가 링컨 거리가 어디인지 물은 뒤, 차를 타고 모텔로 향한다. 모텔 방에 들어가니 사진과 메모로 가득한 메모판이 있다. 이곳에 새로운 사진과 메모를 붙인다. 자신이 테디라고 알고 있는 사람이 G. 갬멀이라는 사실을 알고, 그에게 전화를 걸어 만나기로 한다. 자신의 몸에 새겨 놓은 메모들을 통해 테디가 자신의 아내를 강간하고 죽였다는 사실을 알게 되고, 테디의 사진 뒷면에 메모('그가 범인이다. 그를 죽여라')를 적고 총을 챙긴다. [컬러#3]의 마지막에 나오는 장면인, 메모를 적은 후 총을 챙기는 모습은 [컬러#2] 영상의 첫 부분과 동일하다([그림 6-13] 참조).

이와 같은 방식으로 영화는 계속 전개된다. 즉, 이 영화는 흑백 영상과 컬러 영상이 번갈아 제시되는데, 흑백 영상은 [흑백#1] [흑백#2] [흑백#3] …의 순서로 순행적 시간 흐름에 따라 이야기가 제시된다. 반면에 컬러 영상은 [컬러#1] [컬러#2] [컬러#3]…의 순서로 제시되지만, 영화에서 실질적인 이야기 순서는 [컬러#3] [컬러#2] [컬러#1]의 순서이다. 컬러 영상의 이야기 제시 방식은 이야기가 역행하는 구조인 것이다. 각 컬러 씬의 마지막 장면은 앞선 컬러 씬의 첫 장면과 동일하기 때문에 처음 몇 개의 씬만 보면 컬러 씬은 이야기가 거꾸로 돌아가고 있음을 쉽게 알아차릴 수 있다.

영화의 구성은 [그림 6-14]와 같이 표현할 수 있다. 이야기가 제시된 순서는 컬러 영상과 흑백 영상이 교대로 제시되어 있다. 흑백 장면은 레너드의 과거를 순차적으로 보여 준다. 이 장면들은 주로 레너드가 호텔 방에서 전화를 통해 자신의 이야기를 하거나 자신의 상황을 설명하는 모습을 포함한다. 흑백 장면은 레너드의 심리적 상태와 과거의 사건들을 더욱 깊이 있게 보여 준다. 흑백 영상은 각 씬의 마지막 장면이 다음 씬의 첫 장면으로 이어져 이야기가 순방향으로 흘러간다.

• 제시된 이야기 순서

컬러#0 – **흑백#1** – 컬러#1 – **흑백#2** – 컬러#2 – **흑백#3** – 컬러#3 – **흑백#4** – 컬러#4 – **흑백#5** – 컬러#5

(역순 재생)

(첫 장면 … 마지막 장면)	a…b	c…d	e…f	g…h	i…j
	a=d	c=f	e=h	g=j	

• 실제 이야기 순서

#1 – #2 – #3 – #4 – #5 – #5 – #4 – #3 – #2 – #1 – #0

흑백 컬러

[그림 6-14] 〈메멘토〉의 이야기 구성(〈메멘토〉, 크리스토퍼 놀런, 2000)

반면에 컬러 영상의 경우, 각 씬의 첫 장면이 다음 씬의 마지막 장면과 동일하여, 컬러 영상은 이야기가 역방향으로 진행된다(**[그림 6-14]**). 그리하여 이야기의 결말 부분이 맨 처음에 제시된 컬러 영상([컬러#0])인 것이다.

맨 처음 이야기([흑백#1])가 흑백 영상으로 순방향으로 제시되고, 다음에는 마지막 직전의 이야기([컬러#1])가 컬러로 제시된다. 그다음에도 계속 이러한 방식으로 이야기가 교차되다가 영화의 마지막 부분에 가면 컬러 영상과 흑백 영상이 합쳐진다. 즉, 이 두 시간 선은 영화의 마지막 부분에서 만나며, 관객은 레너드의 현재 상황과 과거 사건이 어떻게 연결되는지를 깨닫는다. 이러한 이야기 구조를 펼쳐서 실제 이야기 순서대로 나열하면 **[그림 6-14]**에서 제시한 '실제 이야기 순서'와 같다. 실질적인 이야기를 중간 부분에서 나누어 앞부분은 흑백으로, 뒷부분은 컬러로 표현한 것이다.

이러한 방식으로 제시된 〈메멘토〉의 이야기를 간략하게 정리하면 다음과 같다. 전직 보험 수사관이었던 레너드는 한 사건으로 인해 아내를 잃고 단기 기억상실증에 걸린다. 그는 무슨 일이든 10분이 지나면 잊어버리고 만다. 그는 아내의 복수를 위해 폴라로이드와 메모, 그리고 자기 몸에 새겨진 문신에 의지하며 범인을 추적한다. 하지만 이 모든 것은 자신이 부인을 죽인 범인임을 믿고 싶지 않았던 레너드가 왜곡한 기억이었다. 진실을 알게 된 레너드는 자신을 이용한 테디에게 복수하기 위해 그를 범인이라고 메모하고, 다시 기억을 잃은 레너드는 자신이 쓴 메모를 그대로 믿고 테디를 쏴 죽인다. 단기 기억상실증이라는 병을 소재로 이 영화에서 이야기를 제시하는 방식은 앞서 살펴본 것처럼 매우 독창적이고 흥미롭다.

[그림 6-14]와 같이 구성된 이 영화를 보면 처음에는 몹시 당혹스럽다. 이러한 구성을 간파하고 내용을 파악하려면 긴장감을 가지고 영화에 초집중해야 한다. 관객은 역순으로 제시된 컬러 영상을 되돌려 생각해야 하고, 다음 영상이 등장하면 앞에 제시된 영상의 내용과 연결시켜야 한다. 영화를 보면서도 앞의 내용이 어떤 건지 기억해서 뒤의 내용과 연결시키는 작업을 계속해야 하니 혼란스럽다. 바로 이러한 혼란스러움이 감독이 의도한 효과이다. 관객은 컬러와 흑백 장면 사이를 오가면서 이야기의 조각들을 맞추려 애쓰게 되는데, 이러한 구성으로 인해 관객 역시 주인공인 레너드와 마찬가지로 혼란스러움과 고통을 겪는다. 이는 단기 기억상실증으로 고통 받는 주인공 레너드의 상황에 관객을 동참시킨다. 즉, 이 영화의 구성은 관객이 레너드와 같은 방식으로 정보를 접하게 하여 레너드의 혼란스러운 심리 상태와 기억의 불확실성을 관객이 직접적으로 체험하게 만든다.

7장

포커스를 이용한 영상 표현과 의미

영화에서 포커스(초점)를 조절하는 것은 감독이 관객의 주의를 특정 대상에 집중시키는 데 매우 효과적인 방법이다. 이번 장에서는 포커스를 이용한 영상 표현과 그것이 의미하는 바에 대해 살펴보자. 포커스를 이용한 영상 표현에는 딥 포커스(deep focus), 쉘로우 포커스(shallow focus), 랙 포커스(rack focus) 등이 있다.

1. 딥 포커스

딥 포커스는 화면에 인물이나 사물을 전경, 중경, 후경으로 나누어 배치하고 화면의 모든 부분에 선명하게 초점을 맞추어 촬영하는 것이다. 주요 대상과 더불어 연관성이 있는 피사체를 화면에 체계적으로 배치하는 구도를 통해 의미를 담아낼 수 있다.

[그림 7-1]은 앞서 2장에서 본 〈시민 케인〉의 어린 시절 장면이다. 이 장면에서 각 인물은 나름의 의미를 가지고 배치되어 있으며, 이러한 의미가 관객에게 잘 전달될 수 있도록 딥 포커스 촬영을 통해 화면 내 모든 요소를 선명하게 제시했다. 구체적으로 살펴보면, 여덟 살 케인은 방 안

[그림 7-1] 〈시민 케인〉, 오손 웰스, 1941

에서 어머니와 대처가 그의 미래를 결정짓고 있는 동안 집 밖 눈밭에서 썰매를 타며 놀고 있다. 화면의 전경에는 케인의 어머니와 후견인 대처가 있고, 중경에는 케인의 아버지가 서 있다. 그리고 창문 너머 후경에는 눈밭에서 놀고 있는 어린 케인이 보인다. 이처럼 화면의 전경, 중경, 후경에 놓인 모든 요소가 선명하게 보이는데, 이는 딥 포커스로 촬영되었기 때문이다.

이 장면은 각 부분에 위치한 요소들이 각기 나름의 의미를 가지고 배치

되었기 때문에 딥 포커스로 촬영되었다. 앞서 2장에서 설명한 바와 같이, 화면의 전경인 오른쪽 하단에는 케인의 어머니와 후견인 대처가 있다. 이들은 케인의 입양과 상속을 결정하는 중요한 인물들이다. 따라서 화면의 무게감이 있는 오른편에 위치시킨 것이다. 화면의 중경인 왼쪽에는 케인의 아버지가 있다. 아들의 입양과 상속을 지켜보는 술주정뱅이 아버지를 화면의 왼편에 배치해 그의 영향력이 크지 않음을 시각적으로 보여 준다. 화면의 후경에는 눈밭에서 놀고 있는 케인의 모습이 창문 프레임 안에 갇힌 듯 제시되는데, 이는 집 안에 있는 어른들에 의해 미래가 결정되는 어린 케인의 운명을 시각화한 것이다. 이처럼 등장인물들의 화면 배치 하나하나가 각기 나름의 의미를 담은 채 세밀하게 구도화되어 있다. 이러한 화면의 요소들을 모두 선명하게 보여 주어야 그 의미가 잘 전달될 수 있으므로 딥 포커스를 사용하는 것이다.

〈시민 케인〉은 이 장면뿐만 아니라 거의 모든 장면에서 전경, 중경, 후경에 인물 또는 사물을 의미 있게 배치하고 초점을 맞추어 촬영함으로써 사건의 중요한 정보를 선명하게 드러낸다.

딥 포커스는 한 화면 내에서 특정 요소를 강조함 없이 제시하는 것이기 때문에, 딥 포커스로 구성된 화면에서 관객은 다양한 요소 중 볼 것을 스스로 선택해서 보며 해석할 수 있다. 따라서 관객은 제작자가 의도한 영화의 의미를 수동적으로 받아들이는 것이 아니라 영화의 의미 해석에 능동적으로 참여할 수 있다.[1]

이러한 딥 포커스 촬영은 당시 촬영감독이었던 그렉 톨랜드(Gregg

Toland)가 시도했다. 〈시민 케인〉을 촬영할 당시 톨랜드는 MGM 영화사 소속의 유명한 촬영감독이었다. MGM은 톨랜드가 원하면 다른 영화사 영화도 촬영할 수 있게 해 주었다. 당대 최고의 촬영가가 다른 영화사로 가지 못하도록 최고의 대우를 한 것이다. 톨랜드는 〈시민 케인〉의 촬영을 맡기 위해 오손 웰스 감독을 설득했고, 웰스의 소속사인 RKO는 MGM에 모든 비용을 지불하고 톨랜드가 이끄는 촬영 팀이 〈시민 케인〉을 촬영할 수 있도록 했다. 톨랜드는 화면의 특정한 요소에만 포커스를 맞추는 촬영을 좋아하지 않았다. 그는 화면의 전경, 중경, 후경에 모두 포커스를 맞추는 딥 포커스 촬영을 선호했는데, 이 기술이 실제 인간의 눈이 사물을 바라보는 방식과 유사하다고 생각했기 때문이다. 톨랜드는 웰스를 설득한 끝에 〈시민 케인〉에서 딥 포커스 촬영의 진수를 보여 주었다. 웰스는 〈시민 케인〉 엔딩 크레딧에 톨랜드의 이름을 따로 올림으로써 그에게 경의를 표했다. "이전까지는 스타나 감독, 제작자만이 독립된 크레딧을 가질 수 있었지만 그렉은 충분히 그럴 자격이 있다. 그는 명실공히 현존하는 최고의 촬영감독이다"라며 톨랜드를 칭송했다(최은영, 2004.9.17).

---

1 딥 포커스에 의해 관객 스스로 볼 것을 선택하고 해석할 수 있다는 논리에 대해 비판적인 시각도 있다. 왜냐하면 관객의 시선은 소리, 피사체의 움직임, 카메라의 앵글과 움직임 등을 따라가기 때문이다. 즉, 관객에게 롱 숏으로 다양한 영상 정보가 제시되어도 말하는 사람 또는 움직이는 사람에게 시선이 갈 수 밖에 없기 때문에 영화의 수용과 해석에서 관객의 능동성은 상당히 제한적이라는 것이다(최현주, 2018a: 120).

2. 〈화양연화〉와 〈이터널 선샤인〉에 사용된 쉘로우 포커스

쉘로우 포커스는 화면의 매우 제한된 부분만 선명하게 하고 나머지는 흐리게 만드는 기법이다. 이 방식은 관객의 주목을 특정 인물이나 물체에 집중시키는 데 유용하다. 예를 들면, 등장인물이 기쁨이나 깊은 슬픔을 경험할 때 배경이나 주변이 흐려지면서 그 감정에 더 집중할 수 있게 만든다. 즉, 쉘로우 포커스는 인물의 감정 상태를 시각적으로 표현하는 데 사용될 수 있다.

1) 〈화양연화〉에 사용된 쉘로우 포커스

왕가위 감독의 〈화양연화〉(2000)는 앞서 2장에서 살펴본 것처럼, 프레임 내에 프레임을 배치하거나, 인물을 전경에 배치하거나, 좁은 골목길에서의 마주침을 표현하면서 프레임 전체가 아니라 일부분만 사용하여 답답한 느낌을 준다. 그런데 이에 더해 [그림 7-2]와 같이, 포커스 또한 쉘로우 포커스로 특정 부분만 강조하기도 한다. 한 화면 안에서 특정 부분만 선명하게 촬영함으로써 그 사람의 감정을 더 강조하고, 관객이 그의 감정에 동화될 수 있도록 한다. 그뿐만 아니라 답답한 화면 구도에 포커스까지 쉘로우로 촬영하여 답답

[그림 7-2] 〈화양연화〉, 왕가위, 2000

함을 배가하고 있다.

2) 〈이터널 선샤인〉에 사용된 쉘로우 포커스

[그림 7-3]은 미셸 공드리 감독의 〈이터널 선샤인〉의 한 장면이다. 앞서 색채 미장센을 설명할 때 등장한 영화인데, 클레멘타인이 조엘과 함께 거리를 걸어가며 아기를 갖고 싶다고 말하는 장면이다. 조엘이 자신은 준비가 안 되었다고 말하자 이 둘은 이 문제를 가지고 싸운다. 조엘은 클레멘타인과 헤어지고 난 후, 그녀가 자신에 대한 기억을 지웠다는 사실을 알고서 자신도 그녀에 대한 기억을 지운다. 이 장면에서 카메라는 조엘에 초점을 맞추고 있고 클레멘타인과 주변 배경은 점점 흐려지고 사라지기 시작한다. 클레멘타인에 대한 기억이 삭제됨을 포커스를 이용해 효과적으로 표현했으며, 이는 심리적 혼란과 기억의 소실을 시각적으로 나타낸다.

[그림 7-3] 쉘로우 포커스(〈이터널 선샤인〉, 미셸 공드리, 2004)

3. 〈파수꾼〉에 사용된 랙 포커스(초점 이동)

랙 포커스는 한 화면 내에서 초점을 한 피사체에서 다른 피사체로 이동시키는 것이다. 즉, 화면의 한 부분에만 초점이 선명하게 맞춰지고 다른 부분은 흐릿한 상태에서, 초점이 맞던 피사체의 초점은 흐려지고 대신 흐릿했던 피사체에 초점이 분명하게 맞춰지는 것이다. 이러한 포커스 이동은 한 화면 내에서 시각적인 정보를 의도적으로 축소시켜 강조함으로써, 포커스가 없는 부분에 비해 포커스가 있는 부분에 관객의 시선을 집중시키고 의미의 중요성을 부가한다. 즉, 숏을 이어 붙이지 않고 카메라를 움직이지 않으면서도 한 공간 내에서 주목하여 볼 것을 강조하며 강렬하게 전달하는 방식이다. 이를 통해 관객의 주의를 한 인물이나 물체에서 다른 인물이나 물체로 자연스럽게 옮길 수 있다.

그럼, 윤성현 감독의 〈파수꾼〉(2010)[2]에 등장하는 랙 포커스 장면을 보자. 〈파수꾼〉은 서로가 전부였던 세 명의 고등학생, 기태(이제훈), 동윤(서준영), 희준(박정민)의 이야기이다. 영화의 줄거리를 보면, 이들에게 자그마한 오해가 생기는데, 소통이 미숙해서 오해가 점점 커지고 급기야 기태가 자살하는 데 이른다. 이 영화는 기태의 아버지(조성하)가 아들이 자살

---

2 이 작품으로 청룡영화상과 대종상 영화제의 신인감독상을 수상했으며, 스위스 블랙무비 영화제 젊은심사위원상, 홍콩 국제 영화제 국제비평가협회상 등을 수상하며 많은 관심을 받았다.

[그림 7-4] 랙 포커스(〈파수꾼〉, 윤성현, 2010)

한 이유를 알기 위해 친구들을 찾아다니는 현재 시점의 장면, 그리고 기태·동윤·희준의 과거 시점의 장면이 마구 얽혀 제시된다.

[그림 7-4]는 교실에서 말타기 놀이에 동참하지 않는 희준의 행동에 이상함을 느낀 동윤이 교실 밖 복도에서 희준에게 왜 그러는지를 묻는 씬의 한 장면이다. 희준은 아무 일 없다며 동윤과 이야기를 끝내고 교실에 돌아오는데, 뒷자리에 앉아 있는 기태가 희준을 바라보고 있다. 처음에는 한 화면 속에서 희준에게만 초점이 맞았다가 이내 그를 바라보는 기태에게로 초점이 이동된다. 기태의 시선은 복도에서 막 들어와 자리에 앉는 희준에게 꽂혀 있다. 이런 랙 포커스로 인해 희준의 행동을 기태가 예의 주시하고 있음을 명확하게 느낄 수 있다.

영화 중반부에서 얻어맞은 희준을 보고 화가 난 동윤이 기태와 대화를 나누는 장면 또한 랙 포커스로 촬영되었다. 동윤이 기태에게 희준을 왜 때렸는지 묻지만 기태는 설명 못 하는 것도 있다면서 뒤돌아 나가는데, 동윤은 그런 기태를 불러 세운다. 기태가 돌아서면서 아웃 포커스 되어 있던 동윤에게로 초점이 이동한다. 동윤은 "이제 그만하자. 한 번만 더 그러면 이젠 진짜 가만 안 있는다"라고 말한다. 이러한 랙 포커스로 인해 말하는 동윤에 대한 집중도를 시각적으로뿐만 아니라 청각적으로도 높인 것이다.

4. 화면 전체에 사용된 아웃 포커스

아웃 포커스(out-of-focus)는 특정 대상에만 초점을 맞추고 그 외에는 의도적으로 흐리게 하여, 관객의 주목을 초점이 맞춰지는 곳으로 유도하는, 앞서 살펴본 쉘로우 포커스이다. 아웃 포커스는 쉘로우 포커스와 같은 의미이지만, 여기서는 화면 전체를 초점 범위에서 벗어나게 촬영하는 경우를 의미하는 용어로 사용하기로 한다. 전체 화면을 아웃 포커스로 촬영하면 대상은 형태가 불분명해지면서 디테일을 알아볼 수 없게 된다. 이는 영화가 현실 세계를 있는 그대로 표현하려는 경향을 벗어나는 것으로, 이러한 전체 화면 아웃 포커스 또한 미장센의 표현 도구로 사용될 수 있다. 즉, 전체 화면 아웃 포커스를 통해 무언가 의미하는 바를 표현할 수 있다.

[그림 7-5] 아웃 포커스(〈파수꾼〉, 윤성현, 2010)

[그림 7-5]는 〈파수꾼〉의 오프닝 장면에서 나오는 첫 번째 숏이다. 남자 고등학생 한 무리가

카메라를 향해 걸어오는데 포커스가 흐려서 이들의 얼굴을 명확하게 식별하기 어렵다. 아웃 포커스로 시작한 화면은 금세 명확한 초점으로 바뀔 것이라는 관객의 기대와는 달리 한동안 지속된다. 포커스가 잡히지 않은 화면이 답답함과 궁금증을 유발하여 관객은 화면에 더욱 집중하게 된다.

[그림 7-6]은 린 램지(Lynn Ramsay) 감독의 〈케빈에 대하여(We need to talk about Kevin)〉(2011)에 등장하는 전체 화면 아웃 포커스 장면이다. 주인공 에바의 아들 케빈은 성장하면서 점점 더 폭력적이고 반항적인 성향을 드러내는데, 결국 심각한 범죄를 저지르고 만다. 케빈이 다니는 고등학교에서 사건이 발생했다는 연락을 받고 현장에 도착한 에바의 시점에서 바라본 현장의 불빛을 아웃 포커스로 담아냈다. 포커

[그림 7-6] 아웃 포커스(〈케빈에 대하여〉, 린 램지, 2011)

스를 선명하게 맞추지 않음으로써 에바의 불안정한 시각을 표현한 것인데, 이는 에바의 불안한 심리 상태를 반영한 것이다. 이처럼 포커스를 통해 인물의 심리를 표현할 수도 있다.

8장

장소/공간 및 소도구 미장센

인간이 삶을 영위하는 환경으로서의 공간은 영화에서 극 중 인물을 이해하는 데 중요한 단서가 된다. 장소를 보여 주는 것 자체가 등장인물의 성격과 심리를 나타내고, 인물의 삶을 응축해서 보여 줄 수 있다.

또한 화면에 배치된 사물과 소품은 감독이 추구하는 영상 미학적 구도를 완성시키는 수단일 뿐만 아니라, 의미나 감정을 시각적으로 표현하는 수단으로도 작용한다. 사물이나 소품의 의미를 알아차리지 못한다고 해서 영화를 이해하지 못하는 것은 아니지만, 그것들의 의미까지 이해한다면 영화를 더욱 풍성하게 음미할 수 있다.

1. 〈기생충〉: 공간과 소도구, 사회적 계층을 시각적으로 대비하다

1) 공간 미장센

〈기생충〉은 2019년에 개봉한 영화로, 봉준호[1] 감독이 직접 각본까지 맡았다. 〈기생충〉은 제72회 칸 영화제에서 한국 영화 최초로 황금종려상을 수상했고, 제92회 아카데미 시상식에서는 오스카 역사상 비영어권 최초로 작품상을 수상했으며, 감독상, 각본상, 국제장편영화상까지 수상했다.

이 영화는 극단적인 계층 갈등과 사회 불평등을 풍자한 작품으로, 기택(송강호)의 가족과 박동익 사장(이선균) 가족의 이야기를 중심으로 전개된다. 기택의 가족은 생활고에 시달리는 반면, 박 사장 가족은 부유한 상류층에 속한다. 영화는 기택의 아들 기우(최우식)가 가짜 이력서를 가지고 박 사장 집에 고액 과외 선생님으로 취업하는 데서 시작된다.

기택의 가족은 박 사장 집에 근무하던 직원들을 교묘하게 밀어내고 취업한다. 기우의 동생 기정은 미술 선생님으로, 아버지 기택은 운전기사로,

---

1 봉준호의 감독 데뷔작은 〈플란다스의 개〉(2000)이다. 그러나 그의 이름을 널리 알린 작품은 〈살인의 추억〉(2003)으로, 이 영화는 실제 한국의 연쇄살인 사건을 바탕으로 하며, 탁월한 연출과 긴장감 넘치는 스토리로 큰 주목을 받았다. 2006년에는 〈괴물〉이 천만 관객을 돌파하며 큰 성공을 거두었다. 2009년에는 한 어머니의 극단적인 모성애를 그려 낸 〈마더〉를 발표하여 그의 이름을 영화계에 각인시켰다. 2013년에는 〈설국열차〉로 국제 영화 시장에 본격적으로 진출했다. 봉준호 감독이 전 세계적으로 가장 주목 받은 작품은 〈기생충〉(2019)이다.

어머니 충숙은 가정부로 취업한다. 어느 날, 박 사장 가족이 집을 비운 사이 기택네 가족은 박 사장의 저택에서 먹고 마시며 시간을 보낸다. 그러던 중, 해고된 가정부인 문광(이정은)이 갑자기 찾아오는데, 알고 보니 박 사장네 지하 비밀 방공호에 문광의 남편 근세(박명훈)가 숨어 살고 있었다. 서로의 비밀을 알게 된 기택의 가족과 문광은 싸우게 되고, 문광과 근세는 방공호에 갇힌다.

다음 날 열린, 박 사장의 아들 다송의 생일 파티에서 근세가 갑자기 칼을 들고 나타나 기정을 덮치며 생일 파티는 아수라장이 되고 만다. 그 아수라장 속에서, 박 사장은 근세에게 배어 있는 지하실 냄새에 코를 막고 차 키를 가져가는데, 순간 기택은 박 사장을 칼로 찔러 살해하고 잠적해 버린다. 시간이 흘러 기우는 박 사장 집을 관찰하다 전등이 깜빡거리는 모스 신호를 발견한다. 이를 해석한 기우는 아버지 기택이 방공호에 숨어 있음을 알게 되고, 언젠가 돈을 많이 벌어 박 사장 집을 사게 되는 날 기택을 구해 낼 것이라는 각오를 다지며 영화는 끝이 난다.

봉준호 감독은 〈기생충〉에서 시각적으로 강렬한 미장센을 사용하여 각 장면의 의미와 분위기를 강조한다. 특히 주목할 만한 부분이 공간 구성의 미장센이다. 영화는 공간 구성을 통해 두 가족의 생활 환경과 그들의 사회적 위치를 상징적으로 표현한다. 이에 대해 좀 더 구체적으로 살펴보자.

(1) 생활 공간의 대비: 반지하 주택과 언덕 위 저택

〈기생충〉은 세 개의 수직 공간을 통해 한국 사회 각 계층의 생활 수준을 보여 준다. 첫 번째 공간은 기택네 가족의 공간인 반지하 집이다. 기택네가 사는 반지하 공간은 길거리보다 낮은 위치에 있는 어둡고 좁은 공간으로, 창문을 통해 거리를 바라보면 사람들의 발만 보일 정도이다. 이러한 공간은 기택네 가족의 열악한 생활 환경과 낮은 사회적 위치를 시각적으로 보여 준다. 특히 비 오는 날 집이 물에 잠기는 장면은 그들의 취약한 환경을 극적으로 드러낸다. 반지하 공간은 지상과 지하의 중간적 위치로, 지상으로 도약할 수도 있는 공간이지만 다시 지하로 하강할 수도 있는 위치이다. 기택의 가족은 지상으로의 도약을 꿈꾸지만 결국 일부는 죽음을 맞이하고 기택은 더 깊은 지하 공간에 갇혀 버린다(김수정, 2020).

두 번째 공간은 언덕 위 높은 곳에 위치한 고급 단독 주택으로 박동익 사장 가족의 공간이다. 박 사장 가족의 집은 통유리창을 통해 자연광이 쏟아져 들어오는 넓고 밝은 공간으로, 큰 유리창으로 정원과 하늘이 내다보이는 탁 트인 구조이다. 이러한 공간은 부유한 생활 환경과 높은 사회적 위치를 나타낸다. 즉, 사회적으로 상류층의 생활 공간인 것이다.

세 번째 공간은 박 사장 집의 지하 벙커로, 가정부인 문광과 그의 남편 근세가 거주하던 공간이다. 이들은 박 사장 가족이 이 집으로 이사 오기 전부터 이곳에 살고 있었다. 박 사장 집의 지하 벙커는 더 이상 내려갈 곳 없는 깊은 어둠의 공간으로, 사회의 가장 밑바닥, 즉 극빈층의 사회적 위치를 시각적으로 나타낸다. 문광의 남편인 근세가 지하실에 갇혀 살아가는 모습은 사회적으로 완전히 고립된 극빈층의 고통과 절망을 보여 준다.

〈기생충〉은 이렇듯 수직적으로 구분된 세 공간을 사용하여 세 가족의 사회적 지위 차이를 시각적으로 드러낸다. 그뿐만 아니라 박 사장 집의 넓고 깨끗한 공간과 기택 가족의 좁고 어두운 반지하 집을 대비시킨다. 또한 박 사장의 집은 깔끔하고 대칭적인 구조를 사용하여 질서와 조화를 보여 주며, 기택 가족의 집은 혼란스럽고 불규칙한 배열을 사용하여 무질서를 보여 준다. 감독은 이러한 시각적 대비를 통해 계층 간 생활 수준의 극명한 차이를 시각적으로 전달한다.

(2) 계단: 상승 vs. 하강

〈기생충〉은 또한 계단의 의미를 잘 보여 준다. 영화에서 박 사장의 집으로 가는 길은 여러 계단을 올라가야 한다. 박 사장 집의 초인종을 누르기 위해서는 계단을 올라서야 하며, 대문을 열고 집의 현관문까지 가기 위해서도 정원에 있는 계단을 올라야 한다. 집의 1층 거실에서 2층으로 가기 위해서도 계단을 올라야 한다. 이렇듯 계단을 올라가야 하는 그들의 거주 공간은 그들의 높은 사회적 지위를 상징적으로 보여 준다.

반면 기택 가족의 반지하 집은 지하로 내려가는 계단을 통해 접근할 수 있는데, 이는 그들이 사회적으로 낮은 위치에 있음을 상징한다. 근세가 지내는 공간인 박 사장 집의 지하 벙커로 들어가기 위해서는 1층 부엌에서 지하 창고로, 다시 지하 창고에서 지하 벙커까지 계단을 계속 내려가야 한다. 이는 기택 가족의 사회적 위치보다도 더 낮은 사회 극빈층을 시각화한 것이다.

이와 같이 영화에서 계단은 집과 더불어 계층적 차이를 보여 주는 장치이다. 계단은 건축에서 권력을 보여 주기 위해 발명한 것이라고 한다. 고대 건축물에서 권력자는 타인을 내려다볼 수 있는 계단 위에 거(居)하고, 낮은 계급은 그를 우러러보는 계단 아래 위치하여 계단으로 권력을 형상화했다. 권력을 가진 이들이 건축물을 만들 때 자신들의 권력을 과시하기 위해 만든 특별한 건축 장치가 바로 '계단'이라는 것이다(유현준, 2021.2.20).

또한 계단이라는 공간에서의 상승과 하강은 다른 계층으로의 이동을 상징한다. 즉, 계단의 상승과 하강은 기택 가족의 사회적 욕망과 좌절을 나타낸다. 기택 가족 구성원들이 박 사장의 집에 취업하는 과정은 계단을 올라가는 것으로 묘사된다. 기우가 처음 박 사장 집으로 들어갈 때 카메라는 그가 올라가는 계단을 따라 천천히 이동한다. 박 사장 집 대문에서 정원으로 인도하는 옥외 계단을 올라가, 집 안 곳곳을 연결하는 실내 계단을 올라간다. 계단을 통한 이러한 상승 움직임은 기우의 사회적 상승을 시각적으로 표현한 것이다.

반면에 기택 가족이 자신들의 반지하 집으로 돌아가는 장면은 계단을 끊임없이 내려가는 것으로 표현된다. 박 사장 가족이 폭우 때문에 급작스럽게 캠핑을 취소하고 집으로 돌아오자, 박 사장 집에서 파티를 벌이던 기택 가족은 가까스로 몰래 빠져나와 자신들의 반지하 집으로 돌아간다. 기택 가족이 박 사장 집에서 자신의 집으로 돌아가는 길은 좁고 수많은 골목의 긴 계단으로 이어져 있다. 쏟아지는 폭우를 맞으면서 주택가 긴 계단을 끊임없이 내려가는 하강 움직임은 그들의 사회적 추락을 상징한다. 프레임 상단에서 하단으로 수직 하강하는 기택 가족의 동선은 한순간 상승했다가 다시 본연의 자리인 낮은 곳으로 추락하는 기택 가족의 상황을 은유적으로 보여 준다(안병택, 2021).

〈기생충〉에서 계단은 영화 내내 반복적으로 등장하는데, 계단은 단순한 건축적 요소를 넘어 계층적 차이와 인물들의 사회적 상승 및 하강을 형상화하며 매우 중요한 상징적 요소로 사용된다.

(3) 골목길: 좁고 너저분한 골목길 vs. 넓고 깨끗한 골목길

〈기생충〉에서 골목길은 중요한 상징적 요소로 사용된다. 골목길은 기택 가족의 이동 경로로 자주 등장하며, 그들의 사회적 위치와 현실 제약을 상징한다. 기택의 아들 기우가 박 사장 딸의 과외 선생으로 박 사장네를 처음 방문하는 장면을 보자. [그림 8-1]의 왼쪽은 과외 면접을 보러 가는 기우가 집을 나서는 장면이다. 골목길은 한 사람이 겨우 지나다닐 만큼 매우 좁고 너저분하다. 영화에서 기택이 사는 집은 가난한 저지대 지역으

[그림 8-1] 〈기생충〉, 봉준호, 2019

로, 기택의 가족이 좁은 골목길을 따라 이동하는 장면들은 그들의 사회적, 경제적 상황이 얼마나 제한적인지를 드러낸다.

[그림 8-1]의 오른쪽은 기우가 과외 면접을 보기 위해 박 사장의 집이 있는 언덕의 골목길을 걸어 올라가는 장면이다. 박 사장의 집은 언덕 위 저택으로, 언덕으로 올라가는 골목길은 매우 넓고 깨끗하다. 박 사장의 경제적 능력과 사회적 지위를 골목길에서도 느낄 수 있다.

이와 같이 〈기생충〉에서는 사회적 격차를 골목길이라는 공간을 통해서도 시각적으로 전달한다.

2) 소도구 미장센

(1) 수석: 물질적 욕망

〈기생충〉에서 수석은 중요한 상징적 요소로서 다양한 의미를 내포하고 있다. 수석은 기우의 친구가 '기우 가족에게 재산이 될 것'이라며 준 것으로, 가족에게 부와 행운을 가져다준다는 의미가 담겨 있다. 기우의 가족이 경제적 어려움을 극복하고 사회적 상승을 이루기 바라는 욕구의 상징으로 등장한다. 실제로 수석이 기택의 집에 들어온 후, 행운과 재물이 뒤따른다.

영화가 진행되면서 수석은 기우에게 무게와 부담으로 다가온다. 계속해서 수석을 들고 다니는 기우의 모습은 그가 가족을 책임져야 한다는 부담감과 사회적 상승에 대한 압박감을 느끼고 있음을 나타낸다. 또한 영화 후반에 수석은 폭력의 도구로 사용되어 기우와 그의 가족에게 비극을 가져온다. 다송의 생일 파티가 열리는 날, 기우가 문광과 근세를 죽이기로 마음먹고 수석을 들고 지하 벙커로 내려간다. 기우는 근세와 몸싸움을 하다가 쓰러지고, 근세가 쓰러진 기우의 머리 위에 수석을 던진 후 지하 벙커에서 나와 정원 파티장으로 향해 기정을 죽인다. 이는 물질적 욕망이 결국 파멸로 이어질 수 있음을 암시한다. 즉, 그가 추구하는 부와 행운이 실제로는 폭력적인 결과를 가져다줄 수 있음을 상징적으로 보여 준다.

(2) 맥주: 경제적 상황을 나타내는 지표

기택 가족이 모두 백수였을 당시 반지하 방에 모여 맥주를 마시는 장면이 있는데, 이들이 마시는 맥주는 '필라이트(FiLite)'이다. 이 맥주는 한국의 대형 맥주 제조 업체인 하이트 진로에서 생산하는 제품으로 가격이 매우 저렴하다. 필라이트 맥주는 영화 속 기택 가족의 사회적 계층과 경제적 상황을 상징적으로 보여 준다. 맥주 한 캔을 나눠 마시는 모습은 기택 가족의 친밀감과 일상의 소박함을 보여 주는 동시에, 그들이 처한 경제적 현실의 제약을 부각시키는 강력한 시각적 요소로 작용한다.

영화에 등장하는 또 다른 맥주는 삿뽀로 맥주로, 박 사장 가족이 즐긴다. 삿뽀로 맥주는 일본에서 수입한 고가의 맥주로 박 사장 가족의 사회적 지위와 문화적 취향을 간접적으로 보여 준다. 즉, 삿뽀로 맥주는 가족의 부유함과 고급스러운 생활 습관을 상징적으로 나타낸다. 기택 가족도 일 가족 모두 박 사장 집에 취직한 후 '삿뽀로'로 맥주 브랜드 수준을 높인다.

기택 가족이 마시는 필라이트 맥주와 박 사장 가족이 마시는 삿뽀로 맥주의 대비는 계층 간 차이를 뚜렷하게 드러낸다. 이렇게 영화는 맥주 선택을 통해 각 가족의 생활 방식과 계층을 상징적으로 표현하며, 두 가족 사이의 경제적 및 문화적 격차를 강조한다. 이는 봉준호 감독이 일상적인 물건을 사용하여 깊은 의미를 전달하고, 계층 간 차이를 드러내고 있음을 보여 준다.

(3) 짜빠구리: 경제적 격차를 보여 주는 지표

영화에서 짜빠구리 또한 중요한 상징적 요소로 등장한다. 짜빠구리는 한국에서 인기 있는 인스턴트 라면인 짜파게티(짜장면맛 라면)와 너구리(해물맛 라면)를 섞어 만드는 요리이다. 많은 한국인이 간편하게 만들어 즐겨 먹는 음식이라고 할 수 있다.

영화에서 박 사장의 아내가 캠핑에서 갑작스럽게 집으로 돌아오면서 가정부인 충숙에게 아이들을 위해 짜빠구리에 고급 한우를 첨가하여 요리해 달라고 지시한다.

짜빠구리는 원래 값싼 인스턴트 음식이지만, 고급 한우는 상류층이 즐길 수 있는 음식이다. 짜파게티는 상류층이든 하류층이든 누구나 손쉽게 즐겨 먹는 라면이라는 점에서 문화적으로 공유되는 음식이다. 하지만 상류층은 여기에 자신들의 취향에 맞게 고급 한우를 구워서 얹은 짜빠구리로 변형시킨다. 하류층은 경제적 부담으로 짜빠구리에 한우구이를 얹어서 먹기가 쉽지 않다. 따라서 고급 한우가 들어간 짜빠구리는 두 계층 간의 문화 공유를 드러내는 장치일 뿐만 아니라 경제적 격차를 보여 주는 상징적 장치이다. 이처럼 소품 하나에도 영화가 전달하고자 하는 사회적 의미가 담겨 있는 것을 볼 수 있다.

이상에서 살펴본 바와 같이, 봉준호 감독은 공간 구성 및 소도구 대조를 통해 두 가족의 생활 환경과 경제적 차이를 뚜렷이 드러내며 사회적 계층의 대비를 설정한다.

2. 〈아가씨〉: 공간과 소도구, 인물의 욕망을 드러내다

박찬욱 감독의 〈아가씨〉²(2016)는 미장센이 뛰어난 영화이다. 이야기가 시점에 따라 반복되는 구성으로 이루어져 있을 뿐만 아니라, 화면이 세밀하게 구성되어 있어서 한 번 봐서는 의도나 의미를 제대로 감상하기 힘든 영화이다.

---

2 〈아가씨〉는 사라 워터스(Sarah Waters)의 소설 『핑거스미스(Fingersmith)』(2002)를 각색한 영화이다. 〈아가씨〉의 원작인 『핑거스미스』에서는 빅토리아 시대가 배경이었는데, 영화에서는 일제 강점기가 배경이다. 이야기를 한국을 배경으로 펼치면서도 사회 계급 문제를 중요하게 다루기 위한 설정이라고 할 수 있다. 박찬욱 감독은 이전 작업에서도 소설을 각색하여 영화를 만들었는데, 〈공동경비구역 JSA〉(2000), 〈올드보이〉(2003), 〈박쥐〉(2009) 등이 그렇다. 그는 원작이 있는 작품을 각색해서 자신만의 색으로 풀어내는 데 탁월한 능력을 보여 주었다.

먼저 영화의 이야기 구성에 대해 면밀히 살펴보자. 이야기는 크게 세 부분으로 나뉘며, 각 부분은 다른 주인공의 관점에서 서술된다. 1부는 소매치기 출신인 '숙희(김태리)'의 시점이다. 그녀는 사기꾼인 '백작(하정우)'과 공모하고 부유한 일본계 상속녀인 히데코를 속여 그녀의 재산을 차지하려고 한다. 숙희는 히데코의 하녀로 들어가 히데코가 사기꾼 백작과 결혼하도록 부추기고, 결혼 후 히데코를 정신병원에 집어넣음으로써 재산을 사기꾼 백작과 함께 가로채려는 것이다. 그러나 숙희는 점차 히데코에게 색다른 감정을 느끼기 시작한다.

2부는 히데코의 관점으로 진행된다. 히데코는 어릴 적 부모를 잃고 후견인인 이모부 코우즈키(조진웅)의 엄격한 통제 아래서 살고 있다. 그녀는 처음부터 사기꾼 백작의 계략을 알고 있었으며, 사실은 숙희를 이용하여 이모부에게서 벗어나려는 계략을 백작과 함께 꾸몄던 것이다.

3부에서 숙희와 히데코는 서로를 속이며 점점 알 수 없는 감정을 갖게 된다. 서로의 진심을 확인한 두 사람은 서로를 속이고 있음을 밝히고, 역으로 백작을 속일 계획을 세운다. 탈출 직전 숙희는 그동안 저택에서 히데코에게 가해졌던 학대들을 알게 되고 분노한다. 둘은 이모부의 서재를 망가뜨리는데, 이를 통해 히데코는 코우즈키로부터 진정한 해방감을 느낀다. 결국 숙희와 히데코의 계획에 의해 이모부와 백작은 죽음을 맞이한다. 히데코는 그녀를 억압하던 이모부와 여러 남성들로부터, 숙희는 자신을 짓누르던 계급이란 사회적 틀로부터 진정한 탈출을 하게 되고, 둘은 동등한 사람으로서 사랑하며 상하이로 떠난다.

이처럼 영화는 이야기 구조가 매우 흥미롭다. 〈아가씨〉는 일반적인 영화들과 다르게 1, 2, 3부로 나뉘어 진행된다. 1부는 숙희의 시점에서 이야기가 전개되고, 2부는 1부에서 펼쳐졌던 이야기가 히데코의 시점에서 진행된다. 3부에서는 새로운 내용의 이야기가 전개된다. 즉, 1부에 등장한 장면이 2부나 3부에서 반복되면서 1부에서 진실로 표현된 일들이 사실은 거짓이었음이 드러나며 이야기가 완성된다.

이러한 이야기 구조를 가진 〈아가씨〉에서는 영화의 공간적 배경인 대저택과 그 안의 서재, 그리고 다양한 소도구들을 이용해 이야기에 풍성한 의미를 부여하는데, 이에 대해 구체적으로 살펴보자.

1) 공간 미장센 분석

(1) 코우즈키의 대저택

〈아가씨〉의 주요 무대는 대부분의 사건이 일어나는 코우즈키의 대저택이다. 코우즈키는 히데코의 이모부이자 후견인이다. 그는 일본을 동경하는 조선인으로, 몰락한 일본 귀족의 딸과 결혼하여 진정한 일본인이 되고 싶은 욕망을 품고 사는 인물이다. 그는 음란 서적을 모으고 되팔뿐 아니라, 음란 서적을 읽는 낭독회를 개최하는 악취미가 있다. 그는 히데코에게 신사들 앞에서 음란 서적을 읽도록 강요한다. 코우즈키는 히데코에게 복종을 강요하며 폭력을 가하는 억압적인 존재이다. 이런 코우즈키가 삶을 영위하는 공간인 대저택은 코우즈키라는 인물의 특징이 고스란히 반영된 곳이자, 그의 욕망을 드러내는 곳이다. 이 때문에 박찬욱 감독은 코우즈키의 대저택이 영화의 다섯 번째 주인공(히데코, 숙희, 백작, 코우즈키, 그리고 코우즈키의 대저택)이라고 밝힌바 있다(유이청, 2016.5.26). 이만큼 코우즈키의 대저택이 영화에서 매우 중요한 역할을 한다는 뜻이다.

코우즈키의 대저택은 일본식 건축물과 서양식 건축물이 결합된 매우 독특한 건물이다([그림 8-2]). 서로 다른 양식의 건물 두 채가 한 건물처럼 붙어 있는 기이한 구조이다. 영화 초반에 사사키 부인은 새로운 하녀로 들어온 숙희를 안내하며 "일본과 영국을 존경한 주인 코우즈키가 양쪽의 건축법을 본 따 지었다"라고 설명한다. 일본에는 실제로 한 공간 안에 서양식 건축과 일본식 건축이 공존하는 저택이 있다고 한다. 일본에 서구 문물이 들어오면서 그것에 매혹된 사람들이 만든 것이다. 따라서 코우즈키의 저택은 조선인의 모습에서 벗어나, 일본과 영국을 동경하는 일본인으로 살고 싶어 하는 코우즈키의 욕망을 그대로 드러낸다.

[그림 8-2] 코우즈키의 저택(〈아가씨〉, 박찬욱, 2016)

(2) 서재

영화에 등장하는 서재 또한 특별한 의미를 내포하고 있다. 서재는 수많은 포르노그래피 책들로 꽉 채워진 서양식 서고가 양쪽에 있는데, 이들 목재 책장은 고풍스러우며 섬세한 장식이 조각되어 있다. 서재 가운데 있는 통로 끝에 이르면, [그림 8-3]에서 보는 바와 같이, 계단 형식의 객석이 있고, 다다미로 된 바닥을 지나 무대가 있다. 신사들이 앉아 있는 관객석은 서양 양식이며, 히데코가 신사들 앞에서 음란 서적을 읽는 무대는 일본 양식이다. 관객석에서는 신발을 신고 있다가 무대에 들어갈 때는 신발을 벗는다. 이는 유럽 양식인 관객석과 일본 양식인 무대를 구분 짓는다. 바닥의 다다미 장판을 들어내면 실내 연못과 수석, 분재가 있는 정원의 모습이 드러난다. 이와 같이 코우즈키는 자기가 동경하는 일본과 서양 양식을 혼합하여 자신이 추구하는 이상적인 형식의 서재를 만든 것이다.

이곳은 평소에는 코우즈키의 집무실이지만, 귀족들을 초대해 변태적

[그림 8-3] 서재(〈아가씨〉, 박찬욱, 2016)

욕망을 공유하는 사교 공간, 히데코가 서책을 낭독하는 공연장이 되기도
한다. 따라서 서재는 코우즈키의 사대주의 사상과 변태적인 성적 욕망이
반영되어 있는 공간이라고 볼 수 있다.

(3) 지하실

서재의 다다미 바닥을 열면 나타나는 지하실은 코우즈키의 추악한 본
성이 드러나는 공간이다. 지하실은 코우즈키가 히데코를 감금의 공포로
억압하는 공간이기도 하고, 백작에게 잔인한 고문을 행한 공간이기도 하
다. 신사적인 외양과는 다르게 코우즈키의 잔인한 본성이 발현하는 공간
이 바로 지하실인 것이다.

지하실은 좁고 긴 복도를 통해 들어갈 수 있으며, 어둡고 음울한 조명
이 사용된다. 지하실 내부에는 다양한 고문 도구가 보인다. 이 좁은 공간
은 갇힌 느낌과 압박감을 주며, 코우즈키의 잔혹한 취미와 그의 통제 욕구
를 시각적으로 표현한다. 지하실이 단순한 물리적 공간을 넘어 심리적 공
포와 인간의 잔혹함을 드러내는 공간인 것이다.

(4) 코우즈키 저택의 담장

영화에서 담장은 물리적인 경계뿐만 아니라 인물의 심리적 장벽을 상
징적으로 나타내는 중요한 미장센 요소이다.

히데코가 숙희와 함께 코우즈키의 집에서 도망갈 때 코우즈키 저택의
담장이 낮음에도 불구하고 그녀가 넘어가지 못하는 장면이 있다. 담장의

높이가 터무니없이 낮은 데도 불구하고 히데코는 주저한다. 숙희가 히데코를 위해 발판으로 놓아 준 짐을 밟고서야 드디어 히데코는 담을 넘는다. 히데코는 어렸을 때부터 이모부인 코우즈키가 가한 폭력 때문에 그에게 심리적으로 조종되고 억압 받으며 자랐다. 히데코가 낮은 담장을 넘지 못하는 것은 그녀에게 어린 시절부터 가해진 억압과 학대 때문에 불안과 공포가 심리적으로 공고히 내면화되어 있기 때문이다. 여기서 담장은 단순히 물리적인 장애물이 아니라, 그녀의 내면에 자리 잡고 있는 심리적 장벽을 상징한다.

2) 소도구 미장센

(1) 손/장갑

영화에서 '손'은 욕망을 드러내는 도구로 사용된다. 히데코를 만지는 백작의 손이 여러 장면에서 등장하는데, 이는 그의 성적인 욕망을 표현한다. 영화 후반부에 이르면 백작은 코우즈키에게 손가락이 잘리는 고문을 당하는데, 이는 손이 상징하던 욕망의 해체를 의미한다.

사람이 자신의 손을 보호하고 자기의 맨손을 드러내지 않기 위해 끼는 장갑은 이 영화에서 인물의 속내를 감추기 위한 장치로 사용된다. 히데코는 처음 자신의 집을 방문한 백작을 만날 때도, 이모부와 함께 있는 백작을 만날 때도 장갑을 끼고 있고, 백작에게 그림을 배울 때도 장갑을 끼고 있다. 신사들 앞에서 외설스러운 책을 낭독할 때도, 그리고 백작과 식사하는 자리에서도 히데코는 장갑을 끼고 있다. 자신의 속내 및 계략을 숨기는 상징적인 도구로 장갑을 사용한 것이다. 하지만 히데코가 숙희와 단둘이 있을 때는 장갑을 끼지 않는다. 또한 영화 후반부에서 백작과 첫날밤을 보낼 때 히데코는 장갑을 벗고 칼로 백작을 위협하는데, 장갑을 벗음으로써 자신의 속내를 드러내고 진실로 마주한다는 것을 알 수 있다.

영화 엔딩에서 히데코는 남장을 하고 탈출에 성공한다. 숙희는 히데코의 가짜 수염, 결혼 반지, 장갑을 모두 모아 바다로 던진다. 이를 통해 히데코가 속내를 억압하며 살아 온 자신의 구속된 삶으로부터 해방되었음을 보여 준다.

(2) 거울

거울은 다른 사람들이 보지 못하는 자기 내면의 진실을 드러냄으로써 인물의 이중성이나 내적 갈등을 나타내는 장치로 사용되기도 한다.

히데코가 자신의 방에서 거울을 보는 장면은 그녀의 내면적 갈등을 상징적으로 보여 준다. 특히 히데코가 혼자 있을 때 거울 앞에 서서 자신의 모습을 보는 장면에서, 거울은 히데코가 겉으로 드러내는 모습과 내면의 진실한 감정 사이에서 생기는 내적 갈등을 시각적으로 표현하는 장치인 것이다.

[그림 8-4]의 장면은 이러한 거울 사용의 의도를 잘 보여 준다. 거울 앞 정면에는 백작을 기다리는 히데코의 긴장된 모습이 보이고, 저 멀리 떨어져 있지만 거울을 통해서 비친 숙희는 백작이 아직 오지 않았다는 것을

[그림 8-4] 〈아가씨〉, 박찬욱, 2016

전달한다. 하지만 사실 히데코는 백작을 기다리며 긴장된 척하는 연기를 하고 있었고, 숙희 역시 백작이 이미 도착했음을 알고 있었지만 아가씨에게 오지 않았다고 연기한 것이다. 영화에서 주인공들은 서로 속고 속이는 관계인데, 각 인물의 진실한 감정과 겉으로 보이는 모습 간에 존재하는 인물의 내적 갈등 또는 이중성을 거울이라는 장치를 통해 암시하고 있는 것이다.

(3) 방울

방울은 코우즈키가 어린 히데코를 조종하고 통제하기 위해 체벌 도구로 사용했던 것으로, 히데코에게는 공포의 도구이다. 하지만 영화의 엔딩 부분에서 히데코는 숙희와 사랑을 나눌 때 방울을 쾌락의 도구로 이용한다. 징벌의 수단이었던 방울을 쾌락의 도구로 바꾼 것으로, 이는 코우즈키의 굴레에서 벗어나 변화된 히데코의 모습을 보여 주기 위한 것이다.

(4) 사탕

영화에서 사탕은 숙희와 히데코 사이의 관계와 감정 변화를 표현하는 데 사용된다. 숙희와 히데코가 처음 만나는 장면에서 숙희는 히데코에게 사탕을 준다. 사탕을 통해 숙희는 히데코와 친밀감을 조성하려고 한다.

사탕은 또한 히데코가 목욕할 때도 쓰인다. 사탕은 숙희가 히데코에게 특정 상황에 대한 좋은 감정이 들게 하도록 사용하는 도구인 것이다. 히데코를 목욕시키면서 숙희는 다음과 같이 말한다. "이모가 애기 씻길 때 사탕을 물리거든요, 목욕이 얼마나 달콤한지 가르쳐 준다고요." 또한 두 사람은 사탕을 시발점으로 사랑을 나누는 데까지 이르게 된다. 사탕을 통해 두 사람 사이의 애정 및 정서적 연결을 표현한 것이다.

이렇게 〈아가씨〉에서 사탕은 단순한 먹거리 이상의 의미를 갖는다. 사탕은 대상에 대해 좋은 감정을 갖게 하는 도구로 사용되었는데, 두 사람의 관계가 발전해 감에 따라 단순한 친밀감 또는 호감을 나타내는 도구에서 애정 또는 정서적 유대감까지 상징하는 도구로 그 의미가 확대된다.

이상에서 살펴본 것처럼, 이 영화에서는 여러 가지 소도구들을 사용해 영화에 풍성한 의미를 시각적으로 더했다.

3. 〈파수꾼〉: 공간과 소도구, 소통의 상태를 나타내다

7장 포커스 부분에 등장했던 〈파수꾼〉에서 사용된 장소 및 소도구 미장센에 대해 살펴보자.

1) 장소 미장센: 폐 기차역

〈파수꾼〉에 등장하는 주요 장소 중 하나가 바로 폐 기차역이다. 폐 기차역은 영화 초반에 등장인물들의 아지트로 등장한다. 기태, 동윤, 희준은 학교를 마치면 매일 폐 기차역에서 캐치볼 놀이를 하며 논다. 이들의 놀이 공간이자 만남의 공간이 바로 폐 기차역이다. 세 사람은 한때 절친한 친구였지만, 이 폐허 속에서 서로의 진짜 감정을 이해하지 못하고 관계의 균열이 시작된다. 기차역은 원래 많은 사람들의 교차점이자 만남의 장소이다. 그러나 폐 기차역은 과거에는 활발했으나 이제는 버려진 쓸쓸하고 황폐한 장소로서 그 어떤 소통도 이루어지지 않는다. 따라서 폐 기차역이라는 공간 자체가 소통의 부재와 단절을 의미하며, 이곳에서 주로 주인공들의 불화, 오해, 그리고 감정적 단절이 드러난다. 따라서 폐 기차역은 인물들이 소통하고 싶어 하지만 실제로는 단절되는 장소인 것이다. 친구 간에 오가는 감정과 대화가 더 이상 원활하지 않고, 각자의 상처와 비밀을 품은 채 제대로 소통하지 못하는 상황이 이 장소를 통해 표현된다.

희준과 동윤이 폐 기차역에서 대립하는 장면도 중요하다. 희준은 기태와의 관계에서 느끼는 불안과 혼란을 해소하지 못한 채, 동윤에게 적대적인 태도를 보인다. 폐 기차역에서 이 둘이 마주한 순간은, 이들의 관계가 더 이상 진전될 수 없는 한계에 도달했음을 상징한다. 폐 기차역의 버려진 모습은 이들의 관계가 회복되지 못할 정도로 망가졌음을 시각적으로 나타내며, 이 공간에서 벌어지는 갈등은 그들의 우정이 깨지고 있다는 메시지를 전달한다.

동윤이 혼자 폐 기차역에 있는 장면은 그가 느끼는 고립감과 내면의 혼란을 표현한다. 동윤은 말없이 기차역 벽에 기대 있거나, 주위를 둘러보며 혼자만의 시간을 보낸다. [그림 8-5]는 동윤이 외부 세계와 단절된 상태에서 자신의 감정을 억누르고 있다는 것을 상징적으로 보여준다. 폐허가 된 기차역의

[그림 8-5] 폐 기차역(〈파수꾼〉, 윤성현, 2010)

이미지가 동윤의 마음 상태를 반영하는데, 그가 자신이 속한 세계에서 길을 잃은 채 방황하고 있음을 드러낸다.

한때 역동적이었으나 지금은 기능을 잃어버린 기차역처럼, 인물들 역시 한때는 가까운 친구 사이였지만 시간이 지나면서 그 관계가 깨지고 무너진 것이다. 이 폐허는 인물들이 겪는 내면의 고립감과 상실감을 반영한다.

이처럼 〈파수꾼〉에서 폐 기차역은 단순한 배경을 넘어, 인물들의 내면과 관계의 변화를 반영하는 중요한 배경으로 기능하며, 각 장면은 이들의

감정적 단절과 갈등을 시각적으로 표현한다.

2) 소도구 미장센: 야구공

이번에는 〈파수꾼〉에서 소도구를 이용한 미장센에 대해 알아보자. 세 친구의 미숙한 소통을 주제로 한 이 영화에서 이들의 소통 상태를 상징적으로 보여 주는 소품이 바로 '야구공'이다.

한때 기태, 동윤, 희준은 폐철로에서 함께 야구를 하며 원만한 친구 관계를 유지했었다. 서로 주고받는 야구공을 통해 관계의 돈독함과 친밀함을 보여 준다.

기태와 동윤 둘만이 폐철로에 있는 장면이 있다. 동윤은 희준에게 전화를 걸고 있고, 기태는 혼자 야구공을 던졌다 받기만을 반복한다. 전화를 받지 않는 희준을 걱정하는 동윤에게 기태는 야구공을 던진다. 혼자 야구공을 던졌다 받기만을 반복하다가 동윤에게 일방적으로 공을 던지는 기태의 모습은 서로 공을 주고받던 시절과는 다르다. 원활한 소통이 이루어지던 때와는 달리 소통이 이루어지지 않은 채, 기태 홀로 또는 누군가에게 일방적인 소통이 이루어지고 있음을 야구공으로 표현한 것이다.

기태와 희준의 사이가 완전히 틀어지고 난 후, 기태가 관계 회복을 위해 희준에게 다가가 손을 내밀었으나 희준은 완강히 거부한다. 희준이 전학을 갈 거라고 하자 기태는 희준을 때리고 이 모습을 본 동윤은 분개한다. 이후 폐철로에 기태가 혼자 온다. 야구공은 있지만 그걸 받아 줄 사람은 없다. 이것은 기태가 다른 사람들과 소통하고 싶어 하지만 정작 그럴 대상이 없다는 의미이다.

이후 전학 간 희준을 찾아온 기태는 희준에게 자신이 아끼는 야구공을 전해 준다. 기태는 희준과 다시 소통하고 싶어서 야구공을 마지막 선물로 건네지만 그 야구공은 다시 돌아오지 않는다. 결국 기태는 고립되었다고 느끼며 자살을 선택하고 만다.

희준은 동윤을 찾아가 기태 아버지를 한번 만나 보라고 이야기한 뒤 기태가 준 야구공을 동윤에게 준다. 이 장면은 과거의 추억을 회상하는 의미와 소통을 원하는 마음이 포함되어 있다.

희준이 준 기태의 야구공을 가지고 동윤은 홀로 폐철로에 간다. 혼자 야구공을 만지작거리며 기태와의 추억에 잠긴다. 이 장면은 현재 시점으로 야구공을 받아 줄 친구들이 없고, 소통하고 싶지만 대상이 없는 현실을 담았다.

이내 이야기는 기태와의 추억이 있는 과거로 돌아간다. 폐철로에서 동윤과 기태는 서로 야구공을 주고받으며, 왜 그렇게 야구공을 애지중지 여기는지, 야구공을 생일 선물로 달라고 하는 등의 이야기를 주고받는다. 야구공이 두 사람 사이를 오고가는 모습을 통해 이들이 원활히 소통하고 있음을 보여 준다.

이처럼 이 영화는 야구공을 통해 세 친구들의 소통 상태가 어떠한지를 상징적으로 보여 준다.

9장

카메라 움직임

이번 장에서는 카메라 움직임과 그것이 주는 느낌 및 의미에 대해 알아 보도록 하겠다. 촬영의 기본은 고정된 상태에서 촬영하는 고정 숏(fix shot)이다. 하지만 때때로 카메라 움직임을 잘 활용하면 화면의 흐름을 부드럽게 하고 영상의 단조로움을 덜 수 있다. 그뿐만 아니라 카메라 움직임을 통해 연출자가 의도한 느낌이나 의미를 담아낼 수도 있다. 그러면 먼저 카메라 움직임에 따른 숏의 종류에 대해 살펴보자.

카메라 움직임은 크게 다섯 가지 유형으로 나눌 수 있다. 카메라는 고정된 채 카메라 헤드만 수평으로 이동하는 패닝(panning), 카메라 헤드만 수직으로 움직이는 틸팅(tilting), 자동차 등 바퀴 달린 이동 물체를 이용해 촬영하는 달리(dolly), 크레인을 통해 카메라를 역동적으로 움직이는 크레인(crane), 손으로 들고 찍는 핸드헬드(hand-held)가 있다.

1. 카메라 움직임의 종류와 의미

1) 패닝

카메라는 고정된 채 카메라 헤드만 좌우 수평으로 움직여 촬영하는 기법을 패닝[1]이라고 한다. 들판이나 호수처럼 피사체가 너무 넓어 한 화면에 모두 담을 수 없을 때 패닝을 사용한다. 패닝으로 촬영한 숏은 사람이 고개를 오른쪽이나 왼쪽으로 돌려 보는 것과 같은 효과를 갖는다. 〈그랜드 부다페스트 호텔〉은 1960년대 호텔의 넓은 로비를 카메라 헤드의 수평적인 움직임을 통해 보여 주는데, 이것이 바로 패닝이다.

패닝은 피사체 사이의 인과관계를 표현하고자 할 때도 사용된다. 즉, 원인이 되는 장면과 결과가 되는 장면을 연결할 때 컷 대신 패닝을 사용하면 '공간적인 연속성'을 보여 주면서 관객에게 궁금증을 유발하고 그것을 설명하는 효과가 있다. 누군가의 놀라는 표정을 촬영한 다음 패닝을 해서 시한폭탄 장치를 보여 주면 공간적인 연속성과 함께 그 사람이 놀란 이유를 보여 줄 수 있다.

또한 패닝은 피사체 사이의 유대감을 강조하기 위해서 사용하기도 한

---

1 대부분의 경우 삼각대(tripod)에 고정하여 사용하지만, 카메라를 직접 들고 찍는 경우는 사람의 허리를 축으로 촬영한다. 패닝 촬영 시에는 팬을 시작해서 끝낼 때까지 속도가 일정해야 자연스럽고 매끈한 숏이 된다.

다. 여러 사람이 이야기를 주고받을 때 패닝을 사용하면 사람들 사이가 끊어지지 않고 연결되어 보이기 때문에 유대감 또는 친밀감이 강조된다.

패닝처럼 카메라가 움직이면 고정 숏으로 이어지는 단조로운 장면들에 리듬감과 활력을 주게 된다. 패닝할 때 촬영 시작 방향에 따라 느낌이 달라지기도 한다. 왼쪽에서 오른쪽으로 패닝하는 경우는 자연스러운 흐름을 나타내는 반면, 오른쪽에서 왼쪽으로 패닝하는 경우는 돌발적이거나 역행하는 듯한 느낌이다. 이는 책 읽는 시선의 방향에서 형성된 것으로, 사람의 시선은 왼쪽에서 오른쪽으로 이동하기 때문이다.

【 스위시 팬 】

스위시 팬(swish pan)은 패닝을 빠른 속도로 해서 중간 영역이 흐리게 보이는 카메라 기법으로, 플래시 팬(flash pan) 또는 퀵 팬(quick pan)이라고도 한다.

〈시민 케인〉을 보면, 케인과 에멀리의 결혼 생활이 파경에 이르는 과정을 압축적으로 묘사한 시퀀스가 있는데, 바로 여기서 장면 전환 기법으로 스위시 팬이 사용되었다. 이 시퀀스에서는 부부가 테이블에 앉아 아침 식사를 하는 장면만으로 16년이라는 시간의 변화와 함께 사랑이 식어 버린 부부 사이를 표현했다. 신혼 초 다정했던 아침 식사 장면에서 점차 시간이 지난 후의 아침 식사 장면으로 넘어갈 때 스위시 팬을 사용하여 시간의 급격한 경과를 보여 준다.

〈라라랜드〉에서도 스위시 팬을 사용한 장면을 찾아볼 수 있다. 라이트

하우스 카페에서 세바스찬은 무대에서 피아노를 치고 미아는 객석 플로어에서 춤을 춘다. 바에서 재즈 피아노를 치는 세바스찬과 그 뒤에서 음악에 맞춰 춤을 추는 미아의 모습을 카메라는 스위시 팬으로 빠르게 움직이며 한 숏으로 담아냈다. 이들을 마치 중계하듯이 스위시 팬으로 계속 보여 준다. 카메라 감독이 직접 음악에 맞춰 카메라를 돌리며 스위시 패닝을 한 것이다. 스위시 팬을 통해 '바' 공간에서 공간적인 연속성을 유지하면서 두 사람 사이의 유대감을 표현했다.

2) 틸팅

틸팅은 카메라 위치를 고정시킨 채 카메라 헤드를 상하로 움직이는 것이다. 즉, 카메라 몸체를 전체적으로 움직이는 것이 아니라, 카메라 헤드만을 상하로 움직이는 것이다. 틸팅 숏은 높은 건물과 같은 대상을 한 화면 속에 담아낼 때 주로 사용된다. 이는 사람이 고개를 위로 들거나 아래로 내려보는 것과 같은 효과를 갖는다. 카메라 헤드를 아래에서 위로 움직이는 것을 틸트 업(tilt-up)이라고 하고, 카메라 헤드를 위에서 아래로 내리는 것을 틸트 다운(tilt-down)이라고 한다.

〈그랜드 부다페스트 호텔〉의 오프닝에서, 호텔을 떠나는 세계적인 부호 마담 D.를 배웅한 뒤 호텔 매니저인 구스타브가 로비보이인 제로를 처음 만나는 장면에서 틸팅이 사용된다. 호텔 정문 앞에 서서 새로운 로비보이를 보고 누가 고용했는지, 왜 자신이 면접하지 않았는지에 대해 호텔

3층 내부에 있는 관계자와 이야기를 나누는 장면이 있는데, 이 장면을 카메라 헤드를 상하로 움직이면서 촬영했다. 카메라를 수직으로 움직임으로써 호텔의 높이감과 이들 대화의 긴밀감을 보여 준다.

또한 1960년대의 호텔 이야기에서, 작가와 제로가 이야기를 나누는 장면에서도 틸팅이 사용되었다. 호텔 연회장의 한 식탁에서 이야기를 나누는 작가와 제로의 모습을 카메라 헤드가 위에서 아래 방향으로 내려가며 촬영한 숏이다. 틸트 다운 함으로써 이들이 어떤 공간 속에 위치하는지 잘 보여 준다.

3) 달리 & 트랙킹

달리는 바퀴가 달린 이동 수단을 의미하는 것으로, 카메라를 달리(이동차) 위에 올려놓고 카메라 전체를 움직이며 촬영하는 것이다. 주로 매끈한 바닥에서 부드러운 움직임을 보여 줄 때 사용한다. 트랙킹(tracking)은 바닥이 고르지 못한 야외 촬영에서 달리가 흔들림 없이 부드럽게 움직일 수 있도록 트랙(track, 기차 레일처럼 생긴 것)을 깔고 움직이는 것이다. 촬영 방법은 다르지만, 촬영된 영상 결과물은 유사해서 영상만 보고 달리와 트랙킹을 구분하기란 쉽지 않다.

따라서 일반적으로 카메라가 앞뒤로 움직이는 경우에 달리 숏이라고 하고, 카메라가 좌우 수평으로 이동하는 경우는 수평 트랙킹 또는 트랙킹, 크랩 달리(crab dolly) 또는 트럭킹(trucking)이라고 한다.

달리 인(dolly in)은 카메라가 피사체 쪽으로 다가가는 것이고, 달리 아웃(dolly out) 또는 달리 백(dolly back)은 카메라가 피사체로부터 멀어지는 것이다.[2] 달리 인은 카메라가 피사체쪽으로 다가가기 때문에, 촬영 범위를 중요한 행위가 발생할 영역으로 좁혀 갈 때나 가장 의미 있는 부분으로 서서히 집약시키려고 할 때 사용한다. 또한 뒤쪽으로 움직이는 피사체의 크기를 계속 유지하면서 화면에 담으려고 할 때도 사용한다. 달리 아웃은 카메라를 뒤로 움직임으로써 화면 안에 주변 대상들을 새롭게 담으려고 할 때, 또는 카메라 앞쪽으로 다가오는 피사체의 크기를 일정하게 유지시키고자 할 때 사용한다.

〈그랜드 부다페스트 호텔〉에서 1960년대 호텔에서 작가를 만난 제로(후에 무스타파로 이름을 바꾼다)는 그랜드 부다페스트 호텔의 전설적인 호텔 지배인에 대한 이야기를 시작하는데, 이야기를 하는 제로에게 달리 인한다.

〈그랜드 부다페스트 호텔〉을 살펴보면, 사람들이 이동할 때 마치 건물의 벽면이 없는 것처럼 수평으로 카메라가 이동하는 트래킹으로 따라가고, 건물의 외관이나 내부를 보여 줄 때도 수평 트래킹으로 잡는다. 호텔 수영장의 전경을 소개하는 장면에서도 수평 트래킹을 사용한다.

---

2 달리 숏이라는 용어 대신 트럭 숏이라는 용어를 사용하는 사람도 있는데 이 경우에는 전진을 트럭 업(truck up), 후퇴를 트럭 백(truck back)이라 한다. 즉, 달리와 트럭은 용어만 다를 뿐 같은 뜻으로 사용된다.

1 줌

줌(zoom)은 카메라를 그대로 두고 줌 조절 장치로 대상을 크게 확대해서 보여 주거나, 대상을 배경과 함께 작게 보여 주는 것이다. 즉, 카메라를 움직이지 않고도 움직인 것과 비슷한 효과를 나타낸다.

줌 인/줌 업(zoom in/zoom up)은 화면을 넓게 잡는 광각 상태에서 좁게 잡는 망원 상태로 변화시켜 피사체의 특정 부분을 클로즈업 하는 것이다. 배경으로부터 대상을 강조하고자 할 때, 특정 부분에 관심을 불러일으키고자 할 때, 그리고 전체의 상황 아래 무언가를 발견할 때 사용된다.

줌 아웃/줌 백(zoom out/zoom back)은 협각, 즉 클로즈업 된 상태에서 광각 상태로 변화시키는 것이다. 특정 부분만 보여 주다가 줌아웃과 동시에 주변 상황을 드러내는 것으로, 협각에서 보여 주지 않았던 새로운 주변 정보를 제시하여 관객의 흥미를 불러일으키는 기법이다.

〈그랜드 부다페스트 호텔〉에서 마담 D.의 아들 드미트리가 호텔 지배인 구스타브를 찾는 장면에 줌 인과 줌 아웃을 함께 사용한 장면이 등장한다. 누군가를 찾아 두리번거리는 드미트리의 모습만 보여 주다가 줌 아웃 해서 그가 어떤 공간에 있는지를 보여 준다. 그리고 그의 시선을 따라 카메라가 움직이는데, 건물 내부 전체를 보여 주다가 맞은편 엘리베이터로 줌 인 되면서 그가 쫓고 있는 구스타브가 등장한다. 이처럼 줌 아웃을 통해 관객에게 등장인물이 있는 공간을 효과적으로 알려 주기도 하고, 줌 인을 통해 등장인물의 시선에 들어온 대상을 콕 집어 보여 주기도 한다.

줌 아웃의 또 다른 예로 〈시민 케인〉의 한 장면을 들 수 있다. [그림

9-1]은 〈시민 케인〉의 오프닝 장면
인데, 케인이 거대한 저택에서 홀로
숨을 거두는 장면의 일부분이다. 눈
이 덮인 오두막집이 보이다가 카메
라가 줌 아웃 되면서 이 오두막집은
스노우볼 안의 전경임이 드러난다.
즉, 숨을 거두기 직전 케인의 손에
들린 스노우볼 안에 있는 오두막집
이었던 것이다. 이처럼 특정 부분에

[그림 9-1] 줌 아웃(〈시민 케인〉, 오손
웰스, 1941)

집중되었던 관심이 줌 아웃과 동시에 주변에 대한 새로운 정보를 제시하
여 흥미를 끈다.

줌은 달리, 트랙킹과 유사한 결과물을 만들어 내기 때문에 혼동하기 쉽
다. 달리는 카메라가 대상에게 다가가서 대상을 크게 보여 주고, 줌인은
줌 렌즈를 조절하여 대상에게 다가가지 않고도 대상을 크게 보여 준다.
결과적으로 같은 클로즈업 숏을 얻지만, 이러한 방법의 차이로 관객에게
주는 느낌에는 차이가 생긴다.

달리 인을 하는 경우에 카메라가 앞으로 움직이면 우리가 장면 속으로
다가가는 것처럼 느껴진다. 달리 아웃은 우리가 그 장면에서 멀어지는 것
처럼 느껴진다. 즉, 관객을 카메라의 시각으로 장면 속에 들어가게 하거
나 나오게 한다.

반면에 줌 인과 줌 아웃은 대상이 화면으로 다가오게 하거나 멀어지게

한다. 대상이 앞으로 다가오는 것처럼 인식하는 이유는 모든 공간이 갑자기 확대되기 때문이다.

#2 줌 아웃 트랙 인

알프레드 히치콕(Alfred Hitchcock) 감독의 〈현기증(vertigo)〉(1958)에는 '줌 아웃 트랙 인(zoom out track in)' 기법을 사용한 장면들이 등장한다. 고소공포증인 심한 주인공 존 스카티(제임스 스튜어트)가 높은 빌딩에 매달려 아래를 내려다볼 때 땅이 쑥 꺼지면서 시야가 멀어지는 느낌을 표현한 장면이 있다. 또한 존이 나선형 계단을 올라가다가 아래를 바라보며 현기증을 느끼는 장면도 있다. 이들 장면은 카메라를 안으로 밀면서 렌즈를 줌 아웃 하여 촬영하는, 즉 트래킹(달리) 인과 줌 아웃을 동시에 사용하여 고소공포증이 있는 등장인물의 어지러운 심리를 표현한 것이다. 이 기법을 사용하면, 피사체의 크기는 유지되지만 배경이 멀어지는 듯한 시각 왜곡 효과가 나타나며 어지러운 느낌을 준다.

이 기법은 간략하게 달리 줌(dolly zoom)이라고도 부르며, 〈현기증〉에서 히치콕 감독이 처음 사용했기 때문에 히치콕 줌(Hitchcock zoom) 또는 현기증 효과(vertigo effect)라고도 부른다.

이 기법은 유재선 감독의 〈잠〉(2023)에서도 사용되었다. 여주인공 수진(정유미)이 불길한 느낌에 냉장고를 열어 보는데, 아끼던 반려견 후추가 냉동고 안에서 시체로 발견되는 장면에서다. 수진이 냉장고를 열어 보는 장면에서 달리 인과 줌 아웃이 동시에 사용되어 인물의 크기는 같게 유지되면서도 배경은 멀어진다. 냉장고 안을 보고 수진이 느끼는 충격을 시각적으로 표현한 것이다.

3 아크 숏

아크 숏(arc shot)은 트래킹의 일종으로, 레일을 깔고 카메라를 이동시키는 방식이지만 직선이 아닌 곡선, 즉 원형의 트랙을 설치하여 피사체를 중심으로 카메라가 원을 그리며 움직인다. 피사체를 중심으로 일정한 거리를 유지하며 둥글게 움직이는데, 정적인 피사체를 여러 각도에서 보여 줌으로써 대상의 연속성을 파괴하지 않으면서 화면을 다양하게 표현할 수 있다.

[그림 9-2] 아크 숏 촬영 현장(〈질투〉, MBC, 1992)

크리스토퍼 놀런 감독의 〈다크 나이트〉(2008)에서 조커(히스 레저)가 레이첼(매기 질렌할)을 인질로 잡을 때 아크 숏[3]이 사용되었다. 카메라가 조커와 레이첼 주위를 원형으로 움직이면서 촬영하여, 조커가 주는 불안정하고 위협적인 느낌을 긴장감 있게 전달한다. 이러한 촬영 기법은 관객에게 더욱 고조되는 불안감과 공포감을 전달한다.

---

3 MBC 드라마 〈질투〉(1992)는 드라마의 마지막 장면인 최수종과 최진실의 포옹 신을 아크 숏으로 촬영했다. 이 드라마로 인해 아크 숏 기법이 한국의 대중에게 널리 알려졌다.

4) 크레인 숏

크레인 숏(crane shot)은 크레인 위에 놓인 카메라가 상하좌우로 움직이며 촬영한 숏이다. 자유로운 움직임으로 피사체를 유연하게 표현할 수 있어 대상과 함께 넓은 범위의 배경을 보여 주는 설정 숏이나, 극적인 장면에 많이 사용된다.

크레인 중에는 사람이 탈 수 있을 만큼 거대한 크레인도 있다([그림 9-3]). 하지만 기술이 발달하면서 크레인에 촬영기사가 타지 않고 장비 아래에서 조정할 수 있는 크레인도 있는데, 카메라만 장착된 소형 크레인을 지미집(Jimmy Jib)([그림 9-4])이라고 부른다.

(왼쪽) [그림 9-3] 크레인 숏
　자료: https://program.imbc.com/Info/yellowriver?seq=1486
(오른쪽) [그림 9-4] 지미집
　자료: https://namu.wiki/w/%EC%A7%80%EB%AF%B8%EC%A7%91

오손 웰스는 〈시민 케인〉에서 크레인 숏을 현란하게 사용했다. [그림 9-5]는 케인이 죽기 직전에 말한 '로즈버드'의 의미를 알아내기 위해 취재에 나선 기자 톰슨이 케인의 두 번째 부인인 수잔을 찾아가는 장면으로,

[그림 9-5] 크레인 숏(〈시민 케인〉, 오손 웰스, 1941)

크레인 숏으로 시작된다. 억수처럼 퍼붓는 폭우 속에서 카메라는 크레인 업 되어 빗줄기를 타고 올라가 지붕을 넘어 '엘 란초'라고 써 있는 네온사인을 넘어간다. 이어서 번쩍이는 번개와 함께 카메라는 하늘에서 내려와 창문으로 미끄러져 들어간다. 크레인 숏을 활용하여 비, 네온 간판, 건물의 지붕을 뚫고 들어가, 케인의 죽음에 슬퍼하는 수잔의 모습을 역동적으로 담아낸 것이다.

〈시민 케인〉에서 사용된 또 다른 크레인 숏으로 오프닝을 들 수 있다. 'NO TRESPASSING(출입금지)' 표지판이 달린 철조망에서 시작하여 수직 위로 카메라가 올라간다. 또 다른 철조망과 거대한 철문으로 디졸브 되면서도 카메라는 계속 위로 움직이는데, 이후 이 거대한 철문 안에 웅장한 성과 같은 저택이 보이는 것으로 보아, 이 저택을 둘러싼 담벼락과 같은 철망이 얼마나 높은지를 짐작할 수 있다.

항공 촬영

항공 촬영은 비행기나 헬리콥터, 드론 등을 이용하여 공중에서 촬영하는 것이다. 항공 촬영은 익스트림 롱 숏과 버즈 아이 뷰가 결합되어 새로운 시각적 이미지를 제공한다. 항공 촬영만이 줄 수 있는 박진감, 역동감이 있으며, 때로는 공포감을 표현할 수도 있다.

[그림 9-6] 항공 촬영(〈위대한 개츠비〉, 바즈 루어만, 2013)

5) 핸드헬드 숏

핸드헬드 숏(hand-held shot)은 카메라를 손에 들거나 어깨에 메고 촬영하는 것이다. 흔들림이 있어 관객의 눈을 상당히 피곤하게 만들지만, 그만큼 움직임이 많아지기 때문에 긴박한 느낌을 표현하는 데 적합하다. 아주 격정적인 감정의 표현이나, 급박하게 돌아가는 상황 등은 종종 핸드헬드 숏으로 촬영된다. 이러한 용도 외에도 핸드헬드 숏은 다큐멘터리적인 사실감을 표현하기 위해 사용된다.

2. 〈파수꾼〉: 핸드헬드 촬영, 불안한 내면을 전달하다

이번 절에서는 현실 세계의 재현, 그리고 심리 상태를 표현하기 위해 카메라 움직임을 사용한 〈파수꾼〉을 살펴보자.

〈파수꾼〉은 절친이었던 세 명의 고등학생(기태, 동윤, 희준) 사이에 생긴 작은 오해가 미숙한 소통으로 인해 점점 커지면서, 급기야 기태가 자살하는 안타까운 이야기를 그리고 있다. 이 영화는 기태의 아버지가 아들이 자살한 이유를 알기 위해 기태의 친구들을 찾아다니는 현재 시점의 장면, 그리고 기태, 동윤, 희준의 과거 시점의 장면이 마구 얽혀 제시된다. 〈파수꾼〉은 처음부터 끝까지 100% 핸드헬드로 촬영되었다. 핸드헬드 숏은 어쩔 수 없이 화면에 흔들림이 생기는데, 이 영화에서는 이러한 흔들림을 의도적으로 사용한 듯하다. 핸드헬드로 촬영된 장면의 예시를 살펴보자.

먼저 오프닝의 첫 장면을 보자. 한 무리의 남학생들이 다리 아래로 걸어오더니, 한 학생(기태)이 다른 누군가에게 폭력을 행사한다. 이 장면은 핸드헬드로 촬영되었는데, 카메라의 격렬한 움직임에 의해 폭력은 더욱 거칠고 과격하게 느껴진다.

이어서 아파트 단지의 전경이 보이며 '파수꾼'이라는 타이틀이 나오고 난 뒤, 한 중년의 남자가 놀이터 그네에 앉아 있는 모습이 보인다. 바로 기태의 아버지이다. 넋 놓고 그네에 우두커니 앉아 있는 모습을 측면에서 담다가 뒷면에서 보여 준다. 화면 내에 움직임이라고는 없는 장면이다. 그러나 자세히 보면 화면에서 미세한 흔들림을 확인할 수 있는데, 이유는 바로 핸드헬드로 촬영했기 때문이다.

교실에서 남학생들이 말타기 놀이를 하는 모습도 핸드헬드로 잡아내고 있다. 기태와 동윤을 비롯한 한 무리의 학생들이 신나게 말타기 놀이를 하는 데 반해, 희준은 책상에 앉아 책만 무심히 보고 있다. 이 모습이 신경 쓰여 동윤이 계속 함께 놀자고 하지만 희준은 거절한다. 이 장면도 핸드헬드로 촬영되었는데 안정적인 화면을 얻고자 하는 노력은 전혀 찾을 수 없다. 오히려 카메라의 흔들림을 과하게 표현하기 위해 의도적으로 급격하게 카메라를 움직이는 것처럼 보인다. 또한 인물들을 컷으로 잡는 것이 아니라, 스위시 패닝을 통해 교실이라는 공간에 있는 학생들의 거리감과 연결감을 효과적으로 보여 준다.

이어지는 장면에서는 복도에서 이야기하는 두 학생이 보인다. 동윤과 희준이다. 동윤은 희준에게 무슨 일이 있냐고 묻지만 희준은 아무 일 없다고 말하며 교실로 들어가 버린다. 일반적으로 이와 같이 복도에서 이야기하는 장면이나 교실에 걸어 들어오는 장면 등은 흔들림이 없는 안정적인 카메라 워크를 구사한다. 그러나 이 영화에서는 이러한 장면에서도 핸드헬드로 촬영하여 카메라가 조금씩 흔들리고 있음을 볼 수 있다.

이어지는 오프닝 장면은, 현재 시점으로 돌아와 기태 아버지가 가게 문을 닫고 아들이 자살한 이유를 알아보려고 나서는 장면이다. 이 장면도 자세히 보면 핸드헬드로 촬영되어 약간의 흔들림이 발견된다. 기태를 비롯한 친구들의 과거 이야기를 담은 영상과 비교하면 화면의 흔들림에 큰 차이가 있는 것을 알 수 있다. 세 친구의 모습을 담을 때는 의도적으로 카메라가 과격하게 움직이는 반면, 현재 시점의 이야기를 담을 때는 핸드헬드로 촬영하지만 화면의 흔들림을 적게 하려고 최대한 안정적으로 촬영했다.

기태 아버지가 자살한 아들의 책상 서랍 안에 있는 사진들을 보다가 학교로 찾아가 아들의 죽음에 대해 궁금한 것을 알아보는 장면이 있다. 현재 시점의 이야기이고, 이 장면도 핸드헬드로 잡아 미세한 흔들림이 있긴 하지만 매우 절제되어 있다.

오프닝에서만 핸드헬드로 촬영한 것이 아니다. 함께 어울리던 친구들을 피하는 희준을 따라가서 기태가 가방을 빼앗는 장면이 있다. 이 장면에서 희준이 동급생에게 맞아 나뒹구는 모습에서도 카메라 움직임은 과격하게 흔들린다. 이처럼 이 영화는 처음부터 끝까지 핸드헬드로 촬영되었다. 촬영에서 가장 기본은 고정 숏이다. 카메라가 안정되어 있어야 관객들이 쉽게 이야기 속으로 몰입할 수 있기 때문이다. 때문에 카메라 움직임을 사용할 때는 필요한 상황에서만 절제하여 사용하는 것이 일반적이다. 그런데 이 영화는 전체가 핸드헬드로 촬영되어 화면에 흔들림이 많다. 10대인 세 친구의 과거 이야기를 다룰 때는 카메라가 과격하게 움직여 화면의 흔들림이 크게 나타난다. 이들의 불안한 관계, 그리고 불안한 심리를 시각적으로 표현한 것이다.

한편 기태의 아버지가 아들의 죽음에 대해 알아 가는 과정(현재) 또한 핸드헬드로 잡았다. 여기서도 카메라 흔들림은 있지만 그렇게 크진 않다. 즉, 아들의 죽음에 대한 이유를 파헤쳐 가는 아버지의 현재 시점의 이야기를 다룰 때는 카메라 움직임이 절제되어 화면의 흔들림 또한 미세하게 나타난 것이다. 이는 아들이 죽은 이유를 찾아다니는 아버지의 불안한 내면을 표현한 것이다.

이 영화는 전체가 핸드헬드로 촬영되어 화면의 흔들림이 많다. 하지만 이러한 흔들림은 등장인물인 세 친구의 불안한 관계 및 심리와 매우 잘 어우러져 영화의 내용을 전달하는 데 오히려 큰 힘을 발휘한다. 그뿐만 아니라 핸드헬드로 촬영함으로써 다큐멘터리적인 사실감을 부여하는 효과도 있다. 세 배우의 현실감 있는 연기와, 이와 어우러진 카메라 움직임이 이 영화가 담고 있는 이야기에 사실감을 부여한다.

3. 〈뷰티 인사이드〉: 핸드헬드 촬영, 불안한 내면을 표현하다

백종열 감독의 〈뷰티 인사이드〉(2015) 역시 핸드헬드 촬영 기법을 자주 사용한 영화이다. 백종열 감독은 다수의 TV 광고를 제작한바 있으며, 〈올드보이〉와 〈설국열차〉 등에서 타이틀 디자인을 담당했다. 감독의 이런 이력을 반영하는 듯 〈뷰티 인사이드〉는 독특한 화면 연출 기법으로 감각적인 영상을 구현한다.

먼저 간략히 내용부터 소개하면 다음과 같다. 결코 평범하지 않은 한 남자, 우진이 있다. 우진은 자고 일어나면 매일 다른 모습으로 변한다. 다른 모습의 남자로 변할 뿐만 아니라, 여자, 아이, 노인, 심지어 외국인으로

까지 그 모습이 변한다. 이러한 사정 때문에 우진은 학교를 제대로 다닐 수도, 친구를 사귈 수도 없다. 그런 그에게 사랑하는 여자가 생겼다. 순수하고 착한 이수가 바로 그녀이다. 우진은 자신의 정체를 밝히면서까지 이수에게 사랑을 고백하고, 두 사람은 우여곡절 끝에 연인이 되어 예쁜 사랑을 하게 된다. 하지만 매일 얼굴이 바뀌는 우진의 모습에 이수는 혼란스러워하고, 그런 이수를 보기가 힘든 우진은 이수에게 먼저 이별을 고한다. 10개월 후 이수는 우진이와 함께하지 못하는 게 더 힘들다는 것을 깨닫는다. 우진을 다시 찾아간 이수는 우진과 미래를 약속한다.

이 영화는 전체적으로 핸드헬드 기법을 많이 사용했는데, 몇몇 장면만 살펴보자. 먼저 우진이 이수에게 자신의 비밀을 고백하는 장면이 있다. 우진은 노트북에 기록한 자신의 영상을 보여 준다. 매일 모습이 변하는 우진은 하루를 마무리하기 전에 자신의 모습을 영상으로 남겼기 때문에 이를 보여 주며 각기 다른 모습들이 모두 자신임을 밝힌다. 이때 핸드헬드로 촬영되어 약간 흔들리는 화면은 이수가 본인을 믿지 않을 거라 생각하는 우진의 불안함, 그리고 도저히 믿을 수 없는 말을 듣게 된 이수의 당혹스러움을 잘 표현한다.

우진이 본인을 찾아보라며 이수에게 장난치는 장면도 핸드헬드로 촬영되었다. 이수가 우진과 만나기 위해 기다리는 중, 우진은 많은 사람들 속에서 자신을 찾아보라고 장난친다. 하지만 이수는 우진이 어떤 모습인지 알 수 없어 결국 우진을 찾지 못하고 당황스러워한다. 그때 우진은 이수의 손을 잡지만, 놀란 이수는 그런 장난은 치지 말라며 화를 내고 가 버린다. 이 장면에서 혼란스러워하는 이수를 핸드헬드 기법으로 더욱 흔들리게 촬영해 이수의 불안한 감정을 표현했다.

이처럼 이 영화는 우진과 이수의 복잡한 감정을 핸드헬드 촬영 기법으로 표현했다. 자신도 모르는 모습으로 변하는 상황을 받아들이지 못하는 우진의 내면이 흔들리는 모습이나, 우진의 진짜 모습을 찾을 수 없어 정신분열 증세를 보이는 이수의 마음은 핸드헬드로 촬영되어 흔들리는 화면에 의해 관객에게 더욱 효과적으로 전달된다.

핸드헬드 기법은 사실적이고 즉흥적인 스타일을 부여하기 위해서 의도적으로 사용되는 촬영 기법이다. 이 기법은 불안감이나 두려움, 당혹감 등의 감정을 시각적으로 표현하기 위해서 사용되기도 한다. 이번 장에서 살펴본 〈파수꾼〉과 〈뷰티 인사이드〉가 좋은 예인데, 핸드헬드 기법도 좀 더 과격하게 휘둘러 찍느냐, 아니면 안정감을 주면서도 미세한 흔들림을 표현하느냐에 따라 느낌이 확연히 다르다는 점을 두 영화를 통해 비교해볼 수 있다.

10장

롱 테이크

롱 테이크(long take)는 한 숏을 길게 촬영하는 것이다. 일반적으로 상업 영화에서는 롱 숏, 미디엄 숏, 클로즈업 숏 등 다양한 숏을 5초 내외의 짧은 길이로 편집한다. 이에 비해 한 숏의 길이가 1~2분 이상인 숏을 롱 테이크라고 한다. 롱 테이크로 촬영하면 시·공간을 연속성 있게 보여 주기 때문에, 관객은 마치 현장에서 직접 보는 것 같은 느낌을 받는다.

1. 정적인 롱 테이크 – 〈서편제〉, 〈뷰티 인사이드〉, 〈헝거〉: 화면 구도와 소리에 집중하게 하다

1) 〈서편제〉: 진도 아리랑 씬, 구도와 소리에 집중하게 하다

임권택 감독의 〈서편제〉(1993)는 카메라를 고정해서 촬영한 롱 테이크의 대표적 사례이다. 언덕 위 돌담길을 따라 진도 아리랑을 부르며 걸어 내려오는 주인공들을 카메라를 고정한 채 롱 테이크로 촬영한 장면으로, 흔히 진도 아리랑 씬이라고 부른다. 이 장면은 언덕 위 논밭길 저 멀리 뒤 편에서 소리꾼 유봉(김명곤)과 송화(오정해), 그리고 고수 동호(김규철)가 진도 아리랑을 부르며 돌담길을 따라 카메라 앞으로 걸어오는 모습을 약 5분간 그대로 담았다. 이들은 처음에는 언덕 위에 작은 형체로 보이다가, 돌담길을 굽이굽이 돌아내려 오면서 점점 모습을 드러내고, 카메라 바로 앞까지 와서 신명 난 소리판을 펼친 다음 자연스럽게 오른쪽 프레임 밖으로 빠져나간다. 이 장면은 카메라를 고정한 채 롱 테이크로 촬영함으로써 관객이 진도 아리랑의 판소리에 귀 기울이며 화면 구도에서 나타나는 정적이고 서정적인 영상미를 음미하도록 한다(최현주, 2018a: 123).

2) 〈뷰티 인사이드〉: 롱 테이크, 대사에 집중하게 하다

백종열 감독의 〈뷰티 인사이드〉(2015)에서도 1분가량의 롱 테이크 장

[그림 10-1] 〈뷰티 인사이드〉, 백종열, 2015

면이 등장한다. 매일 다른 모습으로 변하는 우진은 어느 날 이수를 만나 사랑에 빠진다. 우진은 자신의 비밀을 고백하고 이수와 연인이 되지만, 자고 일어나면 매일 다른 모습으로 변하는 우진 때문에 이 둘의 사랑은 위기를 맞이하는데, 바로 이 이별 장면에서 롱 테이크가 사용되었다.

우진 때문에 혼란스러운 이수는 약까지 먹게 되는데, 우진은 그런 이수를 보기가 힘들어 이별을 고한다. 바로 이 장면을 카메라를 고정한 채 1분 가량의 정적인 롱 테이크로 담아냈다. 멀리 뒤에서 걸어오는 두 사람을 롱 테이크로 촬영하여 관객은 이들의 소리에 온전히 집중하며 안타까운 이별의 쓸쓸함을 느낄 수 있다.

3) 〈헝거〉: 롱 테이크, 대사에 몰입하게 하다

스티브 맥퀸(Steve McQueen) 감독의 〈헝거(Hunger)〉(2008)에서도 고정된 카메라로 두 배우를 17분 동안 촬영한 롱 테이크가 사용되었다. 이

[그림 10-2] 〈헝거〉, 스티브 맥퀸, 2008

영화는 영국 지배에 저항하는 아일랜드의 정치범 보비 샌즈(Bobby Sands)의 실화를 다루는데, 1981년 발생했던 아일랜드 단식 투쟁이 주제인 작품이다.

이 장면은 단식 투쟁 중인 샌즈(마이클 패스밴더)가 신부(리안 커닝햄)와 대화를 나누는 모습이다. 촬영은 교도소의 방문실에서 시작된다. 두 사람은 테이블을 사이에 두고 앉아 있고, 주변은 차가운 감옥의 분위기를 강조하는 푸른 조명으로 세팅되어 있다. 단식에 돌입하기 직전의 샌즈가 단식을 만류하는 신부가 건네는 담배를 태우며 단식 투쟁을 결심한 이유를 역설한다. 샌즈는 신부와 심도 있는 대화를 나누며, 자신의 투쟁과 신념, 그리고 자신의 고통과 저항의 이유를 설명한다. 이 과정에서 신부는 샌즈에게 위로와 조언을 주려 하지만, 두 사람의 의견 차이가 드러나기도 한다. 이들의 대화에서는 샌즈의 절박함과 투쟁 의지를 느낄 수 있고, 당시 메이즈 왕립 교도소에서 벌어진 아일랜드 독립 투사들의 불굴의 의지가 엿보인다.

롱 테이크로 촬영된 이 대화 장면은 다양한 앵글이나 숏을 사용하지 않고, 카메라를 고정시킨 채 하나의 연속된 숏으로 촬영했기 때문에 관객이 시각적으로 주의를 기울일 만한 요소는 전혀 없다. 어두컴컴한 곳에서 테이블에 마주 앉은 두 사람을 클로즈업도 한 번 없이 멀리서 롱 숏으로만 잡고 있으니 두 사람의 표정조차 보기 어렵다. 이러한 화면 구성에서 관객은 오로지 이들의 대화에만 집중할 수 있다. 이것이 바로 롱 테이크가 사용된 이유이다. 이로써 관객은 샌즈의 투쟁에 대한 열정과 결단력을 더 깊게 이해하고, 그의 고통을 체험하는 것 같은 느낌을 받는다.

이상에서 살펴본 바와 같이, 카메라를 고정해서 촬영한 롱 테이크는 가능한 한 흐름을 단절시키지 않고 긴 호흡으로 사실감을 유지하여, 화면의 소리에 집중하게 만드는 효과가 있다.

2. 역동적인 롱 테이크 – 〈악의 손길〉, 〈그래비티〉, 〈살인의 추억〉, 〈라라랜드〉: 긴장감과 현장감을 전하다

1) 〈악의 손길〉, 〈그래비티〉: 롱테이크, 긴장감을 극대화하다

(1) 〈악의 손길〉: 롱 테이크, 긴장감을 극대화하다
롱 테이크를 이용한 오프닝의 원조로 유명한 영화가 바로 오손 웰스 감독의 〈악의 손길〉이다. 이 영화는 앞서 4장 '빛/조명 미장센'에서 소개된바 있는데, 오프닝에서 매우 현란하면서도 긴장감을 자아내는 롱 테이크를 보여 준다.

영화는 시한폭탄을 만지는 사람의 손을 보여 주는 클로즈업 숏으로 시작한다. 얼굴이 보이지 않는 누군가가 시한폭탄을 만지고 있고, 그 시한폭탄을 주차된 어떤 차의 뒷 트렁크에 넣고 도망가면, 이 사실을 모르는

[그림 10-3] 오프닝 롱 테이크 장면(〈악의 손길〉, 오손 웰스, 1958)

두 남녀(미국의 택지 개발 업자)가 그 차에 탄다. 시한폭탄을 실은 차가 떠나고 화면 속으로 또 다른 남녀[마이크 바가스(찰턴 헤스턴)와 수지(자넷 리)]가 들어오는데, 이들은 멕시코 마약 단속반 형사 부부로 이곳에 신혼여행을 왔다. 시한폭탄을 실은 차는 천천히 사람들 사이로 지나가고, 형사 부부와 차는 복잡한 길에서 서로 앞서거니 뒤서거니 하면서 움직인다. 카메라가 차량과 주변 인물들을 따라가면서, 관객은 마치 현장에 있는 듯한 느낌을 받고, 자연스럽게 긴장감이 고조된다. 형사 부부는 차와 사람들로 북적거리는 길을 건너가 멕시코에서 미국으로 넘어가는 검문소에 이른다. 이어 시한폭탄을 실은 차가 검문소 앞에 있는 형사 부부 옆으로 가까이 다가온다. 그리고 검문소를 지나 형사 부부가 키스할 때, 폭발음이 들리고 그곳을 쳐다보는 순간 컷이 바뀌면서 폭발 장면을 보여 준다.

영화가 시작되자마자 시한폭탄을 만지는 인물의 손을 보여 주는 클로

즈업 숏에서 시작하여 폭발이 일어나는 장면으로 컷이 바뀌기 전까지가 바로 롱 테이크로 촬영된 장면이다. 3분 20초 동안 크레인을 이용해 공간을 활보하며 인물들을 따라가는 카메라 워크를 통해 컷 전환 없이 연속적인 사건의 흐름을 보여 준다. 이러한 롱 테이크 촬영으로 장면 속 모든 행동이 실시간으로 발생하는 듯한 느낌이고, 관객은 차에 설치된 폭탄의 위협을 실시간으로 느끼며 긴장에 빠진다. 관객이 자동차 폭발을 예상하는 가운데 언제 폭탄이 터질 것인지 불안한 마음으로 카메라 움직임을 따라가면서 팽팽한 긴장감이 극대화되는 것이다.

〈악의 손길〉의 오프닝은 롱 테이크를 통해 하나의 시·공간을 연속성 있게 담아냄으로써 사건의 리얼리티를 향상시킨다. 그뿐만 아니라, 관객이 영화 속 세계에 더 깊이 몰입하게 만듦으로써 개별적인 숏들을 연결한 것보다 훨씬 더 극적으로 긴장감을 전달한다.

(2) 〈그래비티〉: 롱 테이크, 긴장감을 극대화하다

알폰소 쿠아론(Alfonso Cuaron) 감독의 우주 재난 영화 〈그래비티(Gravity)〉(2013)는 오프닝을 무려 17분에 달하는 롱 테이크로 촬영했다. 오프닝에서 라이언 스톤 박사(산드라 블록)는 허블 망원경을 수리하기 위해 우주에 처음 나간다. 같이 일하는 매트 대장(조지 클루니)은 베테랑으로 처음부터 계속 수다를 떤다. 그렇게 한가롭게 작업을 하다가 러시아 위성이 터지고 그 파편 때문에 스톤 박사는 우주로 날아가 버리는데, 이 장면은 단 하나의 숏으로 컷 한 번 없이 17분 동안 지속된다. 이 롱 테이크는 관객을 상황에 몰입시켜 눈 돌릴 틈을 주지 않고, 공포감을 극대화한다.

2) 〈살인의 추억〉: 논두렁 씬 롱 테이크, 생생한 현장감을 전달하다

봉준호 감독이 화성 연쇄살인 사건을 모티브로 만든 〈살인의 추억〉 논두렁 장면에서도 롱 테이크가 사용되었다. 연쇄살인 사건의 수사 담당자는 지방 경찰 박두만(송강호)과 서울에서 온 엘리트 형사 서태윤(김상경)이다. 박두만은 현장 경험이 풍부하지만 과학적 수사 방법에는 익숙하지 않고, 서태윤은 반대로 이론과 과학적 방법을 중시한다. 두 사람은 각기 다른 방식으로 사건을 해결해 나간다.

이 영화에서 가장 유명한 장면 중 하나는 논두렁 롱 테이크 씬이다. 이 장면은 영화에서 두 번째 피해자가 발견되는 순간을 보여 준다. 잔인한 살인 사건이 벌어진 논두렁에 박두만이 도착한다. 롱 테이크는 박 형사가 나무 밑에서 발견된 여성의 시신에 접근하면서 시작된다. 논두렁에서 발견된 시체 때문에 많은 사람이

[그림 10-4] 논두렁 장면(〈살인의 추억〉, 봉준호, 2003)

모여 어수선한 가운데, 논두렁을 누비고 다니는 박 형사의 뒤를 카메라가 숏을 끊지 않고 따라간다. 소리치며 걸어가는 박 형사 앞을 아이들이 뛰

면서 지나가고, 논두렁에서 사람이 미끄러지기도 한다. 유일한 현장 증거인 발자국 위를 경운기가 무심히 지나가고, 현장에 배치된 경찰은 이를 제지하지도 않는 상황에 박 형사는 화가 나 소리친다. 구경하는 동네 주민들, 비탈에서 넘어지는 수사 반장, 시체 주위를 뛰어다니는 아이들, 증거를 밟고 지나가는 경운기 등 현장의 어수선한 분위기와 더불어 과학 수사는 고사하고 현장 보존도 하기 힘든 열악한 수사 현장을 컷 편집 없이 하나의 흐름으로 전달한다. 박 형사 뒤를 열심히 따라다니는 카메라가 사건 현장을 두루 살피며 당시 수사 방식의 허술함을 사실감 있게 전달한 것이다. 현장 분위기를 가감 없이 전달하는 이 롱 테이크로, 관객은 바로 그 현장에 있는 것 같은 생생한 현장감을 느낀다.

3) 〈라라랜드〉: 프롤로그 롱 테이크, 역동적인 느낌을 전하다

데이미언 셔젤(Damien Chazelle) 감독의 〈라라랜드(La La Land)〉(2016)는 로스앤젤레스를 배경으로 재즈 피아니스트 세바스찬(라이언 고슬링)과 배우 지망생 미아(엠마 스톤)의 꿈과 사랑을 그린 영화이다. 라라랜드는 꿈을 품은 젊은이들이 모여드는 로스앤젤레스의 별칭이기도 하고, '꿈의 나라', '비현실적인 세계'를 가리키는 말이기도 하다. 배우로 성공하는 것이 꿈인 미아는 스튜디오 안에 있는 카페에서 일하며 수시로 오디션을 보지만 매번 떨어진다. 정통 재즈 클럽을 운영하는 것이 꿈인 세바스찬은 시류에 뒤떨어진 1950~1960년대 프리 재즈를 좋아하는 탓에 연주 경력이 변변찮다. 우연히 만난 미아와 세바스찬은 사랑에 빠지지만, 각자의 꿈을 향해 달려가며 사랑을 유지하기가 쉽지 않다. 영화는 이 두 남녀의 꿈과 사랑 이야기를 뮤지컬 형식으로 담아낸다.

〈라라랜드〉는 화려하고 역동적인 프롤로그로 시작하는데, 'Another Day of Sun'이라는 뮤지컬 곡과 함께 약 4분 20초에 걸친 롱 테이크를 사용하여 촬영되었다. 이 장면은 수많은 자동차들이 고속도로에 줄지어 서 있는 모습을 카메라가 훑으면서 지나가는 것으로 시작한다. 꽉 막힌 고속도로 위에 있는 사람들은 자신의 자동차에서 흘러나오는 뉴스나 음악을 듣고 있다. 그러다가 카메라가 한 자동차 운전석에 앉아 있는 여자에게 가까이 다가가고 그녀는 노래를 부르며 차에서 내리는데, 그 노래가 바로 'Another Day of Sun'이다.

이후 다른 차에 있던 사람들도 차에서 내려 함께 노래를 부르며 군무가 시작된다. 차량들 사이에서 노래하고 춤추는 사람들을 따라 카메라는 자유롭게 이동하며 다이내믹하게 그들의 움직임을 포착한다. 이 씬의 후반부에서는 카메라가 천천히 상공으로 올라가 고속도로 위에서 펼쳐지는 대규모 댄스 씬을 한눈에 볼 수 있게 담아낸다.

뮤지컬 곡에 맞춰 군무를 추는 30여 명의 인물을 따라 끊임없이 앞뒤 좌우로 움직이며 롱 테이크로 화려하게 촬영한 카메라 워크는 압도적인 스케일과 화려한 촬영 기술로 관객의 시선을 압도한다. 차량들이 정체되어 늘어선 도로 위에서 댄서들이 춤추는 모습을 연속적인 흐름으로 보여줌으로써, 관객은 마치 그 도로 위에 함께 있는 듯한 현장감을 느낀다.

댄스와 음악이 결합된 장면을 화려한 카메라 워크의 롱 테이크로 촬영함으로써, 장면에 생동감을 줄 뿐만 아니라 댄스의 흐름이 끊기지 않아 관객이 음악의 리듬에 자연스럽게 동화되도록 이끈다.

영화는 극이 진행되면서 뮤지컬 곡이 이어질 때도 주로 롱 테이크로 촬영되었다. 예를 들면, 두 주인공이 해 질 녘 언덕에서 'Lovely Night Dance'를 부른 후 탭 댄스를 추는 장면이 있다. 두 주인공이 처음 만나는 장면인데, 석양 무렵 로스앤젤레스가 내려다보이는 언덕에서 두 남녀가 함께 추는 탭 댄스를 현란한 편집 기술 대신 약 5분간의 롱 테이크로 완성했다. 롱 테이크를 사용하여 연속적인 프레임 속에서 부드러운 카메라 워킹으로 끊김 없이 두 주인공을 따라감으로써 장면에 몰입하게 만든다.

이상에서 살펴본 바와 같이, 롱 테이크 장면은 감독의 입장에서 보면 컷으로 장면을 구성하는 것보다 훨씬 더 많은 시간과 노력이 든다. 인물과 카메라의 동선을 사전에 철저히 계획해야 하고, 수많은 리허설이 필요하기 때문이다. 그리고 촬영 시 NG가 나면 처음부터 다시 찍어야 한다. 이러한 이유로 롱 테이크 촬영은 컷을 편집해서 영상을 구성하는 것보다 비경제적이다. 하지만 컷으로 구성된 장면과는 비교할 수 없는 현장감과 사실감을 줄 수 있다.

3. 원 컨티뉴어스 숏 영화 – 〈로프〉, 〈버드맨〉, 〈1917〉

원 컨티뉴어스 숏(one continuous shot)은 롱 테이크로 촬영된 숏들을 이어 붙여 하나의 숏으로 찍은 것처럼 보이게 만든 것이다.

1) 알프레드 히치콕, 〈로프〉

원 컨티뉴어스 숏 영화를 대표하는 고전으로는 알프레드 히치콕 감독의 〈로프(Rope)〉(1948)를 들 수 있다. 〈로프〉는 두 젊은 남성이 한 남자를 죽이고 시체를 넣은 상자 위에 음식을 차리고 파티를 열게 되면서, 점차 진실이 밝혀지는 이야기를 다룬다. 이 영화는 1929년 실제 발생한 레오폴드와 로엡(Leopold and Loeb) 사건에서 영감을 받았다고 한다.

영화의 러닝 타임은 80분인데, 전체 장면이 한 숏으로 연결되어 한 번도 컷 편집이 되지 않은 것처럼 보인다. 하지만 필름 한 롤의 길이가 약 10분이었던 당시의 기술적 한계 때문에, 약 10분마다 한 번씩 숏이 바뀐 영화이다. 즉, 실제로는 여러 번에 걸쳐 촬영된 롱 테이크를 연결했지만, 편집 과정에서 편집점을 교묘하게 숨겨 하나의 롱 테이크처럼 보이게 만들었다(최현주, 2018a: 133).

예를 들면, 영화 초반 카메라가 두 주인공 중 한 명이 입은 검은색 정장 재킷에 근접하면서 화면이 완전히 까맣게 변한다. 이 순간 촬영이 중지되고, 필름 롤을 교체한 뒤 완전히 검은 화면에서 다시 촬영을 시작하는 것이다. 이처럼 인물들이 카메라 앞으로 다가가서 인물의 등판으로 카메라를 가리는 방식 등으로 편집점을 눈치채지 못하게 한다. 관객은 인물이 카메라 앞을 지나갔다고 생각하는데 사실 인물이 카메라를 완전히 가렸을 때 촬영이 중지되고, 다시 촬영이 시작될 때는 인물이 카메라를 등진 상태에서 새로운 숏으로 촬영하는 것이다. 그래서 관객은 편집하지 않은 것으로 느낀다. 또 다른 장면에서는 파티 중에 카메라가 테이블 위의 크고 무거운 책으로 이동한다. 책이 화면을 거의 가릴 때 필름이 교체되고, 새로운 롤이 시작되면서 카메라가 다시 후퇴한다. 시체가 들어 있는 관 뚜껑을 여는 장면에서는 관 뚜껑이 카메라를 완전히 가리면서 숏이 바뀌며, 카메라가 가구 같은 큰 물체 뒤로 이동할 때 화면 일부가 가려지며, 이때 필름 롤이 교체된다.

이와 같이 숏을 전환할 때마다 카메라를 가리는 등의 방식으로 영화가 하나의 숏으로 촬영된 것처럼 보이게 만든 것이다. 이는 〈로프〉가 하나의 지속적인 시간 흐름을 가진 것처럼 보이게 만들어, 영화 전체가 실시간으로 일어나는 듯한 느낌을 준다. 히치콕은 이 연출 기법을 통해 관객이 영화 속 인물들과 동일한 시·공간에서 사건을 경험하는 듯 만들어 몰입감을 높였다.

2) 알레한드로 곤잘레스 이냐리투, 〈버드맨〉

원 컨티뉴어스 숏을 구사한 또 다른 영화로, 알레한드로 곤잘레스 이냐리투(Alejandro Gonzalez Inarritu) 감독의 〈버드맨(Birdman)〉[1](2014)을 들 수 있다. 〈버드맨〉[2]은 러닝 타임 119분 중 116분이 단 16컷만으로 구성될 만큼 대부분이 롱 테이크로 이루어졌다.

〈버드맨〉은 총 16컷의 롱 테이크를 연속된 하나의 숏처럼 연결하여, 얼핏 보면 전체 영화가 끊기지 않고 한 숏으로 촬영된 원 테이크(one-take)처럼 보이도록 만들어졌다. 원 테이크로 보이기 위해 롱 테이크 형식을 유지한 채 자연스럽게 컷을 넘기는 일종의 트릭을 사용했다. 즉, 영화 전체가 하나의 테이크로 보이지만 숨은 편집점이 있다. 회전문을 열고 들어갈 때나 옥상의 문을 열고 나갈 때, 문을 열기 직전 어둠이 생길 때, 그 순간 숏을 바꾸는 것이다. 이와 같은 방식으로 열 번 넘게 편집이 되어 있지만 얼핏 봐서는 영화 전체가 하나의 숏으로 보인다.

이냐리투 감독은 첫 기획 단계에서부터 〈버드맨〉을 롱 테이크로 촬영하고 싶다고 밝혔다. 왜냐하면 주인공 관점에서 이야기를 전개하고 싶었

---

1 〈버드맨〉의 촬영감독은 멕시코 출신의 엠마누엘 루베즈키(Emmanuel Lubezki)이다. 그는 이 영화로 2015년 제87회 아카데미 시상식에서 촬영상을 수상했다. 루베즈키는 알폰소 쿠아론 감독의 〈칠드런 오브 맨(Children of Men)〉(2006)과 〈그래비티〉(2013)에서 멋진 롱 테이크를 구사했으며, 〈그래비티〉로 2014년 제86회 아카데미 시상식에서 촬영상을 수상했다. 알레한드로 곤잘레스 이냐리투 감독의 〈레버넌트: 죽음에서 돌아온 자(The Reve-nant)〉(2015)에서도 아카데미 촬영상을 수상함으로써, 세계 최초로 3연속 아카데미 촬영상을 수상하는 기록을 세웠다.

2 〈버드맨〉에 대한 분석은 필자의 저서 『영상문법: 영상연출과 편집을 위한 기본 원리』, 131~132쪽에서 가져왔다.

고, 미로처럼 복잡하면서도 폐쇄 공포증을 앓듯 숨 막히는 리건(마이클 키튼)의 상황을 관객이 그의 입장에서 경험하길 바랐기 때문이다. 그러기 위해서는 리건의 관점에서 카메라를 컷 없이 움직이는 롱 테이크가 가장 좋은 방법이라고 생각했다.

3) 샘 멘데스, 〈1917〉

원 컨티뉴어스 숏으로 주목할 만한 또 다른 영화는, 샘 멘데스(Sam Mendes) 감독의 〈1917〉(2020)[3]이다.

〈1917〉은 전쟁터에서 시작한다. 제1차 세계대전이 한창인 1917년, 독일군이 모든 통신망을 파괴한 상황에서 영국군 병사 스코필드(조지 맥케이)와 블레이크(딘-찰스 채프먼)는 함정에 빠진 영국군 부대에 상부의 명령을 전달해야 한다. 독일군이 후퇴를 가장하고 영국군을 함정으로 유인하고 있다는 정보를 전달해야 하는 것이다. 다음 날 아침 대규모 공격을 계획하고 있는 영국군 부대에게 이 정보가 전달되지 않으면 1,600명의 병사가 목숨을 잃을 위험에 처할 수 있다. 1,600명의 아군과 블레이크의 형(리처드 매든)을 구하기 위해 두 영국군 병사는 전쟁터 한복판을 가로질러 가

---

3 〈1917〉은 2020년 2월 개최된 제92회 아카데미 시상식에서 〈기생충〉과 함께 작품상에 노미네이트되었다. 작품상은 〈기생충〉이 수상했으며, 〈1917〉은 촬영상, 시각효과상, 음향믹싱상을 수상했다.

며 여러 가지 위험한 상황에 부딪히게 된다. 도중에 블레이크는 목숨을 잃고, 스코필드 홀로 매킨지 대령에게 도달하여 공격 중지 명령을 전달한다. 영화는 스코필드가 블레이크의 형에게 동생의 죽음을 알리면서 마무리된다.

영화는 두 영국군 병사의 하루를 연속적인 롱 테이크로 담아냈다. 영화 전체가 한 숏처럼 보이는 연속적인 촬영 기법을 통해 이루어졌다. 〈1917〉은 하나의 롱 테이크처럼 보이지만 실제로는 여러 개의 롱 테이크들을 매우 세심하게 연결한 결과물이다. 멘데스 감독이 컷의 편집점을 숨긴 방식을 구체적인 장면을 통해 살펴보자.

가장 흔한 방식은 물체를 이용해서 컷의 연결을 숨기는 것이다. 예를 들면, 스코필드가 파괴된 농장에서 우유를 발견하고 이를 들고 나오는 장면에서, 그가 문을 통과할 때 카메라가 잠시 문틀과 벽에 가려진다. 문틀과 벽과 같은 물체를 이용하여 컷의 연결을 자연스럽게 숨긴 것이다. 또 다른 예로, 두 병사가 독일 참호를 탐색하는 장면에서 참호의 좁은 통로가 꺾여 돌아가는 부분에서 카메라가 통로 벽에 밀착되며 일시적으로 시야가 가려지는데, 이 순간 컷이 바뀐 것이다.

예를 하나 더 들어보자. 스코필드가 전쟁터를 가로질러 가다가 독일군이 파괴한 다리를 발견한다. 그가 부서진 다리 중간쯤에 도착했을 때 갑자기 적군의 총격이 시작되어 재빨리 움직이게 되는데, 이때 카메라는 잠시 다리의 일부분에 가려져 시야가 차단된다. 이 순간이 바로 컷이 연결되는 지점이다. 카메라가 다리의 파괴된 부분 뒤로 숨은 순간을 이용하여 새로운 숏으로 전환한 것이다. 이어지는 숏에서 스코필드는 다리를 계속 건너며, 카메라는 다시 그를 따라간다. 이러한 편집을 통해 롱 테이크의 연속성이 유지되며, 시각적 연속성과 함께 긴박감이 관객에게 전달된다.

인물의 움직임을 통해서도 컷의 연결을 숨길 수 있다. 인물이 카메라를 가로질러 이동하거나 카메라 앞을 지나갈 때도 컷을 숨길 수 있는 것이다. 인물의 급격한 움직임은 잠시 주의를 분산시켜 컷의 변경을 자연스럽게 숨길 수 있게 한다.

주변 환경을 이용하는 방법도 있다. 스코필드가 강을 건너는 장면에서, 그가 물에 빠져 카메라가 일시적으로 물속에 잠긴다. 카메라가 물속에서 물 밖으로 나오는 순간을 이용해 컷을 숨기며, 숏들을 자연스럽게 연결하는 것이다.

조명의 변화로 화면이 어두워지는 순간이나, 폭발 시 발생하는 연기와 먼지도 컷을 연결하는 데 사용된다. 스코필드가 밤에 마을을 가로질러 달릴 때, 주변이 폭발 때문에 밝아졌다가 어두워진다. 이런 극적인 조명 변화는 컷을 숨기는 완벽한 기회를 제공한다. 폭발의 순간적인 불빛에 의해 화면이 일시적으로 밝아졌다가 어두워지는데, 이 순간에 컷을 연결한 것이다. 이러한 방식은 컷 전환을 자연스럽게 숨겨 관객이 롱 테이크가 계속되고 있다고 느끼게 한다.

영화에서는 하나의 롱 테이크처럼 숏들이 연속성 있게 연결되다가, 시간이 압축되는 부분이 있다. 스코필드가 건물에 숨어 있던 독일군 저격수의 총을 맞고 정신을 잃는 장면이다. '검은색 화면'이 잠시 지속된 후, 다음 장면에서는 늦은 밤이 되어서야 깨어나는 스코필드의 모습이 나온다. 스코필드가 기절한 후 깨어나면서 낮에서 밤으로 변한 것이다.

이러한 촬영으로 숏이 끊김 없이 줄곧 연결되다 보니 영화가 실시간으로 전개되는 듯한 느낌을 준다. 영화의 시간을 최대한 현실의 시간과 유사하게 연출하여, 영화 속 인물이 경험하는 세계를 관객이 유사한 시·공간 감각으로 체험하게 만드는 형식을 취한 것이다. 샘 멘데스 감독 역시 인터뷰에서 관객이 주인공들의 시점을 실시간으로 따라가며 같은 체험을 하길 원했다고 밝힌바 있다. 주인공들의 시점을 처음부터 끝까지 따라가며,[4] 주인공들이 처한 긴장감 넘치는 상황을 관객도 체험하는 듯한 느낌을 주려고 한 것이다(어일선·오광석, 2020). 이는 주인공들이 맡은 임무를 관객도 거의 실시간으로 경험하게 함으로써 긴장감과 몰입도를 극대화한다. 그뿐만 아니라 관객이 병사들과 함께 전쟁터에 있는 것처럼 생생한 현장감과 긴장감을 느끼게 한다.

---

4 스코필드와 독일군 저격수가 총격전을 벌이는 장면에서, 교차 편집을 통해 양측의 상황을 보여 주는 것이 아니라 스코필드의 시점에서만 이 총격전을 보여 준다.

4. 원 테이크 영화 - 〈보일링 포인트〉

원 테이크 영화는 영화 전체를 한 숏으로 찍은 것이다. 원 컨티뉴어스 숏 영화는 한 숏으로 촬영한 듯 보이지만 실제로는 여러 개의 롱 테이크를 편집점이 보이지 않게 연결한 반면, 원 테이크 영화는 실제로 단 한 번의 컷도 없이 처음부터 끝까지 쭉 연결해서 한 번에 촬영한 것이다. 원 테이크 영화는 그만큼 촬영이 어렵기 때문에 찾아보기 어렵다.

원 테이크 영화 중 최신작은 필립 바랜티니(Philip Barantini) 감독의 〈보일링 포인트(Bioling Point)〉(2021)이다. 원 숏처럼 보이는 영화가 아니라, 실제 원 숏으로 촬영했다. 영화는 런던의 고급 레스토랑을 배경으로 실력 있는 셰프이자 레스토랑의 책임자인 앤디 존스(스티븐 그레이엄)의 이야기를 긴장감 넘치게 담아냈다. 일 년 중 가장 바쁘다는 크리스마스를 앞두고, 앤디의 레스토랑에서는 여러 가지 긴장된 상황이 연이어 발생한다. 위생 검사관의 갑작스러운 방문, 미식 평론가와 옛 동료 셰프의 등장, 까다로운 손님의 불평불만, 보조 셰프와 매니저의 갈등, 견과류 알레르기 손님의 혼절 등으로 인해 앤디는 스트레스가 계속 쌓여만 간다. 이혼 문제로 스트레스 상황에 놓여 있는 앤디가 레스토랑에서 벌어지는 다양한 위기 상황으로 인해 느끼는 압박감과 긴장감을 원 테이크 촬영으로 생생하게 표현한 것이다.

영화는 세트장이 아닌 실제 레스토랑에서 촬영되었는데, 좁은 공간에서 벌어지는 상황을 단 한 번도 끊지 않고 쫓아가는 원 테이크 촬영으로 담아낸다. 크리스마스 시즌의 레스토랑 이야기라 모든 테이블에 손님이 꽉꽉 차 있으며, 레스토랑의 요리사 및 스태프도 대략 15명 정도이다. 한 정된 공간에 많은 사람이 등장하기 때문에 원 숏으로 촬영하기 어려운 상황임에도 불구하고 원 테이크 촬영으로 완성한 것이다.

이러한 촬영 방식은 손님들로 꽉 찬 레스토랑에서 벌어지는 숨 가쁜 상황들을 생생하게 포착하여 주인공이 겪는 압박감과 긴장감을 몰입도 높게 보여 준다. 이는 앤디의 상황이, 그리고 더 나아가 레스토랑의 상황이 얼마나 보일링 포인트(끓는점)에 도달해 있는지를 보여 주는 데 효과적인 형식이다.

11장

영상 재생 속도

영상 재생 속도를 조절하여 영상에 의미를 부여하는 방법도 있는데, 이 역시 화면을 구성하는 방식이기 때문에 확장된 의미의 미장센이라고 할 수 있다. 영화에서 사용되는 종류에는 원래 속도보다 재생 속도를 느리게 하는 슬로우 모션(slow motion), 빠르게 감는 패스트 모션(fast motion), 그리고 필름 프레임의 삭제와 붙임을 통해 재생 방식을 왜곡하는 스텝 프린팅(step printing) 등이 있다. 이들 각각의 활용과 의미를 살펴보자.

1. 〈화양연화〉: 슬로우 모션, 인물의 감정과 아름다운 영상미를 강조하다

슬로우 모션은 영상을 실제보다 느린 속도로 재생하는 기법으로, 상황을 자세히 보여 주고자 할 때나 긴장감을 극대화할 때 사용한다. 또 평범하게 스쳐 지나갈 수 있는 순간이나 대상의 의미를 강조할 때도 사용한다.

앞서 2장 '화면 구도'에서 언급했던 〈화양연화〉에서 왕가위 감독은 여러 중요한 장면에서 슬로우 모션을 사용하여 인물의 감정과 아름다운 영상미를 강조했다. 이 기법은 특히 순간의 아름다움을 강조하며, 인물의 감정을 극대화하여 관객이 인물의 심리적 상태에 더 깊이 몰입하도록 한다. 그럼, 영화에서 사용된 슬로우 모션 장면과 그 의미를 살펴보자.

영화는 한 아파트의 옆집으로 같은 날 이사 온 차우와 리첸의 이야기로 시작한다. 좁디좁은 통로에서 이삿짐을 나르며 차우와 리첸의 짐이 뒤섞이는데, 이는 두 사람의 삶이 얽히게 된다는 의미를 지닌다. 이사를 마치고 차우 부부와 첸 부부가 모두 등장하는 장면이 나온다. 이때 네 명의 인물이 좁은 공간에서 닿을 듯 말 듯 스치는 모습이 슬로우 모션으로 제시되는데, 시간이 느리게 흘러가면서 그 순간의 긴장감이 확대된다. 이는 이들의 관계가 어떻게 얽히며 이야기가 펼쳐질지에 대한 기대감과 긴장감을 조성하며, 이 순간이 그들의 관계에 주요한 변화를 가져오는 중요한 순간임을 강조한다.

리첸이 홀로 국수통을 들고 좁은 골목을 걸어가는 모습 또한 슬로우 모선으로 담았다. 치파오를 입은 리첸의 아름다운 모습이 슬로우 모션으로 강조된다. 이와 더불어 배우자가 있어도 외로운 리첸의 마음을 극대화하여 관객이 그녀에게 깊이 몰입하도록 돕는다. 시간이 느리게 흘러가면서 그 순간의 미묘한 감정이 확대된 것이다.

이후 리첸과 차우는 좁은 국수 골목길에서 마주치는데, 그들이 스쳐 지나가는 장면을 슬로우 모션으로 표현함으로써 인물들의 표정이나 작은 행동에 집중하게 하고, 일상의 아주 평범한 마주침이라 할 수 있는 장면을 의미심장하게 그려 내서 둘의 마주침이 운명인 듯 느껴지게 한다. 이는 두 인물 간의 관계가 어떻게 발전할지에 대한 기대감을 조성한다. 국수 골목은 서로 눈치채지 못하지만 자연스럽게 공간을 공유하는 곳이다. 둘이 스쳐 지나가는 찰나의 순간을 슬로우 모션으로 화면에 담아냄으로써, 아무 연관 없이 달리던 수평선이 갑자기 교차되는 순간처럼 앞으로 그들의 삶이 얽히게 될 것임을 보여 준다.

리첸과 차우가 식당에서 처음 만나 서로의 배우자가 외도하고 있음을 확인하고 둘이 함께 걷는 모습도 슬로우 모션으로 제시된다. 느리게 흐르는 음악과 함께 천천히 걸음을 옮기는 두 사람을 슬로우 모션으로 담아냄으로써, 배우자의 외도 사실을 확인하고 난 이들의 쓸쓸하고 외로운 마음을 극대화하여 관객이 이들의 감정에 더욱 몰입하도록 돕는다. 슬로우 모션은 이들의 외로움과 상실감을 극적으로 드러내는 도구인 것이다.

슬로우 모션이 사용된 또 다른 장면이 있다. 손 부인에게 외출이 잦다는 책망을 들은 뒤 차우를 만나러 나가지 않는 리첸과 사무실에서 일하는 차우를 슬로우 모션으로 담았다. 이 장면에서 슬로우 모션은 리첸과 차우가 만나고 싶은 마음을 억누르며 다른 일을 하는 작은 행동이나 표정 하나하나에 집중하게 한다. 일상적인 행동이 느리게 표현됨으로써, 두 사람 사이의 긴장과 서로에 대한 감정이 점점 깊어 가고 있음을 보여 준다. 즉, 두 사람 사이의 복잡한 감정과 서로에 대한 갈망을 강조하는 것이다.

이러한 슬로우 모션 장면들은 시간을 늘려 인물들의 감정을 더욱 세밀하게 탐구하고, 관객이 그 감정의 뉘앙스를 체감할 수 있게 도와준다. 왕가위 감독은 이 기법을 통해 영화의 감정적 깊이와 시각적 아름다움을 매우 효과적으로 표현한다.

슬로우 모션이 사용된 장면에 자주 반복되는 음악은 'Yumeji's theme'이다. 고독한 정서와 아련한 감정을 담고 있는 첼로곡으로 감정의 흐름을 강화하고, 시대적 분위기와 어우러져 영화의 몰입감을 높인다. 이 음악은 삶의 쓸쓸한 허무를 표현한 곡으로 두 주인공의 감정을 잘 담아내며 느린 화면과 잘 어울린다.

2. 〈레퀴엠〉: 중독으로 인한 정신적 혼란을 시간의 왜곡으로 표현하다

대런 아로노프스키(Darren Aronofsky) 감독의 〈레퀴엠〉[1](2000)은 미국 사회의 약물 중독 문제를 충격적인 스타일의 영상으로 다루었다. 그는 이 영화를 통해 등장인물들이 겪는 약물 의존성과 그로 인한 파멸을 매우 감각적이고 충격적인 방식으로 표현했다. 특히 영상 재생 속도를 달리하는 기법을 자유자재로 사용함으로써 독특한 시각적 효과를 보여 주었다. 즉, 감독의 의도에 따라 영상 재생 속도가 느려지거나 반대로 빨라지기도 한다. 때로는 특이한 시간의 왜곡을 통해 독특하고도 비현실적인 움직임을 만들기도 한다. 이러한 영상 재생 속도의 활용과 의미를 이해하기 위해, 먼저 이 영화에 대해 간략히 알아보자.

이 영화는 허버트 셀비 주니어(Hubert Selby Jr.)의 동명 소설을 바탕으로 만들어졌으며, 네 명의 주인공이 각자의 꿈과 희망을 추구하면서 점차 약물 의존에 빠져드는 과정을 보여 준다. 사라 골드파브(엘렌 버스틴)는 외로운 노년을 보내던 중, TV 쇼에 출연하고 싶은 환상에 사로잡혀 다이어트 약을 복용하기 시작한다. 하지만 이 약 때문에 심각한 정신적, 육체적 합병증을 겪는다. 해리 골드파브(자레드 레토)는 사라의 아들로, 약물 중독에 빠지면서 돈을 벌기 위해 불법적인 일을 시작한다. 그의 약물 사용은 점차 심각해져, 자신의 삶과 사랑하는 이들과의 관계를 파괴한다. 마리온

---

1 이 영화의 전체 제목은 〈레퀴엠 포 어 드림(Requiem for a Dream)〉이다.

실버(제니퍼 코넬리)는 해리의 여자 친구로, 패션 디자이너를 꿈꾸지만 약물 중독으로 인해 자신의 꿈과 사랑을 잃어 간다. 타이론 C. 러브(말런 웨이언스)는 해리의 친구로, 해리와 함께 약물 판매를 시작한다. 타이론은 약물 중독과 법적 문제에 휘말리면서 점점 희망을 잃어 가고, 결국 수감된다. 이 영화는 각 인물이 중독으로 어떻게 꿈을 잃어버리게 되는지, 약물 중독이 인간의 삶을 어떻게 파멸시키는지 공포스러울 만큼 적나라하게 보여 준다.

1) 스텝 프린팅 기법

스텝 프린팅은 독특한 방식으로 시간을 왜곡하여 비현실적인 움직임을 만들어 내는 기법이다. 스텝 프린팅은 1초당 24프레임으로 찍힌 필름 프레임을 16프레임, 8프레임 등으로 줄인 다음, 특정 프레임을 복사해서 줄인 곳에 붙여 넣음으로써 24프레임으로 늘리는 것이다. 같은 이미지가 반복되는 부분이 있기 때문에 영상이 질질 끌리듯이 연결되면서도 툭툭 끊기는 느낌을 주어 독특하고도 비현실적인 움직임을 만들어 낸다(최현주, 2018a: 253).

이해를 돕기 위해 스텝 프린팅 제작 과정을 단순화하여 설명하면 [그림 11-1]과 같다. 필름 프레임 2, 3, 4, 5를 지우고, 앞에 있는 프레임 1을 복사하여 그 자리에 붙여 넣는다. 마찬가지로 필름 프레임 10, 11, 12를 삭제하고, 프레임 9를 복사하여 그 자리에 붙여 넣는 것이다. 그럼, 〈레퀴

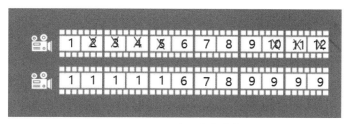

[그림 11-1] 스텝 프린팅 기법

엠〉에서 사용된 스텝 프린팅 장면에 대해 살펴보자.

이 영화에서 스텝 프린팅 기법은 인물들이 약물 복용 후 경험하는 혼란과 시간의 왜곡을 표현하는 데 사용되었다. 영화의 후반부에 사라가 다이어트 약에 중독되어 TV에 출연하지도 않은 자신이 출연한 것으로 보이기도 하고, 냉장고가 움직이는 것으로 보이기도 하며, TV 쇼 진행자가 자기 집에 직접 온 것 같은 헛것이 보이는 등, 환각에 사로잡혀 거리로 뛰쳐나가는 장면이 등장하는데, 바로 이 부분에서 스텝 프린팅 기법이 사용되었다. 이 장면에서 사라는 느릿느릿 움직이는 데 반해 주변에 지나다니는 인물들은 형체를 알아보기 어려울 정도로 질질 끌리면서도 빨리 움직인다. 이렇게 심한 움직임의 왜곡으로 환각에 사로잡힌 사라의 심리적 공포가 시각적으로 극대화된다. 현실감을 줄이고, 사라의 주관적 경험을 시각

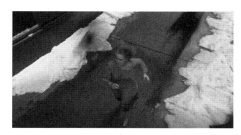

[그림 11-2] 스텝 프린팅(〈레퀴엠〉, 대런 아로노프스키, 2000)

화함으로써 그녀가 느끼는 현실과의 괴리를 강조하는 것이다. 이를 통해 사라가 겪는 공포와 혼란이 얼마나 극심한지를 관객도 강렬하게 체감할 수 있다. 이처럼 스텝 프린팅은 장면의 감정적 강도를 증폭시키며, 인물이 겪는 내면의 혼란과 고통을 관객에게 더욱 강렬하게 전달하는 데 기여한다.

2) 패스트 모션 기법

영화 초반부에 해리와 마리온이 마약을 하고, 많은 사람에게 마약을 판매하는 장면이 나오는데, 이 장면에서는 패스트 모션 기법이 사용되었다. 이는 마약 판매가 급속도로 이루어지는 과정을 시간을 응축하여 속도감 있게 전달한다.

해리가 마약을 한 뒤 환각을 경험하는 장면에서도 패스트 모션 기법이 사용되었다. 마약을 한 뒤 집안에서 이리저리 움직이던 해리는 문득 음악을 멈추고 창문을 바라본다. 그가 바라보던 창문이 서서히 해변의 데크로 변하며, 데크 끝에는 빨간 드레스를 입은 마리온이 서 있다. 마약으로 인한 환각이다. 이 장면에서 패스트 모션 기법은 마약을 한 이후 해리가 집안에서 왔다 갔다 하며 움직이는 시간을 압축하여 제시한 것으로, 마약을 하고 나서 시간이 얼마나 빠르게 흘러가는지 관객에게 보여 주는 효과가 있다.

예를 하나 더 살펴보자. 사라는 자신이 TV 쇼에 출연하게 되었다는 전화를 받은 뒤, 살 뺄 결심을 하고 다이어트 약을 먹기 시작한다. 사라가 다이어트 약을 먹는 모습을 짧은 클로즈업 몽타주로 제시한 뒤, 사라의 일상(방 청소, 거실 청소, TV 시청)을 패스트 모션으로 보여 준다. 사라가 다이어트 약의 효과 때문에 집 안에서 끊임없이 움직이며 일하는 장면을 시간 압축적으로 보여 준 것이다. 방 청소를 마친 사라는 쉬지 않고 거실 청소를 하고, 이어 TV를 시청한다. 이는 다이어트 약을 먹은 사라의 상태를 극적으로 드러냄과 동시에 시간의 흐름을 압축하여 빠르게 보여 준다.

이와 같이 아로노프스키 감독은 패스트 모션 기법을 사용하여 시간의 압축과 더불어 각 인물의 삶에서 일어나는 빠르고 파괴적인 변화를 효과적으로 표현했다.

3) 슬로우 모션+패스트 모션

사라가 다이어트 약 세 알을 한꺼번에 먹은 후 세상이 빙빙 도는 어지러움을 느끼고 병원을 찾아가는 장면이 있다. [그림 11-3]을 보면, 병원에 앉아서 기다리는 사라의 모습이 약간 왜곡되어 있다. 이는 180도에 이르는 넓은 화각을 한 화면에 담아내는 어안 렌즈(fisheye lens)[2]로 촬영된 것이다. 이 렌즈로

[그림 11-3] 어안 렌즈로 촬영된 장면(〈레퀴엠〉, 대런 아로노프스키, 2000)

촬영하면 대상이 왜곡되어 보이는데, 특히 화면 가장자리가 더욱 비정상적으로 왜곡되어 보인다. [그림 11-3]에서 병원 내부는 실제보다 더 넓어 보이고, 화면 가장자리가 비정상적으로 왜곡되어 사라가 화면의 왼쪽 구석에 몰려 있는 듯한 느낌을 주며, 오른쪽 화면에 있는 문도 둥글게 휘었다. 어안 렌즈를 사용함으로써 나타나는 화면의 왜곡은 사라의 시선으로 보는 세상을 표현한다. 사라의 주변 환경이 비정상적으로 보이게 함으로써 현실과 환각의 경계가 흐려지는 사라의 정신 상태를 시각적으로 표현한 것이다. 즉, 이러한 렌즈를 사용함으로써 사라의 환각적 경험에 의한 정신적 혼란을 효과적으로 표현한다.

한편 이 장면에서 사라의 움직임은 슬로우 모션과 패스트 모션을 번갈아 가며 사용했다. 특히 그녀가 공포에 질린 행동을 할 때는 영상 재생 속도가 빨라지면서 공포에 질린 얼굴이 정면으로 부각된다. 이러한 영상은 관객에게 공포감을 주기에 충분하다. 즉, 영상 재생 속도를 달리하는 기법을 자유자재로 사용함으로써 독특한 시각적 효과를 가져다주는데, 이는 중독이라는 영화 주제를 절묘하게 잘 드러낸다.

---

2 어안 렌즈가 사용된 또 다른 장면은 사라가 자신의 아파트에서 TV를 보며 환각을 경험하는 장면이다. 이 렌즈를 통해 방 안의 공간이 과장되게 보이는데, 이는 사라의 고립감과 왜곡된 현실 인식을 강조한다. 냉장고가 그녀를 위협하는 것처럼 보이는 장면이나 벽이 움직이는 것처럼 느껴지는 순간 등이 어안 렌즈로 촬영되어, 그녀의 불안정한 정신 상태를 효과적으로 나타낸다. 어안 렌즈의 사용은 이렇게 사라의 주관적인 시점과 심리적 고통을 관객에게 전달하는 데 중점을 둔다. 이 기법은 관객이 캐릭터의 내면세계와 정신적 혼란을 더 깊이 이해하고 공감할 수 있도록 돕는다.

이상에서 살펴본 바와 같이, 영상 재생 속도의 변화를 통해 〈레퀴엠〉은 중독의 진행과 그에 따른 삶의 파괴적인 변화를 효과적으로 보여 준다.

3. 〈무드 인디고〉: 스톱 모션, 현실과 환상이 섞인 독특한 세계를 표현하다

스톱 모션(stop motion)은 정지해 있는 대상을 1 프레임마다 조금씩 이동하면서 촬영하여 마치 대상이 계속 움직이고 있는 것처럼 보여 주는 촬영 기법이다. 촬영할 대상의 모형을 만들고 그 모형을 조금씩 움직여 가며 1 프레임 단위로 계속 촬영해 편집한 것이다.

미셸 공드리 감독의 〈무드 인디고(Mood Indigo)〉(2013)는 운명적인 사랑에 빠진 남자 주인공 콜랭과 여자 주인공 클로에가 결혼하지만 클로에가 병에 걸려 죽는 비극적인 사랑 이야기를 담고 있다. 지극히 평범한 사랑 이야기를 독특한 영화로 만든 비법은, 기발한 상상력으로 초현실적인 상황을 설정하고 이를 영상으로 표현한 감독의 독특한 스타일에 있다. 영화에서 콜랭은 칵테일을 제조하는 피아노를 발명해 부자가 되었고, 클리에는 오른쪽 폐에 수련 꽃이 자라는 병에 걸려 죽음을 맞이한다. 이러한 초현실적인 상황 설정도 특이하지만, 칵테일 피아노, 구름 모양의 나는 캡슐, 투명 리무진 등을 영상으로 표현한 방법도 기발하다.

〈무드 인디고〉에는 스톱 모션으로 촬영된 장면들이 나오는데, 특히 오

[그림 11-4] 스톱 모션 장면(〈무드 인디고〉, 미셸 공드리, 2013)

프닝에 등장하는 요리 장면이 인상적이다. 콜랭이 자신이 발명한 칵테일 피아노를 보여 주기 위해 시크를 초대하고 그에게 대접할 요리를 준비한다. 콜랭의 변호사이자 요리사인 니콜라가 만든 음식들은 요리가 스스로 움직이며 모양을 만든다. 이런 움직임은 스톱 모션으로 하나하나 세밀하게 촬영된 것이다. 이후 등장하는 니콜라가 케익을 만드는 모습 역시 스톱 모션으로 촬영되었다.

공드리 감독은 스톱 모션 특유의 리듬감 있는 속도를 이용해 요리 장면을 빠르고 긴박하게 연출함으로써, 요리가 마치 마법처럼 만들어지는 듯 표현했다. 또한 일상적인 물건들이 살아 움직이는 듯한 장면들이 스톱 모션 기법으로 등장하는데, 마치 장난감이 살아 있는 것 같은 시각적 매력을 발산하여 영화의 초현실적인 분위기를 강화하고 관객에게 판타지적인 재미를 준다. 또한 스톱 모션 특유의 약간의 끊김과 점프로 연출되어 유쾌한 감각을 만들어 내며 현실과 환상이 뒤섞인 독특한 세계를 보여 준다. 이와 같은 스톱 모션 장면들은 영화의 몽환적이고 동화적인 정서를 전달한다.

12장

화면 비율

영화는 처음부터 끝까지 한 가지의 화면 비율을 사용하는 것이 일반적이다. 하지만 한 편의 영화에서 내용에 따라 화면 비율을 변경하여 제작하는 경우도 있다. 원래 보여 주던 시간대와 다른 장면을 보여 줄 때 관객이 시간대를 구분할 수 있도록 의도적으로 화면 비율을 다르게 하는 경우도 있고, 상상이나 꿈처럼 현실이 아닌 장면을 보여 줄 때 다른 화면 비율을 사용하기도 한다. 특정 장면에서만 화면 비율을 달리하여 의미를 담아낸 것인데, 그러한 영화를 분석하여 내포된 의미가 무엇인지 알아보자.

1. 화면 비율의 변천

영상의 화면 비율을 통한 의미 전달에 대해 살펴보자. 영화의 화면 비율은 기술의 발달 및 사회적 상황에 따라 변화해 왔기 때문에 영화 제작 시기에 따라 주로 사용된 화면 비율이 다르다. 화면 비율의 역사적인 변천 과정은 다음과 같다.

1891년에 에디슨이 발명한 영사기, 키네토스코프(kinetoscope)의 화면 비율은 4 대 3(1.33 대 1)이었다. 키네토스코프는 폭 35mm의 필름을 돌려 감기 위해서 필름 양옆에 구멍을 뚫고 구멍 4개마다 1개의 프레임을 배치했다. 그래서 기록되는 영상의 크기가 가로 24mm 세로 18mm, 즉 4 대 3 (1.33 대 1) 비율이었다. 이 크기의 필름으로 촬영하고, 이 비율 그대로 영사기에서 상영했다.

하지만 유성영화 시대가 도래하면서, 필름의 양쪽 가장자리에 광학 사운드 트랙을 배치해야 했기 때문에 화면 비율이 1.2 대 1까지 축소되기도 했는데, 거의 정사각형에 가까운 이 비율은 미학적으로 만족스럽지 못했다(정헌, 2013). 결국 필름의 세로를 일부 줄여 다시 화면의 가로 비율을 넓혔고, 1932년 미국의 영화예술과학아카데미(Academy of Motion Picture Arts and Sciences) 위원회에서는 1.37 대 1(22mm×16mm)을 35mm 유성영화의 보편적인 화면 비율로 정했다. 아카데미 비율(Academy ratio)이라고 부르는 1.37 대 1 비율은 1930년대부터 1950년대 중반까지 영화 산업에서 널리 사용되었다.[1] 수많은 고전 영화가 아카데미 비율로 만들어졌기 때문에, 이 비율을 사용한 영화는 고전 느낌이 난다. 현대의 감독들은 때때로 고전적인 느낌을 내기 위해 아카데미 비율을 사용하기도 한다. 예를 들어, 웨스 앤더슨 감독은 〈그랜드 부다페스트 호텔〉에서 1930년대의 이야기 부분을 아카데미 비율로 표현하여 그 시대의 분위기를 전달했을 뿐만 아니라 서로 다른 시기의 이야기들을 구분하는 시각적 방법으로도 사용했다(최현주, 2018a: 285~286).

하지만 1950년대에 접어들면서 TV의 대중화로 영화계가 위기를 맞이하는데, 특히 1954년에 공식적으로 컬러 방송이 시작되면서 극장의 위기는 극에 달한다. 영화계는 TV의 대중화로 감소한 영화관 방문객 수를 늘리기 위한 전략의 일환으로 스크린을 크고(대형화), 넓게(와이드화) 만들기 시작했다. 당시 TV는 영화관에서 사용하던 화면 비율을 자연스럽게 가져와 화면 비율을 4 대 3(1.33 대 1)으로 해서 집에서도 영화를 볼 수 있도록 했다.[2] 영화계는 TV와 차별화하기 위해 1950년대 초반에 1.66 대 1 비율[3]의 와이드 스크린을 사용했다. 가로가 더 넓은 와이드 스크린을 통해 TV

---

1 네이버 영화 〈스페셜 리포트〉 화면 비율 http://today.movie.naver.com/today/today. nhn?sectionCode=SPECIAL_REPORT&sectionId=2081(2016.2.1)

2 TV 화면 비율인 1.33 대 1과 영화 화면 비율인 1.37 대 1은 사실 큰 차이가 없기 때문에, 영화만의 스펙터클한 화면 비율을 만들어 내려고 한 것이다(최현주, 2018a: 286~287).

3 1.85 대 1과 함께 파라마운트 픽처스에서 만든 화면 비율이다. 1.33 대 1이나 1.37 대 1은 지나치게 좁고 1.85 대 1은 지나치게 넓다고 판단하는 감독들이 선택하는 경향이 있다(나무위키, 화면 비율).

화면에서 경험할 수 없는, 보다 현실감 있는 영상을 보여 주고자 했다. 하지만 이후에 가로가 좀 더 넓은 포맷의 와이드 영상들이 등장하는데, 시네라마(cinerama)와 시네마스코프(cinema scope) 방식이 대표적이다.

시네라마는 2.59 대 1의 화면 비율로, 180도의 시야를 제공하는 큰 곡선형 스크린에 세 대의 영사기(왼쪽, 중앙, 오른쪽)로 투사하는 방식으로, 관객에게 몰입감 있는 시각적 경험을 제공한다(정헌, 2013). 세 개의 동기화된 35mm 카메라를 사용하여 넓은 시야를 촬영하고, 이렇게 촬영된 영상은 세 개의 프로젝터를 통해 큰 곡선형 스크린에 동시에 상영되어 영상이 하나로 연결되는 효과를 만들어 낸다. 시네라마 스크린은 일반적인 평면 스크린과 달리 곡선형이어서, 시야를 더욱 확장시키고 관객이 영화 속으로 빠져들 수 있도록 한다. 이 시스템은 특히 광활한 풍경과 역동적인 장면을 생생하게 재현하고자 할 때 사용된다. 시네라마는 복잡성과 비용 때문에 오늘날 널리 사용되지는 않지만 IMAX 등과 같은 현대 대형 스크린 포맷의 전신으로 볼 수 있다.

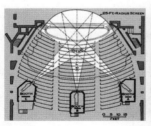

[그림 12-1] 시네라마
자료: https://www.researchgate.net/

반면 시네마스코프는 촬영과 영사 모두에서 아나모픽 렌즈(anamorphic lens)를 쓰며, 와이드 영상을 구현하는 방식으로 화면 비율이 2.66 대 1, 2.53 대 1, 1.66 대 1 등으로 다양했지만 2.35 대 1 비율이 스탠더드 비율이 되었다(김형석, 2014).

[그림 12-2] 시네마스코프
자료: http://www.widescreenmuseum.com/widescreen/cscope-ac.htm)

2000년대 이후로는 2.39 대 1 비율이 주로 사용된다. 아나모픽 렌즈는 영상을 가로 방향으로 압축하여 필름에 기록하고, 상영 시에는 아나모픽 프로젝션 렌즈로 압축된 이미지를 원래 비율로 확장하여 넓은 화면으로 표시한다([그림 12-2]). 아나모픽 렌즈로 촬영함으로써, 기존 35mm 필름에 넓은 화면 비율의 이미지를 압축하여 담을 수 있었다. 이 비율은 풍경, 도시 경관, 대규모 액션 장면 등을 포착하는 데 탁월하며, 관객에게 몰입감을 선사한다. 시네마스코프는 시네라마보다 간편하고 비용이 적게 들지만, 상영할 때 압축된 이미지를 확대하기 때문에 화질 저하 문제가 발생한다는 단점이 있다.

화질 저하 문제를 해결하기 위해 1950년대에 파라마운트 픽처스가 비스타비전(VistaVision)이라는 영화 촬영 및 상영 포맷을 개발했다. 비스타비전은 35mm 필름을 수평으로 작동시켜 표준의 2배 크기인 필름을 사용했으며, 변형 렌즈를 사용하지 않고 1.85 대 1 또는 1.66 대 1의 화면 위에 선명한 색상을 구현했다(이석원, 2015). 현재 초기 비스타비전의 수평 주행 방식은 사라졌지만, 1.85 대 1 비율은 2.39 대 1 비율과 함께 극장가에서 가장 일반적으로 사용되고 있다. 이 비율은 와이드 스크린 뷰를 제공하면서도 극단적으로 넓지 않아 다양한 장르의 영화에 적합하다.

오늘날 가장 보편적으로 사용하는 화면 비율은 16 대 9(1.77 대 1)[4]이다. 이 비율은 1980년대 후반 HDTV 표준을 정하면서 미국영화텔레비전기술자협회에서 제시했는데, 1.33 대 1(4 대 3)과 2.35 대 1의 중간 비율로 폭이 좁은 영화나 넓은 영화 모두 레터 박스[5]를 넣어 보완할 수 있어서 대중화되었다. 16 대 9 화면 비율은 이후 DVD에서 HDTV, UHD까지 와이드 스크린의 표준으로 널리 쓰이게 되었다(박지현, 2020.6.24).

이와 같이 영화 화면 비율은 기술의 발달과 사회적 필요에 의해 변천해왔기 때문에 시대마다 널리 사용되는 비율이 달랐다. 현재 주로 사용하는 화면 비율은 16 대 9(1.77 대 1)이나 1.85 대 1, 2.39 대 1이라고 할 수 있지만, 영화에서 감독의 의도에 따라 다른 화면 비율을 사용하기도 한다.

데이미언 셔젤 감독은 〈라라랜드〉에서 2.55 대 1 화면 비율을 사용했다. 현대의 시네마스코프는 2.35 대 1인데, 굳이 2.55 대 1을 사용한 것이다. 2.55 대 1은 고전 뮤지컬 영화가 성행했던 1950년대 할리우드에서

---

4 TV 화면비로는 1.77 대 1, 영화 화면비로는 1.78 대 1로 표기된다. TV 화면비는 소수점 셋째 자리를 '버림'했고, 영화 화면비는 '올림'했다.

5 화면 비율을 맞추기 위해 화면의 위아래에 넣는 검은 띠를 가리키며, 일반적으로 자막을 제공하는 데 사용된다.

TV에 대응하기 위해 사용했던 화면 비율로, 셔젤 감독은 고전 뮤지컬 영화를 재현하듯 화면 비율까지 그대로 따라 한 것이다.

김지운 감독은 〈거미집〉(2021)에서 1970년대 유신 정권 시절의 이야기를 펼치며 당시 주로 사용했던 1.66 대 1(5 대 3) 화면 비율을 사용하여 그 시절을 떠올리게 했다. 시나리오 사전 검열을 통과해야만 영화를 찍을 수 있었던 시대를 배경으로 영화 촬영에 대한 이야기를 펼치는데, 당시의 분위기를 재현하기 위해 1970년대 말투, 의상 등을 사용하면서 화면 비율도 1.66 대 1 비율을 사용했다. 영화가 TV와의 차별화를 위해 사용한 1.66 대 1 비율은 최근에는 거의 사용되지 않는다.

2. 〈애스터로이드 시티〉: 화면 비율, 내화와 외화를 구분짓다

웨스 앤더슨 감독의 〈애스터로이드 시티〉는 동명의 연극이 만들어지는 과정을 TV 프로그램 형식으로 담아낸 영화이다. 연극 '애스터로이드 시티'는 1955년에 운석이 떨어진 가상의 사막 도시에서 벌어지는 기상천외한 일들을 보여 준다. 이 도시에서는 매년 '소행성의 날' 행사를 개최하는데, 행사 도중 외계인이 운석을 훔쳐 계엄령이 반포되고 도시가 격리된다. 전화 제보를 통해 이 사실은 기사화되고, 이후 격리가 해제되어 사람들은 도시를 떠난다. 이러한 내용을 담은 연극과 그 제작 현장을 TV 프로그램 형식으로 담아낸 것이다.

이 영화는 한 영화 속에 두 이야기가 있는 '극 중 극' 형식, 즉 액자식으로 구성되어 있다. 즉, '애스터로이드 시티'라는 연극과 그 연극의 제작 과정을 보여 주는 현실을 오가며 이야기가 진행된다. 액자의 내부의 스토리(내화)는 '애스터로이드 시티'라는 연극으로, 주된 사건은 1950년대 소행성 충돌 연구가 이루어지는 가상의 사막 도시에서 전개되며 이때 화면은 2.35 대 1의 와이드 스크린 비율로 펼쳐진다. 이 비율은 넓은 풍경을 강조하며, 앤더슨 감독 특유의 대칭적이고 정교한 미장센을 더욱 돋보이게 한다. 반면 액자의 외부에 있는 스토리(외화)는 이 연극의 제작 과정을 보여 주는 TV 프로그램의 이야기를 다루는데, 이때는 4 대 3의 좁은 화면 비율로 촬영된다. 이 비율은 고전적인 TV 화면이나 무대극의 느낌을 준다.

이와 같이 앤더슨 감독은 액자식 구성을 사용하며, 구조를 명확하게 구하기 위해 화면 비율과 컬러를 달리했다. [그림 12-3]과 같이 '애스터로이드 시티'라는 연극은 컬러 영상으로 와이드 화면인 2.39 대 1(시네마스코프) 비율을 사용했고, TV 프로그램에서 이 연극이 만들어지는 과정을 보

내화-컬러, 2.39 대 1   외화-흑백, 1.37 대 1

[그림 12-3] 화면 비율(〈애스터로이드 시티〉, 웨스 앤더슨, 2023)

여 주는 장면은 흑백으로 1.37 대 1 비율을 사용했다.[6]

이처럼 〈애스터로이드 시티〉에서 화면 비율은 중요한 연출 기법으로 쓰였다. 앤더슨 감독은 화면 비율을 단순한 시각적 변화 이상으로, 즉 영화의 구조적 특징을 보여 주는 중요한 장치로 사용한 것이다.

앤더슨 감독은 그의 또 다른 작품인 〈그랜드 부다페스트 호텔〉에서도 다양한 화면 비율을 사용했다. 영화는 다양한 시기의 이야기를 액자식으로 구성하고 있는데, 각 시대의 이야기가 진행될 때마다 그 당시 사용했던 화면 비율을 사용했다. 현재 장면은 1.85 대 1로, 1960년대 장면은 당시 영화 표준인 2.35 대 1로, 1930년대 부분에서는 당시 영화 표준인 1.37 대 1을 사용한다. 이는 각 시대별로 당시에 가장 보편적이었던 화면비를 써서 그 시대상을 표현한 것이다.

이처럼 〈그랜드 부다페스트 호텔〉에서 앤더슨 감독은 화면 비율의 변화를 통해 '시간 배열을 시각화'했다. 이는 관객이 시대 배경을 더 명확하게 인식하도록 돕고, 각 시대의 영화적 스타일을 반영함으로써 시각적으로 풍부한 경험을 제공한다. 이러한 접근 방식은 앤더슨의 작품에서 자주

---

6 영화 후반부에 배우들이 '잠들지 않으면 깨어날 수 없다'를 반복적으로 말하는 장면이 나온다. 이 대사에서 '잠들다'는 흑백, 죽음을 의미하고, '깨어나다'는 컬러, 삶으로 해석할 수 있다. 이는 영화를 제작할 때 무대 뒤(흑백)의 노력이 있어야 완성된 극(컬러)을 완성할 수 있다는 뜻으로 해석할 수 있다. 이 장면은 연극 장면이 아니라 무대 뒤의 상황이므로, 이 영화의 제작 규칙에 따르면 1.37 비율의 흑백으로 구성되어야 한다. 하지만 화면 비율은 그대로 1.37 대 1 비율을 사용하면서도 흑백이 아닌 컬러로 표현했다. 여기서 컬러는 이 장면의 중요성을 강조하는 효과를 가진다.

볼 수 있는, 세심하게 계획된 미장센과 어우러져 영화의 독특한 서사적, 시각적 스타일을 만들어 낸다.

3. 〈프렌치 디스패치〉: 화면 비율, 시각적 유희를 즐기다

앤더슨 감독은 그의 또 다른 영화인 〈프렌치 디스패치〉[7]에서도 다양한 화면 비율을 사용했다. 〈프렌치 디스패치〉는 활자로 인쇄되는 매거진을 영상으로 옮겨 놓은 것처럼 보이는 영화이다. 인쇄 매체인 잡지를 보는 듯한 연출을 통해 지역 잡지에 대한 그리움을 불러일으킨다.[8]

---

[7] 이 영화의 전체 제목은 'French Dispatch of The Liberty, Kansas Evening Sun(프렌치 디스패치 오브 더 리버티, 캔자스 이브닝 선)'이다. '디스패치(dispatch)'는 '특파원으로 파견된 기자가 본사에 보내는 기사'라는 뜻이다('dispatch' 자체에 '문서'라는 뜻도 있다). 그러므로 이 영화의 제목인 '프렌치 디스패치'는 '캔자스 이브닝 선'에 소속되어 있지만 프랑스에 거주하면서 프랑스의 소식을 매주 캔자스로 보내는 주간지를 뜻한다. '리버티(Liberty)'는 캔자스 주에 소재한 실제 도시명이다. 그리고 '캔자스 모닝 선(Kansas Morning Sun)'이라는 신문도 실제로 운영 중이다. 다만 영화에서는 이를 살짝 비틀어 '캔자스 이브닝 선(Kansas Evening Sun)'으로 바꿨다(https://writingstudio.tistory.com/entry/Review-%ED%94%84%EB%A0%8C%EC%B9%98-%EB%94%94%EC%8A%A4%ED%8C%A8%EC%B9%98French-Dispatch-2021-%EB%A6%AC%EB%B7%B0, 2024-12-13).

[8] 앤더슨은 매거진 '뉴요커(The New Yorker)'의 열렬한 팬으로, 저널리즘에 관한 영화를 만들어야겠다고 생각했다고 한다. 영화 속 기자들과 매거진 내용의 상당 부분을 실제 '뉴요커'의 기자들과 기사 내용에서 착안했다고 한다(https://writingstudio.tistory.com/entry/Review-%ED%94%84%EB%A0%8C%EC%B9%98-%EB%94%94%EC%8A%A4%ED%8C%A

한 권의 잡지처럼 구성된 〈프렌치 디스패치〉는 기자 4명이 쓴 네 편의 기사가 옴니버스 형식으로 연결되어 있다. '프렌치 디스패치'는 20세기 초 프랑스에 위치한 오래된 가상의 도시 앙뉘-수-블라세(Ennui-sur-Blasé)에서 발생한 다양한 사건의 희로애락을 담아내는 미국 매거진이다. 어느 날 갑작스러운 편집장의 죽음으로 최정예 저널리스트들이 한자리에 모이고 마지막 발행본에 실을 네 편의 기사를 작성하게 되는데, 이 영화는 바로 그 마지막 발행본에 실릴 네 편의 기사에 관한 이야기이다. 영화의 구성을 간략하게 살펴보면 다음과 같다.

오프닝

"편집장 사망, 향년 75세." 동시대 최고의 기자들을 모아 '프렌치 디스패치'로 리뉴얼한 아서 하위처 주니어가 죽음을 맞이한다. 그의 유언대로 잡지 발행이 영구적으로 중지되면서 폐간이 결정되고, 기자들은 마지막 발행본을 준비한다.

섹션 1(여행 섹션: 자전거 타는 기자)

여행 칼럼 기자인 새저랙(오언 윌슨)은 자전거를 타고 프랑스 도시 앙뉘-수-블라세의 여러 곳을 돌아다니며 도시의 구석구석을 소개한다. 섹션 1은 도시 앙뉘-수-블라세가 어떤 곳인지, 어떤 분위기를 가졌는지를 보여

8%EC%B9%98French-Dispatch-2021-%EB%A6%AC%EB%B7%B0, 2024-12-13).

주는 부분이기 때문에 그리 길지 않다. 본격적인 내용은 섹션 2부터이다.

섹션 2(예술 섹션: 콘크리트 걸작)

문화 예술 전문 기자 베렌슨(틸다 스윈턴)이 진행하는 미술품 설명회에서 천재 예술가이자 사형수인 모세 로젠탈러(베니시오 델 토로)의 옥중 예술작 '콘크리트 걸작'이 소개된다. 로젠탈러는 교도관인 시몬을 뮤즈로 삼고 그림을 그렸는데, 교도소에서 열린 전시회에서 우연히 그림의 진가를 알아본 다른 수감자 줄리안 카다지오(탈세 혐의로 복역 중)가 그 그림을 산다. 카다지오는 출소 직후 로젠탈러의 독점 중개인 역할을 하며 미술계에 그의 작품을 알린다. 시간이 지나고, 로젠탈러가 새로운 작품을 완성한다. 카다지오는 감옥 간수들에게 뇌물을 먹여 미술품 투자자들이 감옥 안으로 들어가 로젠탈러의 작품을 감상할 수 있도록 만든다. 그러나 로젠탈러가 교도소의 콘크리트 벽면에 그림을 그린 것을 알고 작품을 옮길 수 없다는 사실에 격분한다. 그때 죄수들의 폭동이 일어나고, 이를 진압한 로젠탈러가 종신 집행유예를 받아 자유를 얻는다. 이때 베렌슨과 동행한 클람펫 여사는 로젠탈러의 그림을 선구매한다. 후에 클람펫 여사는 전문가를 동원하여 교도소 벽을 통째로 뜯어서 로젠탈러의 작품을 캔자스에 소재한 미술관으로 옮긴다. 훗날 이 일들을 보고 겪은 베렌슨이 로젠탈러와의 추억을 회상하며 호텔방에서 이에 대한 내용을 기사로 작성한다.

섹션 3(정치/시 섹션: 선언문 개정)

저널리즘 원칙을 고집하는 여기자 루신다 크레멘츠(프랜시스 맥도먼드)는 학생 대표 제피렐리(티모테 샬라메)가 주도하는 학생운동을 집중적으로 취재하며 청년들의 분노와 슬픔에 관한 이야기를 전한다. 대학 행정처와 학생들은 남학생의 여기숙사 출입을 놓고 협상을 벌이는데, 협상은 체스 내기 끝에 결렬되고 시위가 지속된다. 당시 현장을 취재하던 루신다는 학생 시위를 이끄는 제피렐리 집에 갔다가 선언문을 작성 중이던 그와 대면하고, 그가 쓰고 있던 어설픈 선언문을 수정해 준다. 제피렐리의 동료인 줄리엣은 그의 개정된 선언문에 반발한다. 그러나 개정에 대한 제피렐리의 해명에 줄리엣은 화가 조금 누그러진다. 때마침, 발포가 시작되어 줄리엣과 제피렐리는 자전거를 타고 어지러운 현장을 벗어나 라디오 방송으로 선언문을 낭독하려고 한다. 그때 송전탑의 전압이 나가고 제피렐리가 이를 고치려다가 죽음을 맞이한다. 사망한 제피렐리는 사람들에게 젊은 학생 영웅으로 남게 된다. 이후 루신다는 공책 뒤에 제피렐리가 급히 쓴 시적인 메모를 발견한다. 학생들의 혁명이 끝났다는 말로 루신다의 기사가 마무리된다.

섹션 4(음식 섹션: 경찰서장의 전용 식당)

이 섹션을 작성한 기자는 로벅 라이트(제프리 라이트)이다. 그는 경찰서장에게 저녁 초대를 받은 날 벌어졌던 사건에 대해 TV 쇼에 출연해 이야기한다. 그는 초대장 뒤편의 약도를 보면서 가지만 상당히 복잡한 구조에 길을 헤맨다. 길을 찾아가면서, 경찰서의 수석 요리사 네스카피에 경위가 개발한 경찰 요리에 대해 소개한다. 이후 만찬에 참석하는데, 도중에 경찰서장의 아들이 납치되었다는 전화를 받는다. 아들이 납치된 장소를 알아내는 데 성공한 경찰들은 아들이 보낸 모스 부호에 따라 납치범들에게 요리사 네스카피에를 보낸다. 네스카피에가 음식을 만들자 납치범들은 음식에 독이 있을지 모르니 그에게 먼저 먹어 보라고 한다. 실제로 음식에 독이 들었지만 네스카피에는 알면서도 독이 든 음식을 먹는다. 납치범들이 따라서 먹게 만들기 위해서였다. 맹독으로 인해 납치범 대부분이 쓰러지고 네스카피에도 쓰러진다. 그러나 유일하게 독이 든 음식을 먹지 않았던 운전기사가 아들을 데리고 도망가고, 격렬한 추격전 끝에 아들을 구출한다. 독에 내성이 있던 네스카피에는 깨어난다. 네스카피에는 병상에 누운 채 맹독에서 느낀 미묘한 '맛'에 대한 느낌을 술회한다. 이에 대한 내용을 기사로 작성하면서 이야기가 마무리된다.

엔딩(쇠락/사망 섹션)

기자들이 한자리에 모여 편집장을 추모하며, 함께 부고문을 작성하는 것으로 영화는 끝이 난다.

작은 마을에서 발행되는 지역 잡지를 영상화했기 때문에, 특정 주제만을 전문적으로 다루는 것이 아니라, 여행, 예술, 정치, 음식처럼 다양한 주제를 다룬다. 영화는 지역 잡지라는 활자 매체를 시각적으로 영상화하기 위해 화면을 평면적으로 구성하고 화면 비율의 전환, 흑백/컬러의 전환을 자유롭게 사용한다.

잡지에 제일 먼저 등장하는 여행 섹션은 컬러 화면으로 구성된다. 하지만 뒤이어 등장하는 예술, 정치/시, 음식 섹션은 대부분이 흑백 화면으로 구성되며 가끔씩 컬러 화면이 등장한다. 앞서 6장 '색채 미장센'에서 다룬 〈프란츠〉나 〈메멘토〉만큼 체계적인 규칙 아래 흑백과 컬러를 사용하지는 않는다. 하지만 이 영화가 글로 이루어진 지역 잡지의 영상화를 표방하고 있음을 생각하면, 잡지라는 인쇄 매체의 흑백/컬러 사용 방식을 그대로 가져다 썼다는 것을 알 수 있다. 즉, 이 영화의 여행 섹션에서는 컬러만 쓰였는데, 이는 잡지에서 여행 관련 기사들은 대부분 컬러 사진으로 여행지의 매력을 보여 준다는 점에서, 영화에서도 역시 흑백이 아니라 컬러로 표현했다는 것을 알 수 있다.

하지만 예술, 정치/시, 음식 섹션에서는 대부분의 영상이 흑백 화면이고 가끔씩 컬러 화면이 등장한다. 여기서 흑백 화면은 문자로 쓰인 글을, 가끔씩 등장하는 컬러 화면은 잡지 기사에 드문드문 등장하는 컬러 사진이나 삽화를 의미한다.

이처럼 이 영화에서는 흑백 화면과 컬러 화면으로 인쇄 잡지의 형식을 표현하고 있다. 즉, 인쇄 잡지 기사에서 강조하고 싶은 부분에 컬러 사진을 사용하듯(글은 흑백으로, 사진은 컬러로), 이 영화에서도 강조하고 싶은 부분에 컬러 영상을 사용한 것이다.

이러한 형식적인 쓰임새는 화면 비율의 전환에서도 나타난다. 이 영화는 주로 1.37 대 1의 비교적 좁은 화면비를 사용하여 하나의 대상에 집중하기 좋은 구도를 구사한다. 하지만 1.85 대 1 화면 비율과 2.39 대 1 화면 비율이 가끔 등장한다.

1.85 대 1 화면 비율은 [그림 12-4]의 첫 번째 그림처럼 영화 타이틀이 등장할 때만 사용된다.

2.39 대 1의 와이드 스크린으로 전환되는 장면은 세 번 등장한다. 첫 번째는 모세의 새 작품을 처음 접할 때 화면이 흑백에서 컬러로 변하며 와이드 스크린으로 변한다([그림 12-4]의 세 번째 그림).

1.85:1   1.37:1   2.39:1

[그림 12-4] 화면 비율의 변화(〈프렌치 디스패치〉, 웨스 앤더슨, 2021)

두 번째로 와이드 화면이 사용된 장면은 로젠탈러의 그림을 선구매한 클람펫 여사가 후에 전문가를 동원하여 로젠탈러의 그림이 그려진 벽을 통째로 뜯어 미국 캔자스 리버티에 소재한 미술관으로 옮기는 장면이다. 이 장면은 내레이션과 함께 로젠탈러의 벽화에서 시작하여 그 벽화를 소장한 미술관 외관을 달리 아웃으로 보여 주는데, 바로 이 장면에서 영상이 흑백에서 컬러로 바뀌고 와이드 스크린으로 변한다.

세 번째는 체스판 혁명에 대해 설명해 주는 영상에서 와이드 스크린으로 전환된다. 영상은 여전히 흑백이다. 선언문 개정에 대해 줄리엣이 반발하는 장면을 와이드 스크린으로 전환했는데, 제피렐리와 줄리엣, 그리고 루신다의 갈등을 보여 주기 위해 와이드 스크린을 사용한 것이다.

〈애스터로이드 시티〉에서는 연극과 TV 프로그램(연극이 만들어지는 과정을 보여 주는)이라는 2개의 구조를 구분 짓는 장치로, 〈그랜드 부다페스트 호텔〉에서는 영화 속 이야기의 시대를 시각화하는 장치로서 화면 비율을 다르게 사용했다. 반면, 〈프렌치 디스패치〉에서는 다른 화면 비율을 사용했지만 특정한 규칙이나 의도를 파악하기 어렵다. 〈프렌치 디스패치〉에서 하나의 씬에서조차 다른 화면 비율을 사용하거나 흑백과 컬러를 오간 것은 웨스 앤더슨 감독 자신만의 미적 유희 또는 지적 유희의 장치로 읽힌다.

4. 〈악마와의 토크쇼〉: 화면 비율, 장면을 구분 짓다

캐머런 카이네스(Cameron Cairnes), 콜린 카이네스(Colin Cairnes) 형제 감독의 〈악마와의 토크쇼(Late Night with the Devil)〉(2024)는 1977년 할로윈 특집으로 생방송된 토크쇼의 녹화본이 발견되었다는 설명과 함께 시작한다. 1977년 할로윈 전날 밤, 심야 토크쇼인 '올빼미 쇼'의 진행자 잭 델로이는 시청률을 높이기 위해 악마에 대한 할로윈 특집 방송을 진행한다. 혼령과 대화하는 영매 크리스투(페이샬 바찌), 초자연 현상의 실체를 밝히는 전직 마술사 카마이클(이안 블리스), 악마 숭배 집단에서 살아남은 소녀 릴리(잉그리트 토렐리), 초심리학자 준 박사(로라 고든)를 초대하여 이야기를 나누는 자리에 진짜 악마가 무대를 장악하면서 방송 사고가 벌어진다.

〈악마와의 토크쇼〉는 1977년 10월 30일에 방영된 '올빼미 쇼'의 녹화본을 발견하여 보여 주는 설정이기 때문에, 토크쇼 녹화본은 1970년대 TV의 화면 비율인 4 대 3을 사용했다([그림 12-5]의 첫 번째 화면). 다소 선명하지 않은 듯한 컬러 화면과 4 대 3 비율의 화면을 사용함으로써 아주 오래전 초창기 컬러 TV를 마주하는 듯한 느낌을 준다.

하지만 중간중간 "광고 보고 오겠습니다"라는 멘트 뒤에 나오는 방송 비하인드 장면은 흑백 화면으로 진행되며, 화면 또한 1.85 대 1 비율을 사용해 생방송 장면과 차이를 두었다([그림 12-5]의 두 번째 화면). 즉, 토크쇼 방송 녹화본이 나오고 있는 동안에는 컬러 화면이고 4 대 3 화면 비율인 반면, 토크쇼가 녹화 중이 아닐 때는 흑백 화면이며 1.85 대 1 화면 비율로 진행된다.

하지만 영화 후반부에 잭이 악마에 의해서 환상을 볼 때는 또다시 화면

| 4:3 | 1.85:1 | 2.35:1 |

[그림 12-5] 화면 비율(〈악마와의 토크쇼〉, 캐머런 카이네스 & 콜린 카이네스, 2024)

을 전환하여 2.35 대 1 비율을 사용한다([그림 12-5]의 세 번째 화면). 이는 공간감을 넓혀서 잭이 느끼는 이질감과 소외감을 표현하는 효과가 있다. 이와 더불어 2.35 대 1의 화면 비율을 사용한 장면은 방송 녹화분도 아니고 비하인드 영상도 아니라, 잭의 환상이라는 점을 구분하여 보여 주기 위한 전략이라고 볼 수 있다.

13장

분할 화면

    분할 화면(split screen)은 한 화면을 여러 영역으로 나누어 각각 다른 내용을 동시에 보여 주는 기법이다. 디지털 기술이 발전하면서 분할 화면 기법이 영화에서 많이 사용되는데, 어떤 목적과 용도에서인지 살펴보자.

1. 〈레퀴엠〉: 분할 화면, 감정의 긴장과 중독의 혼란을 표현하다[1]

대런 아로노프스키 감독의 〈레퀴엠〉은 중독의 처참함을 극단적으로 보여 주는 영화이다. 영화는 다이어트 약에 중독된 사라, 그리고 마약에 중독된 해리, 마리온, 타이론을 통해 마약이 얼마나 인간을 처참하게 만드는지 적나라하게 보여 준다. 영화는 인물들의 내면적 고통과 중독의 혼란을 강조하기 위해 다양한 시각적 기법을 사용하는데, 분할 화면은 감정의 긴장과 중독의 혼란을 효과적으로 전달하는 데 중요한 역할을 한다.

1) 동시성 표현

영화는 프롤로그 영상에서부터 분할 화면을 사용한다. TV 쇼 프로그램을 잠시 보여 주다가 TV가 꺼지면서 해리가 어머니인 사라의 집에서 TV를 끌고 나가려는 모습으로 시작된다. 사라는 해리의 행동에 격렬하게 저항하며 방에 들어가 문을 잠그는데, 이때부터 화면은 이분할된다([그림 13-1]).

[그림 13-1] 분할 화면(〈레퀴엠〉, 대런 아로노프스키, 2000)

---

1 〈레퀴엠〉의 분할 화면에 대한 분석은 필자의 저서 『영상문법: 영상연출과 편집을 위한 기본 원리』(2018), 263~266쪽을 수정 및 보완한 것이다.

사라와 해리는 방문 안팎에서 격렬한 다툼을 벌이는데, 이를 분할 화면으로 보여 준다. 오른쪽 화면에서는 해리가 집 밖으로 TV를 끌고 나가려 하고, 다른 한쪽에서는 사라가 문 열쇠 구멍으로 그를 지켜보는 모습이 나타난다. 이 분할 화면 기법은 해리와 사라의 동시적인 행동과 반응을 보여 주며, 각 인물의 감정적 상태와 상황을 동시에 드러낸다. 물리적으로 분리된 두 화면은 그들 사이의 심리적 거리와 갈등을 상징적으로 표현하며, 각각의 화면이 집중적으로 감정의 극단을 드러냄으로써 감정적인 긴장감을 끌어올리는 데 기여한다.

같은 시간, 같은 공간에 있는 두 인물을 분할된 화면에 배치함으로써 각 인물의 시선과 심리가 한 화면 안에서 개별화된다. 사라와 해리가 문을 사이에 두고 다투는 장면은 두 화면으로 분할되어, 왼쪽에는 문 안에서 열쇠 구멍으로 해리의 행동을 지켜보는 사라, 오른쪽에는 문 밖에서 화를 내고 있는 해리의 모습이 보인다. 관객은 사라의 입장에서 마음을 졸이며 문구멍으로 해리를 관찰하는 동시에, 문밖에서 답답해하는 해리의 행동을 동시에 본다. 이때 등장인물 각각의 주관적 심리가 대비되어 제시된다.

2) 감정적 연결감

또 다른 분할 화면은 소파에 나란히 누운 해리와 마리온이 서로를 어루만지는 모습이다. 두 사람이 밀착하여 붙어 있기 때문에 화면을 분할해서 보여 줄 어떤 이유도 없는데, 그럼에도 불구하고 이분할해서 보여 준다.

해리와 마리온이 애정을 표현하며 서로를 쓰다듬는 장면은 양분되어 왼쪽 화면은 해리, 오른쪽 화면은 마리온을 보여 준다. 서로 바라보는 얼굴을 클로즈업으로 이분할된 화면에서 동시에 보여 준다. 마리온의 클로즈업 된 얼굴이 한쪽 화면에 나오면, 다른 한쪽 화면에서는 그녀가 만지는 해리의 몸이 클로즈업 되며 그녀의 손길이 강조된다. 해리의 클로즈업 된 얼굴이 한쪽 화면에 나오면, 다른 한쪽에서는 그가 만지는 마리온의 신체가 클로즈업 된다. 두 사람이 서로의 몸을 어루만지는 모습을 이분할된 화면에 클로즈업으로 담음으로써([그림 13-2]), 서로를 만지는 손길의 촉감이 실제감을 준다. 이 분할 화면은 두 사람의 모습을 동시에 보여 주며 상호 감정적 연결감과 사랑을 강조함으

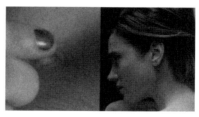

[그림 13-2] 분할 화면(〈레퀴엠〉, 대런 아로노프스키, 2000)

로써 관객은 두 인물 간에 흐르는 깊은 애정을 더욱 선명하게 느낄 수 있다. 그들의 관계가 단순한 신체적 욕망 이상의 감정으로 연결되어 있음을 보여 주는 것이다.

3) 내면적 갈등

영화는 분할 화면을 통해 인물의 내면적 갈등을 효과적으로 보여 주기도 한다. [그림 13-3]은 다이어트 약을 먹으며 식욕을 참는 사라와 냉장고

[그림 13-3] 분할 화면(〈레퀴엠〉, 대런 아로노프스키, 2000)

를 분할 화면으로 표현한 장면이다. 처음 다이어트를 시도하면서 식욕을 참는 장면에서 괴로워하는 사라의 클로즈업과 음식이 가득 찬 냉장고의 클로즈업을 한 화면에 분할 배치함으로써 사라의 괴로움을 더욱 강조하여 표현한 것이다. 이 장면은 사라의 식욕과 이를 억제하려는 그녀의 내면적 갈등을 강력하게 시각화한 것으로, 다이어트 약 복용과 그로 인한 식욕 억제와의 투쟁을 상징한다.

4) 강조

사라가 병원에서 약을 받아 와서 세어 보는 장면은 상하 분할 화면을 사용했는데, 약을 바라보는 사라의 모습은 상단에, 약은 하단에 클로즈업되면서 강조 효과가 나타난다. 사라가 다이어트 약이나 음식을 먹는 장면

[그림 13-4] 분할 화면(〈레퀴엠〉, 대런 아로노프스키, 2000)

에서도 가로 분할 화면을 사용했다. 다이어트 약, 음식과 이를 바라보는 사라의 시선을 가로로 분할된 화면에 담아냄으로써 다이어트 중인 그녀가 바라보는 대상을 강조한다. 일반적으로 화면 분할은 세로 분할을 하는데, 이 장면에서는 가로 분할을 사용했다.

5) 공통 경험

친구인 타이론의 권유로 해리가 마약을 시도하는 장면에서는 약물을 투여하는 과정과 투여 후의 신체 반응을 극단적인 클로즈업 숏으로 구성하여 분할 화면으로 보여 준다. 이를

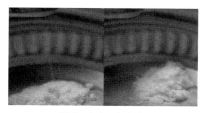

[그림 13-5] 분할 화면(〈레퀴엠〉, 대런 아로노프스키, 2000)

통해 영화는 관객에게 등장인물들의 경험과 마약 투약의 루틴을 강조한다. 이 기법을 통해 감독은 각 인물의 동시적인 경험을 관객에게 직접적으로 보여 준다.

이처럼 〈레퀴엠〉은 다양한 상황에서 다양한 방식으로 분할 화면을 사용한다. 이와 같은 시각적 기법은 중요한 사물이나 행동을 강조하기도 하고, 두 화면 사이의 상호작용을 통해 두 인물의 감정적 연결을 보여 주기도 한다. 또한 인물의 내면적 갈등을 극대화하여 영화의 긴장감을 증대시

킨다. 이렇듯 분할 화면은 인물의 정신 상태와 감정을 관객이 더욱 강렬하게 체감하도록 하는 효과가 있다.

2. 〈프렌치 디스패치〉: 분할 화면, 대조와 강조를 위해 사용하다

〈프렌치 디스패치〉에서도 분할 화면이 사용되었는데, 구체적인 사례를 살펴보자.

1) 비교-대조 효과

먼저, 분할 화면은 섹션 1(여행 섹션: 자전거를 타는 기자)에서 앙뉘-수-블라세를 소개하는 부분에 등장한다. 구두닦이 지구, 벽돌공 구역, 정육 상가, 소매치기 골목을 소개하면서 각 지역의 과거와 미래를 분할 화면으로 제시한다. 같은 장소이지만 시기가 다른 과거와 미래를 한 화면에 분할 화면으로 구분하여 제시함으로써 비교를 통한 대조 효과를 갖는다. 일반적으로 과거는 흑백으로 미래는 컬러로 하지만, 이 영화에서는 일정한 규칙을 찾아보기 어렵다. 감독이 강조하고 싶은 부분에 색채를 넣는데, 정육 상가에서는 과거 화면에 컬러를 사용하고, 다른 세 구역(구두닦이 지구, 벽돌공 구역, 소매치기 골목)에서는 미래 화면에 컬러를 사용하여 강조한다.

이와 같은 대조 효과를 위해 사용한 분할 화면은 섹션 3(정치/시 섹션)의

선언문 개정 이야기에
서도 등장한다. 제피렐
리가 사랑을 나누었던
두 여자를 분할 화면을
이용하여 한 화면에 담
아낸다([그림 13-6]). 제피

[그림 13-6] 분할 화면(〈프렌치 디스패치〉, 웨스 앤
더슨, 2021)

렐리는 내레이션으로 루신다와 줄리엣의 차이를 읊으며 두 사람을 대비
한다. 두 화면에서도 그들이 있는 배경은 같은 화장실이지만 조명과 화면
구조물 배치를 통해 대비적인 느낌을 확실히 준다. 화장실은 대칭을 이루
며 각 화장실에 걸려 있는 수건과 의자 창문 밖 색깔도 전혀 달라 같은 배
경 속 다른 인물의 차이점을 시각적으로 잘 전달한다.

2) 강조 효과

대조 효과가 아니라 강조 효과를 위해 사용한 분할 화면도 있다. 이는
섹션 2(예술 섹션)의 콘크리트 걸작에 대한 이야기에서 등장한다. 로젠탈
러가 드디어 새로운 작품을 완성한 후, 카다지오는 감옥 간수들에게 뇌물
을 먹여 미술품 투자자들이 감옥 안으로 들어가 로젠탈러의 작품을 감상
할 수 있도록 만든다. 바로 이 장면에서 분할 화면이 사용되었다. [그림
13-7]에서 보는 것처럼, 메인 화면에서는 신작을 보기 위해 사람들이 감옥
으로 들어가는 과정을 보여 주고, 왼쪽에 작은 화면으로는 교도관들에게

[그림 13-7] 분할 화면(〈프렌치 디스패치〉, 웨스 앤더슨, 2021)

뇌물을 주는 장면을 제시한다. 사실 이 장면은 필러박스(pillarbox)[2]를 한쪽에 몰아서 감옥 간수들에게 뇌물을 주는 장면을 그곳에 작은 화면으로 제시한 것이다.

　강조 효과를 위해 분할 화면을 사용한 또 다른 예는 섹션 4(음식 섹션)의 경찰서장의 전용 식당 이야기에서 등장한다. 납치된 경찰서장의 아들을 어떻게 구출해야 할지 감이 잡히지 않는 상황에서 요리사 네스카피에의 요리를 먹자 아이를 구출해 낼 방법에 대한 영감이 떠오르고 사람들과 아이디어를 이야기하며 구출 방법을 논의한다. 네스카피에의 음식은 아이디어의 촉진제로서 중요한 역할을 하는데, 이를 '강조'하기 위해 화면을 분할하여 경찰서장이 어떤 음식에서 어떤 아이디어의 영감을 받았는지 더욱 자세히 알

[그림 13-8] 분할 화면(〈프렌치 디스패치〉, 웨스 앤더슨, 2021)

---

2 화면 비율을 맞추기 위해 화면의 양옆에 추가하는 검은 박스를 가리킨다.

려 준다. 기존 화면 비율을 유지하면서, 필러박스를 한쪽으로 밀어서 거기에 작은 화면으로 요리를 제시해 강조한 것이다([그림 13-8]).

이처럼 〈프렌치 디스패치〉에서는 분할 화면을 인물 간의 차이 또는 공간의 변화를 보여 주는 대조 효과를 위해 사용하기도 하고, 중요한 사물이나 행동을 독특한 방식의 분할 화면으로 강조하기도 한다. 즉, 이 영화에서 사용된 분할 화면은 대조 효과 또는 강조 효과를 갖기도 하지만, 감독이 추구하는 미적 유희 및 지적 유희의 수단으로 볼 수도 있다.

14장

몽타주 기법

한 화면 내에서 화면의 구성을 통해 의미를 전달하는 것이 미장센이라면, 짧은 숏들의 편집을 통해 의미를 전달하는 것이 몽타주이다. 1장에서 살펴본 바와 같이, 몽타주 이론은 1920년대 러시아에서 처음 등장했다. 세계 역사상 처음으로 사회주의 국가를 건설한 러시아 혁명가들은 혁명의 타당성과 사회주의 체제의 필요성을 국민들에게 알려야만 했다. 이에 러시아 영화인들은 다양한 실험을 통해 혁명 사상을 국민에게 전달할 수 있는 편집 방법을 고안하게 되는데, 이때 등장한 편집 방법이 바로 몽타주이다.

몽타주 기법에는 내적으로 서로 연관성이 있는 숏들을 병치(나란히 배열하는 것)시켜 특정한 의미를 전달하는 구성적 몽타주가 있고, 숏과 숏의 특정 요소를 충돌시켜 의미를 생성하는 변증법적 몽타주가 있다. 즉, 서로 다른 짧은 숏들을 연결하여 주제나 감정을 극대화하거나, 새로운 의미를 만들어 내는 것이 바로 몽타주인 것이다. 이후 몽타주 기법은 짧은 숏들의 연결을 통해 의미나 감정뿐만 아니라 정보를 압축하여 전달하는 개념으로까지 확대된다.

그럼, 몽타주 기법을 사용하여 의미를 효과적으로 전달한 영화의 구체적인 사례를 살펴보자.

1. 〈레퀴엠〉: 빠른 클로즈업 몽타주, 중독을 이미지로 각인시키다

대런 아로노프스키 감독의 〈레퀴엠〉은 강렬한 몽타주 기법이 많이 사용된 영화이다. 짧은 클로즈업 숏들을 연결하여 다이어트 약물이나 마약이 신체에 흡입되는 과정을 짧고 강렬한 이미지로 관객에게 각인시킨다.

1) 사라의 다이어트 약 복용 장면

사라는 TV 쇼 프로그램에 출연하기 위해 다이어트 약을 복용하기 시작한다. 지난날 자신이 날씬했을 때 입었던 빨간 드레스를 입고 TV 쇼에 출연하기 위해 열심히 다이어트 약을 먹는다. [그림 14-1]은 사라가 다이어트 약을 복용하는 장면이다. 이는 '약통을 여는 손 → 손에 놓인 알약 → 약을 삼키는 입 → 약통을 잠그는 손'이라는 4개의 익스트림 클로즈업 숏을 연결한 몽타주 영상이다. 각 숏의 길이는 단 1초에도 미치지 못해 순식간에 지나가 버리고 만다.

　이 몽타주 영상 다음에 텅빈 거실에 앉아 있는 사라의 모습이 잠시 나오고, 다시 [그림 14-1]과 같은 약 복용 몽타주 영상이 반복된다. 이어서 다시 거실에 앉아 있는 사라의 모습이 나온 후, 다이어트 약을 복용하는 사라의 모습이 또다시 반복된다. 약 30초 정도의 매우 짧은 시간에 사라의 다이어트 약 복용 몽타주 장면이 세 번이나 반복해 등장한다.

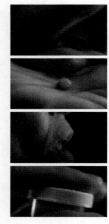

[그림 14-1] 사라의 다이어트 약 복용 몽타주(〈레퀴엠〉, 대런 아로노프스키, 2000)

　이후 해리와 마리온이 마약을 투약하는 장면이 나온 뒤, 다시 사라가 거실에 앉아 전화로 병원에 자신의 다이어트 약에 대해 문의하는 장면이 등장한다. 전화를 끊고 사라는 보라색 약에 파란색 약을 1알 더해 한꺼번에 2알을 먹는데, 이때 약을 먹는 장면에도 [그림 14-1]과 같은 방식의 몽타주 영상이 사용된다. 2알을 한꺼번에 복용하고 난 후, 사라는 TV 쇼에 자신이 출연한 것 같은 환각에 빠진다. 다이어트 약 처방전에는 아침에 보라색, 점심에 파란색, 저녁에 오렌지색, 그리고 늦은 밤에 초록색 알약을 각각 1알씩 복용해야 하는 것으로 되어 있었지만, 약물을 과복용했기 때문이다.

　이후 사라는 더 많은 약을 먹게 된다. 한꺼번에 3알을 먹는 영상도 [그림 14-1]과 같은 방식의 몽타주 영상을 사용했는데, 약을 먹은 후에는 세상이 빙글빙글 도는 것과 같은 환각을 일으킨다. 다시 병원을 찾은 사라는 모든 것이 뒤죽박죽이라고 하소연하지만, 의사는 또다시 약을 처방해 주며 일주일 뒤에 오라고 한다.

사라는 다이어트 약 복용량을 더 늘린다. 알약 4알을 한꺼번에 먹는 몽타주 영상 다음에 사라의 정신착란 증세가 더욱 심각해진 것을 보여 주는 영상이 등장한다. 냉장고가 점점 위협적으로 자신에게 다가오는 것 같고, TV 쇼 프로그램 속 사람들이 자신의 집에 온 것 같은 환각을 일으키게 된다. 급기야 거리로 뛰쳐나간 사라는 병원으로 옮겨져 전기충격 요법을 받게 된다.

영화에서는 다이어트 약에 중독된 사라가 어떻게 파멸되어 가는지를 강렬하게 표현했다. 다이어트 알약을 먹는 장면을 '약통을 여는 손 → 손에 놓인 알약 → 약을 삼키는 입 → 약통을 잠그는 손'의 익스트림 클로즈업 숏으로 연결한 몽타주 영상을 여러 차례 반복적으로 사용함으로써 사라가 다이어트 약에 중독되어 가는 과정을 관객에게 이미지로 매우 강렬하게 각인시킨다.

2) 마약 거래 및 투여 장면

영화에서는 마약을 사고파는 장면, 약물을 투여하는 장면, 이로 인해 엄청난 돈을 벌어들이는 장면을 모두 극단적인 클로즈업 숏으로 이루어진 몽타주로 표현했다.

(1) 마약 거래 장면

[그림 14-2] 마약 거래 몽타주(〈레퀴엠〉, 대런 아로노프스키, 2000)

타이론이 마약 거래를 위해 거리에서 누군가를 기다리는 영상 다음에는 [그림 14-2]에서처럼 '돈을 받아 넣는 손 → 주위를 살피는 눈 → 차바퀴 옆에서 무언가를 꺼내는 손 → 마약을 건네는 손'의 이미지를 매우 짧은 숏들로 연결한다. 이 몽타주 장면 또한 익스트림 클로즈업 숏을 사용하여 매우 강렬한 인상을 준다. 이러한 상황은 연속적으로 세 번 반복하여 제시되는데, 타이론이 길거리에서 기다리는 영상과 마약 거래 몽타주 영상이 3회 반복되는 총 시간이 1분 10여 초에 불과할 정도로 각 숏의 지속 시간은 매우 짧다. 이후 마약 판매 몽타주가 또다시 3회 등장한다. 짧고 강렬한 마약 거래 몽타주 숏을 반복하여 사용함으로써 이들의 마약 판매가 얼마나 많이 지속적으로 이루어지고 있는지를 이미지로 각인시킨다.

(2) 마약 사용 장면

영화 초반부에 해리가 어머니 사라의 TV를 팔아넘긴 돈으로 약물을 투여하는 장면이 나온다. 약물을 투여하는 과정도 익스트림 클로즈업을 사용하여 몽타주 기법으로 표현되었는데, 이 몽타주 장면은 영화에서 지속적으로 반복된다.

마약 투약 모습은 [그림 14-3]과 같이 '마약 봉지를 뜯어 쏟아부은 가루를 종이돈을 말아 흡입하면 혈관이 확장되고 동공이 확장'되는 이미지들을 익스트림 클로즈업의 짧은 숏으로 연결하여 아주 빠르게 보여 준다. 이러한 몽타주 영상 다음에는 마약을 한 인물의 모습을 저속 촬영하여 빠르게 보여 준다. 예를 들면, 마리온이 마약을 한 뒤에 잡지를 오리고 붙이는 모습이 2배속으로 표현된 것이다.

약물을 투여하는 장면에서 사용되는 극단적인 클로즈업은 약물 사용의 생리적 효과를 시각적으로 강조한다. 가루약을 흡입하는 과정에 이어, 약물이 혈관으로 흘러 들어가는 모습, 그리고 사람의 눈동자가 확대되는 모습의 클로즈업은 약물의 강력하고도 즉각적인 영향을 강조한다.

마약하는 모습이 분할 화면으로 제시되는 경우도 있는데, 이때도 [그림 14-4]와 같이 짧은 클로즈업 몽타주 영상으로 표현되었다. [그림 14-4]는 해리와 마리온이 마약을 하는 모습을 화면을 이분할하여 익스트림 클로즈업 숏으로

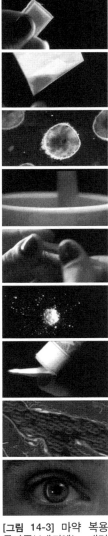

[그림 14-3] 마약 복용 몽타주(〈레퀴엠〉, 대런 아로노프스키, 2000)

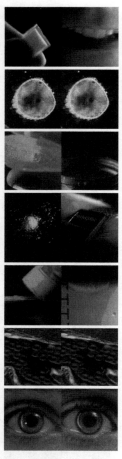

[그림 14-4] 마약 복용 화면 분할 몽타주(〈레퀴엠〉, 대런 아로노프스키, 2000)

연결한 몽타주 숏이다. 화면의 왼쪽 분할 화면에는 마리온의 가루 흡입 과정을, 오른쪽 분할 화면에는 해리의 마약 주사 과정을 매우 짧은 숏들로 연결하여 보여 준다. 마약을 종이에 말아 흡입하든, 주사로 취하든 혈관과 동공이 확장되는 것은 똑같다. 이후, 해리와 마리온이 늘어져 누워 있는 모습을 위에서 360도 빙글빙글 돌아가며 보여 준다. 마약을 한 후 이들의 상태를 보여 주는 장면이다.

해리와 타이론이 마약을 구하러 플로리다로 가는 장면에서도 '마약 → 라이터 불꽃 → 주사기 → 혈관 → 동공' 순서로 짧은 숏들을 나열하여 마약을 투약하는 몽타주 영상이 2회 나온다. 썩어 들어가는 팔에 또다시 마약을 주사로 투입한 해리는 팔에 심각한 염증이 생겨 병원에 갔다가 타이론과 함께 체포된다. 해리는 결국 한쪽 팔을 자르게 되고, 타이론은 교도소에 수감되어 고된 노동과 인종차별로 고통을 받는다. 마약에 중독된 마리온은 마약을 구하기 위해 마약 딜러가 주최한 난교 파티까지 참가한다.

이처럼 영화에서는 마약 투약 과정을 짧은 익스트림 숏들을 연결한 몽타주 영상으로 제시했다. 투약 과정뿐만 아니라 마약이 투약된 후 혈관과 동공이 확장되는 이미지까지 익스트림 클로즈업 숏으로 표현한 몽타주 숏은 약물의 강력하고 즉각적인 영향을 시각적으로 보여 주며, 몽타주 영상의 반복적인 사용으로 중독의 실체와 공포를 이미지로 각인시킨다.

(3) 마약 중독의 비극적인 결말 장면

이 영화의 엔딩 부분에서는 약물에 중독된 4명의 비극적인 결말을 몽타주로 보여 준다. 전기충격 치료를 받는 사라의 얼굴, 난교 파티장의 마리온, 교도소에서 노동하는 타이론, 팔 절단 수술을 받는 해리의 모습 등 각 인물이 겪는 처참한 순간이 교차되며, 반복적으로 제시된다. 이러한 몽타주를 통해 비극적인 결말에 이른 주인공 4명의 모습을 빠르고 충격적으로 보여 줌으로써 마약 중독의 파괴적인 결과를 한눈에 제시하며 시각적으로 강조한다.

이상에서 살펴본 바와 같이, 〈레퀴엠〉에서는 약물 중독의 심각성과 그 파괴적인 결과를 몽타주를 이용하여 시각적으로 강렬하게 표현했다. 마약을 투약하는 과정뿐만 아니라 마약이 투약된 후 혈관과 동공이 확장되는 이미지까지 익스트림 클로즈업 숏으로 몽타주 영상을 제시함으로써 약물의 강력하고 즉각적인 영향을 시각적으로 보여 준다. 또한 마약 투여 몽타주 영상을 반복적으로 사용함으로써 중독의 반복적이고 파괴적인 패턴도 이미지로 각인시킨다. 그리고 비극적인 결말에 이른 주인공 4명의

모습을 빠르고 충격적인 몽타주 영상으로 보여 줌으로써 시각적 충격을
가해 관객의 주의를 끌고 중독의 파괴적인 결과를 강조한다.

2. 〈콘크리트 유토피아〉: 몽타주, 아파트의 의미에 대한 사회적
맥락을 제시하다

엄태화 감독의 〈콘크리트 유토피아〉(2023)는 서울에 아파트가 처음 지
어지던 당시의 뉴스 자료 화면으로 영화가 시작된다. "아파트는 편리하고
건강한 생활의 보금자리여야 한다"라는 기자의 리포팅에 이어 "처음에는
집이 없어서 집을 구하기 위해 아파트를 갔는데… 점점 아파트가 편리하
다는 소문에 의해… 아파트가 창조한 것은 생활 개선을 쉽게 할 수 있다
는 점에서…"라는 시민의 인터뷰가 이어진다. 이어 아파트 분양권 추첨과
연관된 다양한 이미지들(다양한 평수, 추첨함, 추첨 현장, 아파트 매매 가격표,
분양 대기줄에 길게 줄 선 사람들… 등)이 빠른 몽타주 영상으로 등장한다.
"넓은 평수로 옮겨서 계속 아파트 생활을 하고 싶다"라는 인터뷰와 함께
평수를 지칭하는 여러 숫자와 다양한 아파트 이미지가 매우 빠른 몽타주
영상으로 제시된다.

이 영화는 대지진으로 폐허가 되어 버린 곳에서 모든 건물이 무너지고
아파트 한 동만 유일하게 남은 상황에서 아파트 주민들과 외부 생존자들
의 치열한 생존 갈등을 통해 인간의 본성을 그려 내고 있다. 영화는 처음

부터 끝까지 아파트라는 공간을 중심으로 사회적·심리적 갈등을 다루기 때문에, 대한민국에서 아파트의 의미가 무엇인지를 이야기 전개의 밑바탕에 깔고 있다. 따라서 영화 도입부에 아파트가 어떻게 생겨나게 되었는지, 그리고 아파트에 대한 사람들의 열기가 얼마나 대단했는지를 몽타주 영상으로 간략하지만 강렬하게 다룸으로써 아파트의 의미에 대한 사회적·문화적 맥락을 제시한 것이다.

참고문헌

강태호. 2011. 「다큐멘터리와 정치선전: 리펜슈탈의 〈의지의 승리〉」. ≪독어교육≫, 52권, 235~262쪽.

계윤경. 2012. 〈파수꾼〉과 〈말죽거리잔혹사〉의 학교공간과 상징폭력의 재생산」, ≪문학과 영상≫, 13권 2호.

구회영. 1991. 『영화에 대해 알고 싶은 두세 가지 것들』. 한울.

김선현. 2013. 『색채심리학: 몸과 마음을 치유하는 컬러』. 이담Books.

김수정. 2020. 「영화 미장센을 통해 살펴본 사회계층 간 아비투스 특징고찰: 영화 〈기생충〉을 중심으로」. ≪애니메이션연구≫, 16(2): 19~37.

김정호. 2000. 『영화 따라잡기』. 반디.

김정호. 2006. 『영화제작을 위한 영화편집의 이해』. 도서출판 소도.

김형석. 2014. "다 같은 사각형이 아닙니다". ≪중앙일보≫ 2014.12.26. [라이스, 카렐·밀러, 가빈(Karel Reisz & Gavin Millar). 1998. 『영화편집의 기법』. 정용탁 옮김. 집문당

노시창. 2018. "[인물 아메리카] '미디어 기업의 거인' 윌리엄 랜돌프 허스트". https://www.voakorea.com/a/4234875.html(2024.11.12)

박일재. 2003. 「게슈탈트(Gestalt) 시지각 법칙에 관한 연구: 영화 포스터를 중심으로」. ≪한국디자인포럼≫, 8호, 6~20쪽.

박지현. 2020.6.24. "실감나는 온라인 영상의 비밀은 '화면 비율'에 있어요". ≪동아일보≫, 2024.12.13.

박지훈. 2020. 「영화 〈1917〉의 롱테이크 기법 분석: 컨티뉴어스 쇼트와 시점을 중심으로」.

≪영상기술연구≫, vol.1, no.34, 통권 34호, 25~52쪽.

박진배. 2001. 『영화 디자인으로 보기』. 디자인하우스.

백승찬. 2016.12.1. "또 하나의 '고전' 예감…뮤지컬 영화 '라라 랜드'". https://www.khan. co.kr/article/201612012108015

서정남. 2006. 『영상예술의 이해』. 계명대학교 출판부.

서현석. 2004. 「분열의 미학: 분리화면의 기호적 기능과 이데올로기 작용」. ≪한국방송학보≫, 통권 18-3, 335~384쪽.

안병택. 2021. 「영화〈기생충〉의 미장센 연구-구도를 중심으로」. ≪한국산학기술학회 논문지≫, 22(9): 432~439.

어일선·오광석. 2020. 「원 컨티뉴어스 쇼트의 기술과 연기의 적용 연구: 샘 멘데스 감독의 영화〈1917〉을 중심으로」. ≪연기예술연구≫, 19: 1~17.

오진곤·한성수·배원석·박상원·조성우. 2008. 『디지털 영상제작』. 한국방송영상산업진흥원.

유이청. 2016.5.26. 「[인터뷰] '아가씨' 박찬욱 감독, "영화의 다섯 번째 주인공은 대저택"」. 〈인터뷰 365〉. https://www.interview365.com/news/articleView.html?idxno=74613

유현준. 2021.2.20. "고대 로마 건축물 속 권력의 비밀과 혁신적인 도시 시스템". 〈벌거벗은 세계사〉, tvN.

EBS 다큐프라임. 2009.4.27. 〈인간의 두 얼굴〉.

이석원. 2015. 「16:9 화면 비율은 어떻게 태어났다?」. ≪테크홀릭≫, 2015.12.17.

이혜경. 2012. 「괴테의 색채이론으로 본 바우하우스 이론가들의 색채 성향 분석」. ≪한국과학예술포럼≫, 10: 155~169.

임정택 외. 2004. 『세계 영화사 강의: 초기 영화에서 아시아 뉴웨이브까지』. 연세대학교출판부.

장우진. 2012. 「화면분할의 미학과 의미-극영화를 중심으로」. ≪한국콘텐츠학회논문지≫, 제12권 1호, 154~165쪽.

정문영. 2022.1.17. 「[정문영의 시네마 크리티크] 탈식민화의 하녀들:〈아가씨〉박찬욱」.

르몽드 디플로마티크. http://www.ilemonde.com

정성일. 1995.5. 「〈시민케인〉, 그리고 영화의 101년」. ≪말≫. http://seojae.com/web/mal/mal199505.htm

정재형. 2004. 『정재형 교수와 함께하는 영화 교실: 영화 이해의 길잡이』. 개마고원.

정헌. 2013. 『영화 기술 역사』. 커뮤니케이션북스.

정혜경. 2012. 「애니메이션에서 관찰되는 분할화면에 대한 연구: 폴 드리센 애니메이션을 중심으로」. ≪애니메이션연구≫, 제8권 4호(통권 제23호), 112~135쪽.

최상식. 2001. 『영상으로 말하기: 셔레이드, 몽타주, 미장센의 해부』. 시각과 언어.

최은영. 2004.9.17. "그렉 톨랜드가 오손 웰스를 만났을 때". https://blog.naver.com/blockbuster3/100015548086

최이정. 2004. 『영상제작론』. 커뮤니케이션북스.

최현주. 2016. 「웨스 앤더슨 감독의 영화에서 '화면 깊이감'의 활용과 미학적 함의: 〈그랜드 부다페스트 호텔〉과 〈문라이즈 킹덤〉을 중심으로」. ≪만화애니메이션연구≫, 통권 43호, 343~362쪽.

최현주. 2018a. 『(개정판) 영상문법: 영상연출과 편집을 위한 기본 원리』. 한울아카데미.

최현주. 2018b. 『다큐멘터리와 사실의 재현성』. 한울아카데미.

편장완·한승룡. 2005. 『편집을 알면 영화가 보인다』. 도서출판 위드 커뮤니케이언즈.

허만섭. 2020. 「문화자본론 관점에서 본 영화 〈기생충〉: 현대적 아비투스 계급의 발견」. ≪영상문화콘텐츠연구≫, 19: 139~164.

Barnouw, Erik. 1993. *Documentary: A History of the Non-fiction Film* (2nd rev. ed.), New York: Oxford University Press.

Giannetti, Louis. 1996. *Understanding Movies*. [김진해 옮김. 1999. 『영화의 이해: 이론과 실제』. 현암사]

Solso, R. L. 2000. *Cognition & the Visual Art*. MIT Press. [신현정·유상욱 옮김. 2003. 『시각심리학』. 시그마프레스]

Thompson, Kristin & David Bordwell. 1994. *Film History: An Introduction*. McGraw-Hill, Inc.

Thompson, Roy. 1998. *Grammar of the Shot*. Focal Press. [권창현 옮김. 2004. 『숏의 문법』. 커뮤니케이션북스]

Ward, Peter. 1996. *Picture Composition for Film and Televison*. Focal Press. [김창유 옮김. 2000. 『영화·TV의 화면 구성』. 책과길]

Zakia, Richard D. 2002. *Perception & Imaging*. Elsevier Inc. [박성완·박승조 옮김. 2007. 『시지각과 이미지』. 안그라픽스]

[기사 출처]

쿠키뉴스. 2008.10.9. 「[단독] "범죄율 낮춘다" 강남구, 푸른색 가로등 국내 최초 도입」.

MK뉴스. 2018.5.31. 「"공포영화 세트장인 줄" … 푸른 조명 설치에 주민 불안감만 고조」.

[웹사이트 자료]

http://blog.naver.com/ggostin/2399139

http://cafe.naver.com/coloristcafe

http://ppirymogavy.blog.me/140094047952

http://today.movie.naver.com/today/today.nhn?sectionCode=SPECIAL_REPORT&sectionId=2081(검색: 2016.2.1/네이버 영화 〈스페셜 리포트〉 화면 비율)

http://www.cine21.com/db/person/info/?person_id=3602(검색: 씨네21, 오손 웰스)

https://namu.wiki/w/%EB%AF%B8%EC%9E%A5%EC%84%BC(검색: 나무위키, 미장센)

https://namu.wiki/w/%EC%98%A4%EC%8A%A8%20%EC%9B%B0%EC%8A%A4(검색: 나무위키, 오손 웰스)

https://namu.wiki/w/%ED%99%94%EC%96%91%EC%97%B0%ED%99%94(검색: 나무위키, 화양연화)

https://youtu.be/zVasfxexQ-U?si=iCoWiBTx9_77LBPT(유행 따라가려다 죽은 패셔니스타 [초록색 드레스와 빅토리아 시대] (세계사, 역사, 패션))

https://writingstudio.tistory.com/entry/Review-%ED%94%84%EB%A0%8C%EC%B9%98-%EB%94%94%EC%8A%A4%ED%8C%A8%EC%B9%98French-Dispatch2021-%EB%A6%AC%EB%B7%B0(검색: 2024.12.13)

찾아보기

ㄱ

공드리, 미셸(Michel Gondry) 127, 173,
    251, 252
〈국가의 탄생〉 23, 30~35
〈그래비티〉 227
〈그랜드 부다페스트 호텔〉 43~46, 49~
    51, 137~139, 141, 143, 144, 203, 205,
    207, 208, 261, 269
그리피스, 데이비드(David Griffith) 23,
    30~35
〈기생충〉 179~182, 184, 185

ㄴ

놀런, 크리스토퍼(Christopher Nolan)
    159, 161, 163, 166, 211

ㄷ

〈다크 나이트〉 211
〈대부〉 109, 110, 111, 113~119
도너, 리처드((Richard Donner) 29

ㄹ

〈라라랜드〉 204, 229, 230
램지, 린(Lynn Ramsay) 177
〈레퀴엠〉 245, 247, 249, 273, 275~277,
    283, 284, 286~288
〈로프〉 232, 233
루베즈키, 엠마누엘(Emmanuel Lubezki)
    234
루어만, 바즈(Baz Luhrmann) 76, 214
〈리썰 웨폰〉 29
리펜슈탈, 레니(Leni Riefenstahl) 77,
    79, 80

ㅁ

맥퀸, 스티브(Steve McQueen) 223, 224
〈메멘토〉 159~161, 163, 166
멘데스, 샘(Sam Mendes) 235
〈무드 인디고〉 251, 252

ⓗ

바랜티니, 필립(Philip Barantini) 239

박찬욱 188, 191, 192, 196

백종열 218, 222, 223

〈버드맨〉 233, 234

베이커, 션(Sean Baker) 132

보일, 대니(Danny Boyle) 86, 88~91

〈보일링 포인트〉 239

봉준호 179, 180, 188, 228

〈뷰티 인사이드〉 218, 220, 222, 223

ⓢ

〈살인의 추억〉 228

〈서편제〉 222

셔젤, 데이미언(Damien Chazelle) 229

〈소공녀〉 76

〈쉰들러 리스트〉 146~150

스필버그, 스티븐(Steven Spielberg)
  146~148, 150

〈슬럼독 밀리어네어〉 86, 88~91

〈시민 케인〉 18, 19, 26, 27, 36, 51, 52,
  55, 57~59, 72~75, 81~85, 97~102,
  169~171, 204, 208, 209, 212, 213

ⓞ

〈아가씨〉 188~192, 196, 197

아로노프스키, 대런(Darren Aronofsky)
  245, 247, 249, 273, 275~277, 283,
  284, 286~288

〈악마와의 토크쇼〉 269

〈악의 손길〉 103~107, 225~227

〈애스터로이드 시티〉 259, 260, 269

앤더슨, 웨스(Wes Anderson) 43~46,
  49~51, 137, 139, 141, 259~262, 268,
  279, 280

〈어머니〉 14

엄태화 290

에이젠슈타인, 세르게이(Sergei Eisenstein)
  15

오종, 프랑수아(François Ozon) 151~158

왕가위(王家卫) 59, 61~68, 172

웰스, 오손(Orson Wells) 18, 19, 27, 36,
  51, 53, 57~59, 72~75, 81~85, 97~103,
  105~107, 169, 209, 212, 213, 225, 226

〈위대한 개츠비〉 76, 214

유재선 210

윤성현 174~176, 199

〈의지의 승리〉 77~80

이냐리투, 알레한드로 곤잘레스(Alejandro

Gonzalez Inarritu) 233

〈이터널 션샤인〉 127, 128, 143, 173

〈1917〉 235, 236

임권택 222

ⓒ

〈잠〉 210

전고운 76

〈전함 포템킨〉 15

〈줄과 짐〉 42, 43

ⓚ

카이네스, 캐머런(Cameron Cairnes)
　269

카이네스, 콜린(Colin Cairnes) 269

〈케빈에 대하여〉 177

코폴라, 프랜시스 포드(Francis Ford
　Coppola) 109~112, 114~118

〈콘크리트 유토피아〉 290

쿠아론, 알폰소(Alfonso Cuaron) 227

ⓣ

트뤼포, 프랑수아(François Truffaut)
　42, 43

ⓟ

〈파수꾼〉 174~176, 198~200, 215

푸도프킨, 프세볼로트(Vsevolod Pudovkin)
　14

〈프란츠〉 151~159

〈프렌치 디스패치〉 262, 263, 268, 269,
　278~281

〈플로리다 프로젝트〉 132, 134~136, 143

ⓗ

〈헝거〉 223, 224

〈현기증〉 210

〈화양연화〉 59~68, 172, 242

히치콕, 알프레드(Alfred Hitchcock)
　210, 232

지은이

최현주

현재 계명대학교 언론영상학과에서 다큐멘터리 및 영상이론을 가르치고 있다. 경북대학교에서 신문방송학을 전공했고, 미국 템플대학교(Temple University)에서 언론학 석사·박사 학위를 받았다. 다큐멘터리를 주제로 박사학위 논문을 쓴 이후 다큐멘터리 및 영상커뮤니케이션에 관한 논문과 프로젝트에 참여해 오고 있다.

언론중재위원, 'TV조선'의 시청자평가원, KBS대구방송총국 시청자위원, TBC 시청자위원, 대구MBC 시청자미디어센터 운영위원장, 한국방송협회 주최 한국방송대상 다큐멘터리 부문 심사위원, 한국지역방송연합회 주최 지역방송대상 다큐멘터리 부문 심사위원, 대구광역시 홍보물·영상물 및 간행물 심의위원회 위원장을 역임했다.

주요 저·역서에 『영상문법: 영상연출과 편집을 위한 기본원리』(2018, 개정판), 『다큐멘터리와 사실의 재현성』(2018), 『영상 커뮤니케이션의 이해』(2015), 『왜 저널리즘은 항상 제자리걸음이었나?』(2010, 공역)가 있으며, 「다큐멘터리 장르에 따른 서사구조 비교분석」, 「텔레비전 환경 다큐멘터리의 수사적 구조에 관한 연구」 외 다수의 논문이 있다.

한울아카데미 2567

영화 속 숨은 의미 읽기

ⓒ 최현주, 2025

지은이 | 최현주
펴낸이 | 김종수
펴낸곳 | 한울엠플러스(주)
편 집 | 배소영

초판 1쇄 인쇄 | 2025년 2월 21일
초판 1쇄 발행 | 2025년 2월 28일

주소 | 10881 경기도 파주시 광인사길 153 한울시소빌딩 3층
전화 | 031-955-0655
팩스 | 031-955-0656
홈페이지 | www.hanulmplus.kr
등록 | 제406-2015-000143호

Printed in Korea.
ISBN 978-89-460-7567-2 93680 (양장)
      978-89-460-8368-4 93680 (무선)

(개정판) **영상문법**
영상연출과 편집을 위한 기본 원리

- 최현주 지음
- 2018년 6월 22일 발행 | 신국판 | 304면

영상제작의 기본 원리부터 최신 영상기법까지 총망라
영상연출·편집을 위한 이론적·실무적 입문서

영상문법은 영상언어를 구성하고 운용하는 데 필요한 규칙을 의미한다. 이와 같은 규칙은 영상을 연출하고 편집하기 위한 기본적인 지식이다. 효과적인 영상을 제작하기 위해서는 영상의 화면 구성과 영상편집의 제반 원칙에 대한 지식을 총괄적이고 체계적으로 습득할 필요가 있다.

이 책은 화면을 어떻게 구성할지, 구성된 화면을 어떻게 이어 붙일지와 같은 영상문법의 기본 규칙을 고찰하고 이것이 오늘날 어떻게 파괴되고 다양하게 활용되고 있는지 살펴봄으로써 영상제작에서 가장 기본적으로 요구되는 지식을 제공한다.

영상에 대한 관심과 수요가 증가하는 요즘 더욱 풍부한 이론적 설명과 영상 분석으로 보강된 이 책은 영상연출 및 편집에 첫걸음을 내딛는 이들에게 유용한 입문서가 될 것이다.

다큐멘터리와 사실의 재현성

- 최현주 지음
- 2018년 4월 20일 발행 ㅣ 신국판 ㅣ 320면

다큐멘터리, '사실'과 '허구'의 경계가 무너지다

이 책은 다큐멘터리의 탄생과 발전 과정의 초창기부터 가장 최근 양상이라고 할 수 있는 '애니메이션 다큐멘터리'와 '웹 다큐멘터리' 등 21세기 다큐멘터리까지 통시적으로 접근했다. 하지만 단지 연대기적으로 기술하는 것이 아니라, 다큐멘터리의 가장 핵심적인 개념인 '사실의 재현성'이라는 개념을 중심으로 하여 다큐멘터리의 역사적 변화의 흐름을 고찰했다. 사회적·역사적·기술적 요인들에 의해 다큐멘터리의 가장 핵심적인 키워드인 '사실의 재현성'이라는 개념이 어떻게 변화하게 되었는지를 살펴본 것이다.

중요한 것은 다큐멘터리가 이제 '사실의 재현'에만 집착하지 않는다는 점이다. 기계적이고 표피적인 사실의 재현을 고집하기보다는 오히려 진실을 드러내기 위해서라면 '허구적 세계'나 '가상의 이미지'까지도 사용할 수 있다는 다각적이고도 폭넓은 접근을 시도하고 있다. 하지만 이러한 시도는 다큐멘터리와 픽션 간의 경계를 모호하게 하며 다큐멘터리의 정체성을 훼손한다는 비판을 불러일으키기도 한다.